교육심리 강의

김봉석 저

강현출판사

서 문

독자 여러분, 안녕하세요. 저는 교직과목인 《교육심리》를 함께 공부할, 김봉석 교수입니다. 교직과목은 독자 여러분들이 교사가 되기 위하여 이수해야 하는 교육학 계열의 과목들로 구성되어 있지요. 교육학 계열의 교직과목은 교직과정을 이수하는 학생 여러분들에게 교육현상을 바라보는 안목과 식견, 교사로서의 태도와 자세, 교수·학습활동을 구성하고 실행하는 수업역량, 교육적 문제에 대응하는 문제해결역량 등을 배우고 익히도록 하기 위하여 편성된 '교원양성 교육과정'입니다. 이 가운데 《교육심리》 과목은 학생 여러분들로 하여금 교육현상을 심리학의 시각에서 이해하도록 하고, 교실현장에서 나타나는 교육적 문제에 심리학적 접근을 할 수 있도록 하기 위하여 공부하는 과목입니다.

이 책은 교직과목인 《교육심리》를 모두 열두 번에 걸쳐서 강의하는 내용으로 구성되어 있습니다.

이 책의 강의는 크게 세 부분으로 나뉘어 진행되었습니다.

첫 번째 부분은 '발달심리'를 주제로 하는 강의입니다. 두 번째 강의부터 일곱 번째 강의까지가 이에 해당합니다. 발달과업, 인지발달, 성격발달, 도덕성 발달을 다루고 있습니다. 발달 적합성이 있는 교육을 실천하려면 무엇보다도 아이들의 발달 과정을 제대로 올바르게 알고 있어야 하겠죠.

두 번째 부분은 '학습에 영향을 미치는 심리요인'을 주제로 한 강의입니다. 여덟 번째 강의부터 열 번째 강의까지가 여기에 해당합니다. 우리의 학습활동에 영향을 미치는 지능(知能), 창의성(創意性), 요구(要求), 동기(動機), 귀인(歸因) 등의 심리요인들을 살펴보았습니다.

세 번째 부분은 '학습이론'을 주제로 하는 강의입니다. 열한 번째와 열두 번째 강의가 이에 해당합니다. 행동주의 심리학을 토대로 하는 학습이론과 인지주의 심리학을 토대로 하는 학습이론을 중점적으로 살펴보았습니다.

종래의 교직과목 교재들이 문어체(文語體)로 서술되어 있던 데 비해, 이 책은 구어체(口語體)로 내용을 서술한 것이 특징이라면 특징이겠습니다. 학생 여러분들이 내용을 쉽게 이해하는 데 도움이 되었으면 좋겠습니다.

용인예술과학대학교 조화관 연구실에서

2025년 11월

김봉석

차 례

첫 번째 강의 교육심리학이란 무엇인가 9

1. 교육심리학이란 무엇인가? 9
2. 교육심리학이 다루는 문제들 14
3. 대표적인 심리학 이론분파 17

두 번째 강의 발달의 단계와 발달과업 30

1. 발달의 개념과 특성 30
2. 발달의 일반적 원리 34
3. 발달단계와 발달과업 41
4. 발달과업이 교육에 주는 시사점 54

세 번째 강의 피아제의 발생적 인지발달이론 56

1. 인지발달의 개념 56
2. 스키마의 발달 과정 63
3. 인지 과정의 패턴 67
4. 인지발달의 단계 72

네 번째 강의 비고츠키의 사회문화적 인지발달이론 83

1. 비고츠키 발달심리학의 핵심주제 83
2. 사회문화적 인지발달이론 91
3. 비고츠키의 '사회문화적' 교육이론 96
4. 피아제 이론과 비고츠키 이론의 비교 103

다섯 번째 강의 성격의 발달 107

1. 성격이란 무엇인가 107
2. 성격 형성의 심리적 토대 114
3. 프로이트의 심리성적(心理性的) 성격발달이론 122

여섯 번째 강의 에릭슨의 심리사회적 성격발달이론 126

1. 심리사회적 성격발달 127
2. 심리사회적 성격발달의 특징 128
3. 심리사회적 성격발달의 단계 130

일곱 번째 강의 콜버그의 인지적 도덕성발달이론 141

1. 도덕성의 발달 143
2. 도덕성 발달의 세 수준과 여섯 단계 144

여덟 번째 강의

지능 158

1. 지능이란 무엇인가 158
2. 가드너의 다중지능이론(多重知能理論) 160
3. 스턴버그의 삼원지능이론(三元知能理論) 169

아홉 번째 강의

창의성 184

1. 창의성이란 무엇인가 185
2. 창의적 사고 186
3. 창의성의 구성요소 191
4. 창의성이 높은 사람, 창의성이 높은 사회 198
5. 창의성을 계발하는 기법 203

열 번째 강의

요구(要求), 동기(動機), 귀인(歸因) 213

1. 요구(need) 214
2. 동기(motive) 224
3. 귀인(attribution) 231
4. 자기효능감 대(對) 학습된 무력감 236

열한 번째 강의 행동주의 학습이론 242

1. 행동주의 심리학과 학습 242
2. 고전적 조건형성이론 243
3. 조작적 조건형성이론 251
4. 사회적 학습이론(social learning theory) 263

열두 번째 강의 인지주의 학습이론 269

1. 형태 심리학 270
2. 정보처리이론 280

첫 번째 강의
교육심리학이란 무엇인가

《교육심리 강의》의 첫 번째 강의는 교육심리학의 개념과 특성, 심리학의 주요 분파들에 관하여 다룹니다. 강의 제목은 '교육심리학이란 무엇인가?'로 정해 보았습니다. 교육심리학은 어떤 학문일까요? 교육심리학(educational psychology)은 교육학과 심리학을 합쳐서 만든 학문입니다. 교육심리학은 교육의 문제를 해결하고 교육현상을 밝혀내는 데에 심리학의 이론과 방법을 적용하는 분야이죠.

애당초 교육학이란 학문부터가 교육현상을 밝혀내고 교육문제를 해결하기 위해서 만든 학문입니다. 교육학이 19세기에 처음 독일에서 학문으로 정립될 때 교육의 목적에 대한 탐구는 '윤리학'에서, 그리고 교육의 방법에 대한 탐구는 '심리학'에서 가져왔다고 합니다. 이는 교육학의 핵심이 교육심리학에 있다는 것을 나타낸다고 할 수 있겠습니다. 교육학이라는 학문은 인간의 행위 가운데에 교육에 관련된 행위와, 교육에 관련된 제도를 탐구하는 학문입니다.

1 교육심리학이란 무엇인가?

교육심리학은 교직과목 〈교육심리〉의 모태가 되는 학문이죠. 교육심리학을 가지고 만든 교직이론 과목이 〈교육심리〉입니다. 우리가

〈교육심리〉라는 교직과목을 배우는 이유는 다음과 같습니다. 교육의 과정(過程)에서 선생님이 가르칠 때와 학생들이 배울 때, 두 사람의 마음이 만나서 여러 가지 다양한 심리적 작용과 양상을 발현시키게 되는데요, 이러한 과정에 대한 이해가 깊이 있게 이루어지면 우리는 좀 더 효과적이고 효율적인 교육활동을 전개할 수가 있기 때문입니다.

우리가 교직과목에서 교직이론 분야를 공부하는 이유는 교육현상과 교육활동의 본질과 특성을 이해해야만 좋은 선생님으로서 잘 가르칠 수 있기 때문이라고 할 수 있겠죠. 그리고 그러한 교직 이론 여러 과목들 중에서 교육의 방법에 가장 깊이 있게 관련되는 이론 분야가 교육심리라고 하겠습니다. 요컨대 교육에 관련된 행위를 탐구하는 데에 특별히 심리학의 지식과 방법을 적용하고 응용하는 분야가 교육심리학입니다.

그렇다면 심리학은 무엇을 탐구하는 학문일까요? 심리학은 글자 그대로 '마음 心(심)'자, '이치 理(리)'자, 마음의 이치를 탐구하는 학문입니다. 영어로는 psychology라고 하는데요, 이것은 그리스어 'psyche(프시케)'와 'logos(로고스)'가 합쳐진 단어입니다. 그리스어로 프시케는 호흡, 영혼을 뜻하는 말이죠. 그리고 로고스는 이성, 논리를 뜻하는 말입니다. 그러니까 영어 psychology는요, 마음의 논리를 탐구하는 학문이다라는 뜻을 담고 있는 것이겠네요. 그래서 psychology를 우리 동아시아에서는 심리학이라고 번역한 것 같습니다. 그런데요, 심리학의 탐구대상인 마음이란 도대체 무엇일까요?

어떤 사람들은 "마음이라는 게 눈에 보이냐? 눈에 안 보이는데 그게 있는 거야?" 이런 얘기를 하기도 합니다. 마음이 있다고 하면, 우리 몸 어디에 마음이 있는 걸까요? 우리는 '마음이 아프다.', '아이,

그 사람은 마음가짐이 틀렸어.'라는 말을 하기도 합니다. '마음'이라는 단어를 참 많이 사용하죠. 마음이란 게 뭔지, 그런 게 있기는 있는 건지, 있다면 어디에 있는지 하는 문제는 옛날부터 수수께끼 같은 문제였습니다. 일상적으로 또는 관습적으로 우리는 마음이 우리의 가슴 어디쯤에 있다고 생각하고 얘기를 하죠. 예컨대 심장, 심장 부위가 마음이 있는 곳이라고 얘기하기도 합니다. 실제로 '마음이 아파.'라고 하면 심장 부위에 통증이 느껴집니다.

하지만 심리학을 과학적으로 연구하는 사람들, 심리학을 연구하는 사람들은요, 마음이 우리의 뇌와 밀접한 관계가 있다고 말합니다. 심리학자들에 따르면, 마음이란 우리의 생각이나 의식, 정신, 감정, 의지 등과 같은 인지적·정서적 실체를 말하는 것이죠. 심리학이 마음을 탐구의 대상으로 삼는다는 말은 결국 심리학이 인간의 의식 내지 정신을 탐구의 대상으로 삼는다는 것과 같은 말이죠.

그러면 마음은 또 어떻게 알 수 있을까요? 사람의 마음을 아는 방법은 무엇일까요? 옛말에도 열 길 물속은 알아도 한 길 사람 속은 모른다고 하지 않습니까? 어떻게 하면 인간의 마음, 사람의 마음을 알 수 있을까요? 심리학을 맨 처음 창시한 사람은 19세기 독일의 학자 빌헬름 분트(W. Bundt)였습니다. 분트는 인간의 마음을 과학적으로 파악하려고 했기 때문에 심리학이라는 학문의 첫 장을 열 수 있었습니다. 분트는 심리학을 인간의 의식을 연구하는 학문이다라고 정의하였어요.

사람은 누구나 자신의 마음속에서 일어나는 정신활동을 의식할 수 있죠. 내가 내 마음속에 어떤 생각을 하는지 나는 바라다보고 의식할 수 있잖아요. 분트는 그러한 의식의 내용을 분석하는 것이 심리학의 임무라고 생각했습니다. 그래서 그는 자신의 마음속에서 일어나고 있는 정신활동을 관찰하고 보고하는 '내성법(內省法 introspection)'이라고 하는 방법을 심리학의 방법으로 발전시켰습니다. 그렇지만 분트가 제시한 내성법으로 관찰된 심리현상은 아무래도 객관성이 떨어진다라는 문제점이 있었습니다.

내가 내 마음속을 들여다보고 관찰한 나의 심리상태는, 나는 알 수 있지요. 그렇지만 내 마음속을 다른 사람이 나와 똑같이 관찰할 수는 없잖아요. 다른 사람이 나의 마음을 나처럼 깊이 있게 속속들이 잘 알 수는 없다는 거예요. 이것이 분트의 내성법이 가진 문제점이었다고 하겠습니다. 심리학이 과학이 되려면 바로 이 점이 해결되어야 했죠. 그러니까 다른 사람이 볼 때에도 내 마음을 투명하게 알 수 있는 방법, 즉 마음을 객관적으로 파악할 수 있는 방법이 마련되어야 했던 것이죠.

심리학이 과학으로 성립되기 위해서는 심리학의 연구결과가 일정한 조건에서 재현(再現)되거나 또는 그 누구라도 동일하게 경험할 수 있는 것이어야 합니다. 예를 든다면 수소와 산소를 2:1의 비율로 혼합하면 물이 된다는 과학명제는 몇 번을 되풀이해도 같은 결과가 나옵니다. 또 그 누가 실험을 해도 마찬가지 결과가 되죠. 이렇게 재현실험과 동일경험, 이게 몇 번이고 반복될 수 있을 때 우리는 그걸 객관적이라고 그래요. 심리학이 과학이 된다는 것은 마음에 있어서도 이와 같은 객관적인 결과가 나오지 않으면 안 된다는 이야기입니다. 그래서 이 지점에서 심리학은 마음을 객관적으로 파악하는 방법, 즉 "마음을 눈으로 볼 수 있는 방법"에 관하여 심각하게 고민하게 됩니다. 마음을 관찰할 수 있는 방법이 뭐냐 라는 것이죠.

이에 대한 해답으로 나온 것은, 이제 심리학에서는 누구나 관찰할 수 있는 인간의 행동을 탐구대상으로 삼자라고 하는 것이었어요. 사람이 하는 행동은 우리가 눈으로 관찰할 수 있습니다. 사람이 하는 행동은 그 사람의 의식작용의 결과입니다. 우리의 마음속에서 어떤 의식이 불러일으켜지고, 그 의식이 생각을 이어가면서, 그 의식작용에 따라 인간이 행동하게 된다 이런 말이죠. 따라서 인간의 행동을 관찰하면 그의 의식을 관찰하는 것과 마찬가지라고 할 수 있습니다. 그리고 이를 통해서 비로소 인간을 이해할 수 있는 것이죠. 이리하여 심리학은 마음을 눈으로 볼 수 있는 상태, 즉 인간의 행동이라고 하는 것을 주요 연구대상으로 삼게 됩니다. 이러한 심리학적 입장은요, 특히 20세기에 들어와서 "행동주의 심리학"이라고 하는 것으로 정립됩니다.

자 이제 그러면 심리학에 대한 개념 정의를 내려볼까요? 심리학이란 눈에 보이는 행동과 그 행동에 의하여 추론되는 마음의 활동을 과학적으로 연구하는 학문이라고 정의할 수 있습니다. 그런데 앞에서 교육심리학은 심리학에 뿌리를 두고 발전하였다고 했죠. 교육행위나 교육현상을 심리학의 방법으로 설명하고 탐구하는 분야가 바로 교육심리학이에요. 심리학의 여러 연구분야 가운데 특별히 교육활동에 관계되는 문제만을 다루는 특수한 심리학 분야가 교육심리학이라고 할 수 있습니다. 그러니까 교육심리학은 심리학의 특수분야인 거예요.

교육심리학은, 가르치고 배우는 활동을 중심으로, 여기에서 발생하는 여러 가지 문제를 해결하는 심리학적 방법을 제시하는 역할을 합니다. 여러분들이 교육심리 과목을 교직과정에서 배우는 까닭도 바로 여기에 있습니다. 여러분들은 교육심리를 배움으로써 앞으로 교사가 되었을 때 맞닥뜨리게 될 교수·학습 과정 속에서의 여러 가지 문제들, 특히 그중에서도 학습자에게서 나타나는 여러 가지 심리적 문제들을 해결할 수 있는 실마리와 길잡이를 배울 수 있는 것입니다.

2 교육심리학이 다루는 문제들

구체적으로 교육심리학은 교육활동과 교육현상을 탐구하는 과정에서 어떤 문제들을 탐구할까요? 교육심리학은요, 무엇보다도 교수활동과 학습활동에 관한 법칙을 발견하고 그에 대한 이론을 만들어내는 분야입니다. 그리고 이렇게 발견되고 정립된 교수이론과 학습이론을 바탕으로 교육현장에서 학생들을 가르치고 지도할 때 발생하는 여러 가지 심리적인 문제점들을 해결하는 구체적인 방안과 지침을 제공하는 분야입니다.

이러한 과정에서 교육심리학은 구체적으로 첫 번째, 학습자의 특성에 대한 이해; 두 번째, 학습에 대한 이해; 세 번째, 교수·학습 과정에 대한 이해; 네 번째, 생활지도와 상담에 대한 이해라는 네 가지 문제들을 중점적으로 다룹니다.

학습자의 특성에 대한 이해

먼저 첫 번째로, 학습자의 특성에 대한 이해를 이야기해 봅시다. 교육이 성공하려면 교수·학습활동을 하기 전에 반드시 학습자에 대해 알고 있어야 합니다. 여러분, '손자병법(孫子兵法)'이라고 하는 유명한 책에 "지피지기 백전백승(知彼知己 百戰百勝)"이라는 이런 말이 있는 거 잘 아시죠? 적을 알고 나를 알면 백전백승이다, 백번 싸워서 백번 다 이긴다는 말이지요. 원래는 백전백승이 아니라 '백전불태(百戰不殆)', '백번 싸워서 백번 위태롭지 않다'라고 하는 게 원래 문장이라고 합니다. 그게 이제 후대에 가서 계속 좀 과장되고 하다 보니까 지피지기면 백전백승이라고 이렇게 바뀌었다고 하죠.

교육에 성공하려면 학습자에 대해서 아는 것이 가장 먼저 선결돼야 될 일입니다. 그래서 교육심리학은 학습자의 특성을 심리학적 측면에서 객관적으로 이해할 수 있도록 여러 가지 지식과 정보를 제공해 줍니다. 학습자의 특성 가운데 교육심리학적으로 가장 중요한 것은 학습자의 발달특성, 인지적 특성, 정의적 특성입니다. 학습자의 발달 과정과 인지적·정의적 특성에 대한 이해는 수업지도와 생활지도에서 매우 중요한 배경지식이 됩니다.

학습자의 발달특성을 이해하려면 우리는 발달심리 분야를 열심히 공부해야 합니다. 교육과 관련해서는 발달심리 분야 가운데 인지발달, 성격발달, 도덕성 발달이 매우 중요합니다. 학습자에 대한 발달특성을 이해하고 있어야 우리는 발달에 맞는 교육을 실행할 수가 있습니다. 발달 적합성 곧 학습자의 발달단계에 맞추어 교육하는 것은 교육의 기본 중의 기본입니다.

학습자의 특성 가운데에 인지적 특성은 학습자의 지능, 창의성, 인지양식 이런 것들을 말합니다. 언어능력과 수리(數理)능력을 가리키는 지능은 학습에 직결되는 요소이죠. 인지적 특성은 학습자가 얼마나 성취할 수 있느냐 하는 걸 미리 예측해 볼 수 있는 기준이 됩니다. 이 역시도 학습자의 인지적 특성에 맞는 교육을 하기 위하여 꼭 알아야 하는 내용이죠..

정의적 특성에는 학습자의 태도, 흥미, 동기, 자아 개념 이런 것들이 해당됩니다. 정의적 특성 같은 경우는 학습과 관련되는 정서적 요소 뿐만 아니라 학습자의 인성과도 직결되는 요소입니다.

교사는 학습자의 특성에 대한 정보를 바탕으로 교육목표를 세운다든지, 교육과정을 개발한다든지, 또는 교수·학습방법을 결정한다든지 하는 일들을 명확하고 상세하게 수행할 수 있게 됩니다. 요컨대, 교육심리학은 학습자의 제반 특성과 그 특성의 발달 과정에 대한 객관적 이해를 제공함으로써 교육활동의 계획과 실행이 성공적인 것이 될 수 있도록 돕는 일을 합니다.

학습의 과정(過程)에 대한 이해

여러분들이 교육심리학을 배우는 이유는 선생님이 되었을 때 학습자들을 잘 지도하고, 잘 가르치기 위해서입니다. 학생들을 잘 가르치려면 학습의 과정, 학습의 본질에 대해서 알아야 하겠죠. 학습자들을 잘 가르치기 위해서는요, 학습이 무엇인지, 학습의 본질과 학습 과정 자체의 특성 이런 것들에 대해서 잘 알아야 하겠죠. 학습이 어떤 요소로 인해 촉발되는 활동이고, 어떤 요소들이 작용하는 활동인지 파악을 해야 학습이 무엇인지, 어떤 과정을 통해서 학습이 일어나는지 알게 되는 것이죠. 또한 학습을 촉진하는 요인이나 학습을 방해하는 요인은 무엇인지 파악하는 것도 참 중요한 문제입니다. 교육심리학에서는 주로 학습이론 분야가 이러한 문제들을 다루고 있습니다. 교육심리학에서 대표적인 학습이론의 영역은 행동주의 학습이론과 인지주의 학습이론을 들 수가 있습니다.

생활지도·상담에 대한 이해

교육심리학 분야가 다루는 문제는 학습만이 아닙니다. 학생에 대한 생활지도와 상담에 대해서도 다루고 있어요. 교사가 학생들을 가르치는 이유는 학생들로 하여금 공부만 잘하도록 만드는 것은 아니죠. 학생들을 가르치는 더 큰 목적은 학생들로 하여금 자신의 삶을 보람 있고 쓸모 있게 살아갈 수 있도록 지도하는 데 있어요. 한마디로 학습지도만이 아니라 인성지도라고 하는 중요한 교육의 영역이 있다라는 것이죠.

학생들이 학교 안에서 또 학교 밖에서 부딪치는 여러 가지 생활상의 문제들을 적절하게 다루고 해결할 수 있도록 보살펴주고 안내해주는 것이 사실은 교육의 본래의 목적이라고 할 수 있습니다. 교육심리학에서는요, 특별히 학생들이 생활 속에서 겪는 여러 가지 문제들을 스스로 해결해 나갈 수 있도록 돕는 영역을 '생활지도와 상담' 분야로 다루고 있어요. 응용심리학 분야에 상담심리학이라는 별개의 심리학 영역이 있는데요, 이 상담심리학의 도움을 받아서 교육적 지도에 활용하고 적용하려는 것이죠. 생활지도와 상담은 학습자들이 자신을 둘러싼 환경에 적응하는 과정에서 나타나는 여러 가지 심리적 문제들을 해결하는 데 도움이 될 수 있도록 안내해주는 분야입니다.

3 대표적인 심리학 이론분파

교육심리학은 심리학을 모토로 해서 만들어진 응용학문이라고 했습니다. 그래서 심리학의 주요 이론들이 교육심리학의 이론적 배경이 되는 경우가 많죠. 특히 심리학의 기본적인 이론분파(理論分派)인 △행동주의 심리학 △인지주의 심리학 △정신분석학 △인본주의 심리학은 교육심리학에서도 주요 이론적 배경이 되고 있습니다. 그래서 이제부터 각각 행동주의 심리학부터 인본주의 심리학까지, 이러한 심리학 이론들이 어떤 주요 특징이 있고 어떤 것들을 주로 다루는 분야인지 살펴봄으로써 교육심리학의 이론적인 배경을 이해해보려고 합니다.

행동주의 심리학

첫 번째로, 행동주의 심리학을 살펴보겠습니다. 분트가 심리학을 정립하면서 만들었던 내성법은요, 심리학이 객관성을 무기로 내세우는 과학의 지위를 획득하는 데에 큰 장애물이었지요. 그래서 마음을 과학적으로 파악하는 방법으로 제시된 것이 "행동을 관찰"하는 것이었습니다. 행동을 관찰해서 마음을 이해하려는 방법 이것이 행동주의 심리학의 방법이었습니다. 행동주의 심리학의 창시자는 20세기 초엽 미국의 존 왓슨(John Watson)이라는 심리학자였어요. 왓슨은 의식이나 정신이나 혹은 영혼 이런 개념들은 정의하거나 측량할 수 없는 것이기 때문에 비과학적이라고 생각했습니다. 당연히 과학으로서의 심리학의 탐구대상이 될 수 없다고 보았습니다.

왓슨은 심리학의 대상을 "관찰할 수 있고 측정할 수 있는 행동"으로 한정 지었습니다. 이렇게 해서 등장한 행동주의 심리학은 인간의 행동뿐만이 아니라, 의식이 없는 존재라고 판단해서 그동안 심리학에서 배제되어 왔던 동물의 행동 역시 함께 연구할 수 있는 길을 열었습니다. 그러니까 '관찰할 수 있는 행동을 연구한다'라는 명제는 인간이나 동물에게 공통적으로 적용될 수 있는 원칙이었던 것이죠. 그래서 동물연구에서 얻은 지식이 인간의 행동을 이해하는 데 큰 도움을 주게 됩니다. 행동주의 심리학은 인간의 내적인 정신과정보다는 인간의 외적인 행동을 이해하는 것을 목표로 삼아요.

행동주의 심리학이 행동만을 심리학의 대상으로 보았던 것 이것은 전통적인 심리학의 탐구대상인 마음, 즉 의식이라는 것이 지나치게 비과학적인 개념이었다는 데에 대한 반성이었습니다. 앞에서도 잠시 말했지만, 마음의 경험 내지 의식의 경험은 오로지 그것을 경험하는 사람만이 알 수 있는 것이죠. 다른 사람들은 그것을 전혀 관찰할 수 없어요. 왜냐하면, 다른 사람들의 눈에는 하나도 보이지 않기 때문입니다. 그런데 말이죠, 내가 만일 슬픈 영화를 보면서 막 눈물을 흘리고 있어요. 심지어는 엉엉 소리 내서 운다고 해봅시다. 이때는 나의 행동을 보는 다른 사람들이 어떻게 보겠습니까? 내가 눈물을 흘리고 엉엉 소리 내어 우는 것을 보고서, 남들도 내가 지금 슬픈 감정에 휩싸여 있구나 라는 걸 알 수가 있을 거예요. 즉 내가 하는 행동을 보고 남들도 나의 마음속을 이해할 수 있는 것이죠.

행동주의 심리학은 이처럼 모든 사람들이 객관적으로 관찰할 수 있는 행동을 연구해야만 심리학이 과학적인 학문이 될 수 있다고 주장합니다. 행동주의 심리학을요, 다른 이름으로는 '자극-반응 심리학'이라고도 불러요. 인간의 행동이라는 게 그 행동을 유발하는 외부자극에 대해서 하나의 반응으로 나타나는 것이라고 보기 때문입니다. 외부자극에 대하여 내 행동은 반응으로 나타나는 거다, 이렇게 본다는 거죠. 자극-반응심리학은 인간의 내부에서 무슨 일이 일어나는가 이건 관심이 없어요. 다만 '인간이라는 상자 속에 어떤 자극이 들어가고 그래서 어떤 반응이 나오는가' 이 틀만 가지고서 인간을 이해한다는 그런 입장입니다. 이것을 "행동주의적 입장"이라고 그래요.

행동주의 심리학자인 스키너(B. F. Skinner)라는 심리학자가 있습니다. 이 사람 역시 미국의 학자인데요. 스키너의 학습이론은 행동주의 심리학의 접근을 대표하는 이론입니다. 스키너는 인간의 행동이 환경의 조건에 따라 어떻게 변화하는가에 대해 매우 정교한 이론을 세웠습니다. 스키너는 외부환경에서 주어지는 보상과 처벌이, 어떤 방법으로 몇 회나 제시되느냐에 따라, 인간의 행동을 얼마나 정확하고 빠르게 변화시키는가 하는 것을 연구하였습니다. 스키너는 이로부터 "인간이 처한 환경을 주로 보상과 처벌을 통해 조작함으로써, 인간의 행동을 마음대로 통제할 수 있다"는 대담한 주장을 하죠.

인지주의 심리학

두 번째로 인지주의 심리학을 살펴보겠습니다. 행동주의 심리학이 20세기 전반기를 휩쓸 때 행동주의 심리학에 반대하는 심리학 이론이 등장하게 됩니다. 그것은 바로 인지주의 심리학이에요. 인지주의 심리학을 줄여서 그냥 인지심리학, 이렇게 부르기도 해요.

인지주의 심리학은 인간이 외부에서 주어지는 자극을 단순하게 수동적으로 받아들이는 수용자가 아니라고 봅니다. 오히려 인간은 주어지는 정보를 능동적으로 처리해서 그것을 안정적이고 의미 있는 새로운 형태로 바꿔서 이해한다는 것이죠. 교직과목에서 많이 나오는 구성주의 학습이론이 인지주의 심리학을 바탕으로 만들어진 이론이에요.

그림 1 에셔(M. Escher)의 그림 "천사와 악마"

위의 그림을 보면요, 이 그림은 〈천사와 악마〉라는 이름의 그림인데요, 이 그림은 20세기 네덜란드의 그래픽 아티스트인 에셔(Esher)라고 하는 사람이 그린 판화입니다. 여러분 눈에는 이 판화 그림을 보면 뭐가 보입니까? 악마의 모습이 보입니까? 아니면 천사의 모습이 보입니까? 우리는 이 그림을 무의미한 단순한 도형, 단순한 패턴으로 보지 않습니다. 그보다는 우리의 심리 상태에 따라 그림 속에서 천사를 보기도 하고 또는 악마를 보기도 하지요. 즉 천사의 형태, 악마의 형태를 서로 전환시켜 가면서 의미를 가진 그림으로 보려고 합니다.

이처럼 우리가 사물을 바라볼 때는 능동적으로 머릿속에서 새로운 의미를 그려가면서 대상을 파악하게 되는데요. 이러한 주장이 인지주의 심리학의 핵심 요지입니다. 인지심리학이 형성된 배경을 살펴보다 보면, 20세기 초 독일에서 등장한 '형태주의 심리학(Gestalt Psychology)'을 만납니다. 줄여서 형태심리학이라고도 합니다. 켈러(Keller)라는 심리학자가 가장 대표적인 학자예요. 이 형태주의 심리학자들은요, 에셔의 그림처럼 단순한 기하학적 도형을 보면서도 그게 천사, 악마 등과 같은 의미 있는 형태로 지각되는 과정, 이 부분을 탐구합니다. 그래서 인간에게는 외부자극을 능동적으로 처리해 나가는 고유한 정신구조, 머릿속의 고유한 정신적 과정이 존재한다는 생각을 하게 돼요. 그러니까 우리가 대상을 바라볼 때 단순하게 그 대상만 지각하는 게 아니라, 그 대상에 있는 형태를 이미지 속에서 의미를 담아내면서 이해하게 된다는 거예요.

형태주의 심리학으로부터 출발한 인지주의 심리학은요, 행동주의 심리학을 적극적으로 반대합니다. 왜냐하면, 인간의 행동을 단순하게 바라보게 되면 그 속에 담겨있는 깊은 의미를 제대로 이해할 수 없다고 보기 때문입니다. 인간의 행동을 단순하게 자극의 입력과 반응의 산출로 보는 것은 인간이 행하는 단순한 행동에 대해서는 적절한 관점일 수 있어요. 그렇지만 인간의 행동 중에는 아주 복잡하고 차원이 높은 행동들이 있습니다. 이러한 행동들은 행동주의의 틀로 쉽게 이해하기가 어려워요.

예를 들면, 인간은 기억 속에 저장된 정보를 가지고 생각을 전개하고, 내일 할 일을 계획을 세우고, 중요한 일에 대한 의사결정을 내리고, 외부에서 주어지는 여러 가지 정보를 취사선택해서 문제를 해결할 수가 있죠. 이처럼 외부에서 주어지는 감각자극을 여러 가지 양식으로 바꾸고, 부호화하고, 기억 속에 저장하고, 나중에 꺼내서 기억해내는 일련의 과정을 심리학에서는 인지(cognition)라고 합니다. 인지의 과정은 "주의 ⇒ 지각 ⇒ 심상(心象) ⇒ 기억 ⇒ 사고 ⇒ 문제해결"의 단계로 진행되는데요. 이러한 인지단계들은 행동주의 심리학에서 이야기하는 자극의 입력과 행동의 산출로는 제대로 파악할 수 없는 복잡성을 갖고 있어요.

인지주의 심리학에서는요, 인지 과정을 컴퓨터의 정보처리 체계에 비유하고 있습니다. 우리가 컴퓨터에 입력·저장하는 정보, 그걸 우리가 머릿속에 정보를 저장하는 것과 같은 맥락이라고 이해해보는 것이죠. 우리의 뇌 속에서 정보는 여러 가지 방식으로 선택되고 비교된 뒤에 기억 속에 저장됩니다. 그리고 기억 속에 저장된 다른 정보와 결합되고 전환되고 재구성되어서 더 정교한 정보, 더 정교한 지식이 됩니다. 이 과정에서 반응의 산출은 어떤 정보가 입력되느냐에 못지않게 우리가 어떻게, 어떤 방식으로 정보를 처리하느냐에 따라서 서로 다른 여러 가지 형태로 나타나게 돼요. 그래서 인지주의 심리학에 따르면 인간의 행동을 완전하게 이해하려면 인간의 내부에 있는 정신의 구조와 과정을 이해하여야 합니다. 그래서 인지주의 심리학자들이 요즘 열심히 연구하는 분야가 뇌입니다. 뇌과학과 밀접하게 연관되어서 융합학문으로서 인지주의 심리학이 연구활동을 전개하고 있는 것이죠.

정신분석학

세 번째 분파로서, 정신분석학을 살펴보겠습니다. 정신분석학(psycho-analysis)은 행동주의 심리학이 등장한 것과 비슷한 시기에 유럽에서 등장한 심리학 이론입니다. 정신분석학은 독일의 임상심리학자인 지그문트 프로이트(S. Freud)가 발전시켰죠. 프로이트는 정신질환을 앓는 환자들을 치료하는 과정에서 무의식이라고 하는 마음의 깊은 영역을 발견하고요, 이렇게 발견된 사실들을 바탕으로 인간의 정신구조와 심리 과정을 설명하는 자신만의 독특한 이론체계를 구축합니다. 정신분석학의 기본 명제랄까요, 기본 주장은요, '인간이 행하는 대부분의 행동은 그의 무의식으로부터 나온다'라는 것입니다. 무의식은 인간이 의식하지 못하지만 인간 자신의 행동에 큰 영향을 미친다는 것이죠. 그렇기 때문에 인간을 제대로 이해하려면, 의식을 분석하는 것뿐만 아니라 무의식 속에 들어있는 내용을 밝혀내고, 무의식 속에서 진행되는 심리 과정을 알아내야 한다고 주장하는 것입니다.

그러면 이 무의식은 만들어진 걸까요? 무의식은 인간이 태어날 때부터 갖고 있는 본능적 충동들이 부모나 사회의 비난 때문에 현실에서는 억제되고 제지당할 때 나타나는 것이라고 봅니다. 이러한 충동들은 태어나면서부터 갖고 있게 되는 선천적인 것이지만, 어떤 방식으로든 적절하게 해소되지 않으면 심리적인 질병, 정신질환을 야기시켜요. 그런데 현실적인 방법으로는 본능적 충동들을 적절히 해소할 방법이 없다는 것이죠. 그래서 그것을 마음 깊이 억누르게 됩니다. 프로이트에 따르면, 우리가 태어날 때부터 가지고 태어나는 본능적 충동 가운데 가장 대표적인 것이 성 충동이에요. 그런데 우리는 살아가면서 현실적으로 이러한 성충동을 아무 때나 아무런 방식으로나 해소할 수가 없어요. 사회적으로 비난받고 제지받는다라는 것이죠. 그래서 성과 관련되는 충동은 억압하게 됩니다. 여기서 본능적 충동들을 억압한다는 것은 그것을 의식에서부터 저 멀리 무의식으로 깊숙이 밀어넣는다는 것을 뜻해요. 그리고 이렇게 무의식 속으로 들어간 본능적 충동들은 우리의 행동에 계속해서 영향을 주게 된다는 것이죠. 그러니까 내가 욕망하는 거, 내가 충동하는 거, 이거를 적절하게 충족시킬 수 없으니까 나의 의식 저 밑바닥에 있는 무의식 속에 밀어넣게 되고, 그 무의식 속으로 밀어넣은 욕망, 충동 이런 것들이 계속해서 우리의 행동을 조금씩 조금씩 충동질을 한다, 이렇게 보는 거예요.

인간이 갖는 본능적 충동이나 감정들은 대부분 비도덕적이고 사회규범에서 벗어난 것이라는 특징을 갖습니다. 이것은 성 충동 하나만 떠올려 봐도 알 수가 있죠. 성 충동은 몰래 억압하고 있죠. 게다가 자신이 이러한 충동들을 갖고 있다는 사실 자체만으로도 인간은 자신의 도덕적 양심과 깊은 갈등을 겪게 됩니다. 그래서 그 충동들을 억압해서 의식에서 지워버림으로써 무의식을 갖게 된다 라는 거죠. 그런데 이러한 무의식적 충동은 언제 자연스럽게 표출되냐면 꿈을 꿀 때, 또 행동상의 무의식적인 실수나, 나도 모르게 행하는 어떤 행동상의 버릇, 또는 여러 가지 신경증 증상, 히스테리 이런 것들로 나타난다고 해요. 또한 이런 무의식 속에 있는 충동들이 예술, 문학, 학문적 활동 등과 같이 사회적으로 널리 인정받는 행동들을 통해서 상징적으로 나타나기도 한다는 게 프로이트의 설명입니다.

정신분석학은요, 행동주의 심리학이나 인지주의 심리학이 보지 않는 또는 보지 못하는, 눈에 안 보이는 무의식을 심리학의 탐구대상으로 삼았다는 점이 독특해요. 행동주의 심리학이나 인지주의 심리학은 눈에 보이거나 또는 우리의 의식으로 명백하게 의식할 수 있는 것만 연구대상으로 삼았잖아요. 행동주의 심리학은 눈에 보이는 행동을 살펴보았고, 인지주의 심리학은 우리가 정신으로 지각하고 인식하고 의식할 수 있는 것만을 연구대상으로 삼았는데요. 정신분석학은 눈에도 보이지 않고 의식할 수도 없는 무의식이라는 것을 심리학의 탐구대상으로 삼았다는 점이 매우 독특합니다. 이 점에서 행동주의 심리학자나 인지주의 심리학자들은 정신분석학이 비과학적이라는 비판을 하기도 합니다.

정신분석학을 '심층 심리학'이라고도 불러요. 마음 깊은 곳에 있는 심리내용들을 탐색하는 심리학이라서 붙여진 이름이죠. 요컨대, 무의식은 심층의식이라고도 부른다는 거죠. 정신분석학은 인간의 내면의 세계, 즉 정신의 구조와 과정을 분석한다는 점에서 인지주의 심리학과 비슷한 측면이 있습니다. 그렇지만 인지주의 심리학은 인간 정신의 합리적이고 이성적인 지적 측면에 주로 관심을 가져요. 반면에 정신분석학은 인간 행동의 원인을 본능적인 충동이나 감정 등과 같이 비합리적이고 비이성적인 요인에서 찾습니다. 이러한 점이 서로 다른 점이죠. 정신분석학은 사람의 성격을 이해하는 성격심리학이나, 정신질환을 진단하고 치료하는 임상심리학의 발전에 크게 기여하였답니다. 나중에 배우겠지만, 교육심리학에서 중요한 이론인 에릭슨(Erikson)의 성격발달 이론은 바로 이 정신분석학 이론을 바탕으로 만들어진 이론이죠.

앞에서도 말씀드렸지만 행동주의나 인지주의 심리학자들은 정신분석학을 사이비과학이라고 비판해요. 아예 심하게는 과학도 아니다.

이런 얘기도 하죠. 왜 그렇습니까? 정신분석학이 자신의 이론을 정립하는 과정에서 심리학이 추구하는 엄격한 객관적 과학적 방법을 발전시키지는 못했기 때문에 이런 비판을 받는 거예요. 그렇지만 정신분석학은 인간 행동의 심층적인 의미를 다양한 이론으로 다양한 내용으로 밝혀준다는 점에서 상당히 의미 있는 심리학 이론 분야라고 할 수 있습니다.

인본주의 심리학

네 번째로서 인본주의 심리학을 살펴보겠습니다. 인본주의 심리학(humanist psychology)은 행동주의 심리학과 정신분석학을 반대하면서, 20세기 중반에 등장한 제3의 심리학입니다. 인본주의 심리학은 행동주의와 정신분석학이 인간에 대해서 갖는 기계론적이고 결정론적인 입장을 반대합니다. 행동주의와 정신분석학은 인간을 매우 수동적인 존재로 바라보는데요, 이걸 반대한다는 겁니다. 행동주의에서는 인간이 마치 기계처럼 외부환경이 주는 자극에 수동적으로 반응하는 존재라고 보고 있어요. 정신분석학에서는 인간의 무의식에 들어있는 본능적인 충동들이 인간의 의식과 행위를 결정짓는 근본요인으로 간주되고 있어요. 그러니까 인간은 무의식 속에 들어있는 충동의 노예라고 본다 라는 거죠.

그런데 인본주의 심리학의 입장에서 보면, 인간은 외부자극에 기계처럼 반응하거나 무의식에 자기도 모르게 휘둘리는 존재다 라는 견해는 받아들이기가 어렵습니다. 왜냐하면, 인간에게는 자극이나 충동을 넘어서는 그 이상의 "고결한 것"이 있다고 보기 때문이에요. 행동주의 심리학에서는 주로 동물을 연구했고요, 정신분석학에서는 주로 정신질환을 앓는 비정상인을 연구했어요. 그러한 연구결과를 가지고 정상인들의 심리를 밝혀보려고 했던 것이죠. 인본주의 심리학이 보기에 행동주의 심리학이나 정신분석학이 인간의 마음을 제대로 밝혀내지 못하고 있는 것은 바로 이 점 때문이라고 봐요. 동물이나 비정상인에 대한 이해를 바탕으로 해서는 정상적인 인간의 마음을 제대로 알기 어렵다는 거죠.

그래서 인본주의 심리학에서는 건전한 인간의 정신 과정을 탐구하는 데 초점을 두고 심리학 연구를 해요. 그러면, 건전한 인간의 정신 과정이라는 게 뭐냐? 주체적이고 독립적이고 자율적이며 미래지향적인 그런 특성을 인간은 가지고 있다 라고 보는 거예요. 인본주의 심리학에서는 인간과 동물을 구별해주고, 정상인과 비정상인을 구별해주는 자질이 바로 "인간의 자유의지"라고 봅니다. 그리고 인간이 "자아실현을 위해서 노력한다"는 점을 강조하고 있어요. 인간에게는 자신의 뜻대로 행위를 선택하고 수행할 수 있는 자유의지가 있다는 것이죠. 또한 가능한 한 자기가 되고 싶은 모습대로 발전해 나가고자 하는 욕구가 있다라는 겁니다.

인본주의 심리학에서 볼 때 인간의 행동은요, 행동주의가 주장하듯이 동물처럼 외부자극에 의해 일어나거나, 정신분석학에서 주장하듯이 무의식적 충동에 의해서 조종되어 나타나는 게 아니에요. 인간은 자신의 자유의지에 의해서 자신의 행동을 스스로 통제할 수 있는 능력을 지니고 있다는 거죠. 또한 인간은 자신의 행위에 대해서 스스로 책임지기를 바라며 자신의 통제력 밖에 있는 힘을 좇아서 행동하기를 원치 않아요. 자기가 통제할 수 있는 자율적인 영역을 추구하는 존재라는 거예요. 요컨대, 인간은 수동적인 결정론과 능동적인 자유의지 양자 사이에서 자유의지를 선택하는 존재라고 보는 게 인본주의 심리학의 기본 관점이에요. 이러한 인본주의 심리학을 주도하는 대표적인 학자로는 마슬로우(Maslow)라는 사람이 있습니다.

마슬로우에 따르면 인간은 성장과 자아실현을 추구하는 매우 강한 욕구를 가지고 있어요. 인간은 자신이 지닌 잠재적 능력을 최대한으로 개발해서 현재의 자신의 모습보다도 더 나은 자신의 모습, 더 나은 미래의 모습을 이루려고 노력하는 존재라는 거예요. 한마디로 인간의 근본 성향은 자신의 잠재력을 실현하려고 노력하는 데 있다 라는 겁니다. 자신의 잠재력을 최대한으로 개발하는 거, 이게 자아실현이잖아요? 인본주의 심리학에서는 인간에게 가장 중요한 과제가 바로 이 자아실현을 이루는 일이라고 말하고 있어요. 자아실현의 바탕은 개인이 자기 자신에 대해서 갖는 관념 즉 “자기(self) 개념”이예요. 인본주의 심리학에서는 이를 자기 정체성이라고 합니다.

인본주의 심리학에서는 개인이 올바른 자기 개념을 형성하도록 돕는 것을 심리학의 가장 중요한 목적이라고 봅니다. 그렇기 때문에 인본주의 심리학에서 특히 강조하는 분야가 바로 상담 분야라고 할 수 있어요. 왜냐하면 상담이라는 것은, 심리적인 문제를 지닌 개인으로 하여금 건전한 자아개념, 즉 자기 개념을 형성하고 회복하도록 도와줌으로써 그 사람이 자신의 심리적인 문제들을 극복하고, 자기가 가지고 있는 자아의 역량을 스스로 발전시켜 나가도록 돕는 일이기 때문입니다.

인본주의 심리학은 인지주의 심리학과 마찬가지로 인간의 능동적인 특성 그리고 내적인 정신 과정을 강조하고 있습니다. 하지만 인지주의 심리학이 주로 지적 측면에 국한해서 인지 과정에 대한 탐구를 진행해 간다고 하면, 인본주의 심리학은 지적인 측면보다는 정서적인 측면, 의지의 측면에 좀 더 집중합니다. 그래서 지식이나 정보를 처리하고 문제를 해결하는 사고 과정을 연구하기보다는 감정, 정서, 동기 등과 같은 요인들이 인간의 사고와 행동에 어떤 영향을 미치느냐 이 부분을 밝히는 데 더 주력하는 것이 인본주의 심리학입니다. 인본주의 심리학에서 강조하는 자기(self) 개념이나 자아실현이라는 개념은 지적인 것이 아니라 정서적인 측면과 밀접하게 관련되어 다루어지는 개념이예요. 인본주의 심리학은 현대 심리학의 여러 가지 다른 이론들이 포용할 수 없는, 마음의 본질적인 측면을 탐구한다는 점에서 아주 의미 있는 심리학 이론이라고 말할 수 있겠습니다.

두 번째 강의
발달의 단계와 발달과업

《교육심리 강의》의 두 번째 주제는 "발달단계와 발달과업"에 관한 것입니다. 지난 시간에 우리는 교육이 성공하려면 발달 적합성을 반드시 고려하여야 한다고 공부했지요. 학습자의 발달단계와 발달특성에 맞추어 교육을 해야 한다는 거지요. 또한 교육의 내용은 각각의 발달단계에 맞춘 발달과업으로 이루어져야 하구요.

1 발달의 개념과 특성

먼저 첫 번째로, 발달의 개념을 살펴보겠습니다. 발달이란 무엇일까요? 발달은 영어로 development라고 합니다. development라는 단어는 '가지고 있는 소질을 시간이 경과함에 따라 쭉 펼쳐낸다'는 의미를 담고 있습니다. 사람의 한평생을 봅시다. 태어나서, 자라고, 어른이 되고, 늙고, 죽게 됩니다. 그런데 이렇게 태어나서 죽을 때까지 인간은 삶의 과정에서 여러 가지 변화를 겪게 됩니다. 연속적으로 일어나는 변화의 과정을 겪게 되는 것이죠. 사람이 살면서 한평생 겪게 되는 이러한 연속되는 변화의 과정을 심리학에서는 발달(development)

이라고 합니다. 그래서 발달을 정의한다면, “발달이란 한 개인의 전 생애에 걸쳐서 일어나는 체계적이고 연속적인 변화 과정”을 말한다고 할 수 있습니다. 체계성을 갖는 변화가 연속적으로 일어나는 것이 발달이라는 것이죠. 발달에서 중요한 것은 ①일정한 순서와 패턴을 따라서 변화가 일어나고 ②그러한 변화의 결과는 일정 기간 동안 지속된다는 점입니다.

우리가 흔히 발달이라는 말을 사용하면 이 말은 대체로 좋은 의미, 좋은 쪽으로 긍정적인 방향으로 변화하는 것을 의미합니다. 아기가 태어나서 자라면서 유아기, 아동기, 청소년기를 거치고 성인기에 다다를 때까지 일어나는 변화는 대체로 긍정적인 방향으로 진행됩니다. 키가 크죠. 몸무게가 늘지요. 지능도 발달하고, 정서나 도덕성 등의 여러 가지 심리요소들도 발달합니다. 생리적인 측면에서의 변화도 일어나는데요. 예컨대 청소년 단계를 거치면서 성 호르몬이 분비된다든지 하는 변화도 일어납니다. 이것 역시 긍정적인 방향으로 진행되는 변화입니다. 이처럼 발달이란 양적인 측면과 질적인 측면에서 긍정적으로 일어나는 변화를 가리킨다고 할 수 있습니다. 양적인 측면이라면 예컨대 키가 큰다든지 몸무게가 는다든지 하는 것을 말하고요, 질적인 측면이라면 지능이나 도덕성 등이 발달하는 것 또는 생리적인 변화가 일어나는 것 등이 해당되겠죠. 이러한 변화는 모두 좋은 것, 긍정적인 것으로 간주할 수 있습니다.

하지만 우리가 일평생 겪는 발달 과정 가운데는 반드시 긍정적인 방향으로 변화하는 것만 있지는 않습니다. 예를 들면 늙는다는 것을 생각해보죠. 노화 곧 늙는다는 것은 사람이면 누구나 피하고 싶은 일입니다. 그런데요, 심리학에서는 늙는 것도 발달이라고 봅니다. 늙는다는 현상 속에서도 무언가 긍정적인 요소가 들어있다고 보기 때문이죠. 그러면 늙어간다는 것이 과연 어떤 점에서 긍정적인 것으로 평가될 수 있을까요? 물론 늙는다는 것은 우리의 신체와 생리기능이 낡고 저하되고, 심지어 퇴보한다는 것을 가리킵니다. 하지만 늙는다는 것은 우리의 삶의 경험이 더욱 더 깊어지고 인격이 더 원숙해져서, 인생을 깊이 있게 통찰하고 여러 가지 삶의 문제에 종합적으로 대처하는 능력이 더 깊어지는 것을 의미하는 것이기도 합니다. 그래서 발달심리학에서는 늙는 것까지도 긍정적인 의미로 발달의 범주에 포함시킵니다. 삶의 경험이 깊어지는 데 따른 인격의 성숙함이야말로 나이 들어 늙어가는 변화를 긍정적인 것으로 볼 수 있게 해주는 매우 중요한 측면이라고 할 수 있겠습니다. 이 점에서 발달 개념이 성인기 이후의 변화까지도 긍정적인 방향에서 바라보는 것은 매우 타당하다고 할 수 있습니다.

요컨대, 발달이란 어떤 특성이 양적인 측면에서 증대되고 질적인 측면에서 심화되는 긍정적인 변화뿐만 아니라 어떤 특성이 양적으로 감소하고 질적으로 저하되는 부정적인 변화까지도 망라하는 개념이라고 할 수 있습니다. 발달이란 "신체와 정신, 양적인 측면과 질적인 측면 모두에서 인간에게 일어나는 일평생의 연속적 변화"를 말합니다. 이때 양적인 측면에서 일어나는 변화를 성장(growth)이라고 하고요, 질적인 측면에서 일어나는 변화를 성숙(maturation)이라고 구분하기도 합니다.

그렇다면 우리 몸과 마음의 발달은 무엇 때문에 일어나는 것일까요? 즉 발달의 원인은 무엇일까요? 일반적으로 발달심리학에서는 발달의 기초로서 "성숙"과 "학습"의 두 가지 요인을 꼽고 있습니다.

발달에 영향을 미치는 첫 번째 요소는 성숙요인입니다. 성숙은 선천적인 요인에 의하여 행동이 변화되는 것을 말해요. 성숙이란 임신이 되어 부모한테서 아이에게로 유전되는 유전자 정보의 유전적 계획에 따라 일어나는 모든 생물학적 발달을 가리키죠. 한마디로 유전에 의해서 일어나는 생물학적 변화가 성숙이라고 할 수 있습니다. 우리는 대략 만 1세가 되면 걷기 시작하고 말을 배우기 시작해요. 11세에서 15세 무렵에는 성적 측면에서 차츰차츰 성숙해 가게 되죠. 그리고 어른이 됩니다. 이러한 것들은 모두 유전적 요인에 의거하여 이루어지는 성숙의 과정이라고 할 수 있어요. 인간의 발달이 대부분 많은 면에서 비슷하게 이루어지는 이유, 즉 인간의 발달에 공통성이 나타나는 이유는 인간이 가지고 있는 유전자에 모든 인간에게 공통적으로 적용되는 종 유전에 관한 정보가 들어있기 때문이죠. 종 유전의 정보에 따라 인간은 인종과 성별에 상관없이 누구든지 인생의 비슷한 시점에서 동일한 공통의 발달 과정을 경험한다고 할 수 있습니다. 이것을 발달심리학에서는 발달에 있어서 일반성 또는 보편성이 있다고 말합니다.

두 번째로, 발달에 영향을 미치는 과정은 학습이에요. 학습요인이 발달의 원인이 된다는 것입니다. 학습은 경험이나 연습에 의해서 행동이 변화되는 걸 말하죠. 학습은 우리가 겪은 경험이 우리의 사고, 감정, 행동 등에 아주 오랜 기간 동안 지속되는 변화를 만들어내는 과정을 말합니다. 즉, 학습을 통해서 이루어지는 변화는 영속성(永續性)을 갖는 변화, 영속적 변화라고 할 수 있어요. 학습은 경험뿐만 아니라 연습을 통해서도 이루어지고요, 다른 사람들 예컨대 부모님, 선생님, 친구들과의 상호작용을 통해서도 이루어집니다. 여기서 학습을 통해 이루어지는 변화는요, 일시적이고 즉흥적인 변화가 아니라 상당히 오랜 기간 동안 간직되는 변화라는 것이 특히 중요합니다.

2 발달의 일반적 원리

다음으로는 발달의 일반원리와 특성에 대해서 한번 이야기해보죠. 앞에서 발달에는 일반성 내지 보편성이 있다고 말했습니다. 이 말은요, 모든 발달에 일관되게 적용되는 발달의 일반원리 곧 일반적인 원리가 있다는 말입니다. 발달심리학에서 제시하는 일반적인 발달의 원리와 특성은 다음과 같이 정리될 수 있습니다.

첫째, 발달은 "일정한 순서로 진행"됩니다. 발달은 일정한 순서로 진행되요. 발달 과정에서 나타나는 행동 특성의 변화는 일정한 순서에 따라 일정한 방향으로 진행된다는 것입니다. 발달이 일정한 순서와 방향에 따라 진행된다는 것은 다음과 같은 걸 의미합니다. 앞 단계에서의 발달이 후속 단계의 발달에 밑바탕이 된다는 거죠. 또한 발달이 진행될수록 하위 단계의 발달에서 상위 단계의 발달로 이행됨으로써 발달의 수준과 차원이 높아지는 것을 뜻합니다.

예컨대 신체발달의 경우 머리에서 발끝으로, 중심부에서 주변부로, 전체적인 활동에서 특수한 활동의 순서로 발달합니다. 운동발달의 경우에는요, 맨 처음에는 아기는 배를 깔고 기지요. 아기들이 발달해 가는 과정을 보면 배를 바닥에 붙이고 기어갑니다. 이렇게 배를 깔고 기다가, 자기 몸을 가누면서 어느 순간에는 이 아이가 앉아 있어요. 앉아있는 동작을 하다가 그 다음에는 이제 배를 떼고 양 무릎과 양 팔꿈치로 바닥을 기어요. 그러다가 그 다음에 두 발로 섭니다. 물론 섰다가 금방 넘어지죠. 그런데 이 과정을 반복하다가 어느 날엔간 걷기 시작해요. 그리고 걷기 시작하면 그 다음엔 어떤 일이 벌어집니까? 막 달리기를 시작하죠.

언어발달의 경우를 보면요, 맨 처음엔 울음소리를 냅니다. 그 다음에 옹알이를 해요. 옹알이 할 때는 무슨 말을 하는지 모르지만, 엄마들은 희한하게 대화를 하죠. 옹알이의 다음단계에는 한마디로 된 말, 한 단어 또는 한마디로 된 말을 합니다. 그 다음엔 두어 마디로 된 말을 하게 되고요. 그 다음엔 여러 마디로 된 말을 하게 됩니다. 이렇게 한 단어에서 두 단어 그리고 여러 단어를 가진 말을 하는 방향으로 언어발달이 진행이 돼요. 이에 따라 단문(短文)에서 중문(仲文)으로, 중문에서 복문(複文)으로 문장의 수준을 높여가게 됩니다.

인지발달이나 성격발달에도 일정한 순서와 방향이 있습니다. 우리가 이제 앞으로 다음강의부터 인지발달, 성격발달, 도덕성 발달 등에 관하여 좀 더 상세하게 공부해 볼 거예요.

두 번째로, 발달에는 "개인차(個人差)"가 있습니다. 개인차라는 사람마다 발달의 시기와 발달의 속도가 조금씩 차이가 난다는 걸 말합니다. 사람마다 발달 과정에서 차이를 나타내는 것은 유전 때문일 수도 있고, 환경 때문일 수도 있습니다. 당연히 개인마다 유전적으로 차이가 있으니까 발달의 속도나 발달의 정도에서 차이를 나타냅니다. 어떤 아이는 다른 아이들보다 발달이 빠를 수가 있습니다. 또 어떤 아이는 다른 아이들보다 평균적으로 발달이 늦을 수도 있죠. 발달이 빠를 경우 신동이니 천재니 하는 소리를 듣는 거고요, 발달이 늦을 경우 지진아(遲進兒)라는 소리를 듣게 됩니다.

환경요인 때문에 개인차가 날 수도 있어요. 예컨대 어린아이가 남들이 다 걸음마를 배우는 시기에 걸음을 떼지 못하는데, 그 이유가 유전적인 것이 아니라 엄마의 건강이 나빠서 충분한 모유 수유를 받지 못한 탓에 영양상태가 나빠져서 그런 것이라고 한다면, 이 경우

아이의 영양상태는 환경요인의 문제에 해당하는 거겠죠. 물론 발달의 속도와 발달의 시기에서 개인차가 난다고 하더라도요, 발달의 순서는 모든 사람에게 동일하게 나타난답니다.

세 번째로, 발달의 "각 측면은 서로 밀접하게 관련" 되어 있습니다. 발달의 각 측면은 서로 밀접하게 관련되어 있어요. 일반적으로 발달의 측면을 △신체발달 △인지발달 △심리사회성 발달의 세 가지 측면으로 나눕니다. 즉 발달의 영역은 신체발달, 인지발달, 심리사회적 발달 이렇게 세 영역으로 나누는 것이죠. 발달을 이렇게 세 가지 측면으로 편의상 나누지만, 실제로 보면 신체와 인지와 심리사회적 특성이 독자적으로 발달하는 게 아니라 서로 밀접하게 영향을 주고받으면서 발달해요. 즉, 발달의 영역은 서로 밀접하게 연관되어 있고, 유기적으로 연결되어서, 상호작용적인 발달을 나타냅니다.

예를 들어 신체 특성의 발달은 사회성의 발달에 영향을 줘요. 신체가 활발하게 발달하게 되면 그 발달된 신체로 여러 가지 사회적 접촉을 많이 할 수 있게 되겠죠. 그러면 사회성이 당연히 발달하게 되죠. 사회성의 발달은 언어와 정서발달에 직접적으로 영향을 줍니다. 사회성이 발달한다는 것은 다른 사람들과의 상호작용의 빈도가 높아진다는 얘기입니다. 다른사람과 상호작용할 때는 언어적 상호작용과 정서적 상호작용을 많이 하게 되는데요. 그러한 과정의 빈도가 높아지면 당연히 언어발달, 정서발달이 촉진되겠죠. 또한 지능의 발달도 이와 연결됩니다. 언어가 발달하고 정서가 발달하면요, 당연히 지능의 발달이 왕성하게 진행되게 돼요. 그리고 지능의 발달은 또다시 신체나 언어나 정서나 사회성의 발달에 커다란 영향을 줍니다.

그러니까 발달의 제반 측면이 서로 상호작용하면서 영향을 주고받는 거죠. 발달은 종합적인 특성을 갖는다라고나 할까요? 이것은 한 측면에서의 발달의 변화가 다른 측면의 발달에 중요한 시사점을 준다는 것을 가리킵니다. 요컨대 발달이란 부분적인 것이 아니라 총체적인 특성을 갖는다 라고 할 수 있겠습니다. 유아교육이나 아동교육에서 우리가 전인교육(全人教育)을 강조하죠? 전인교육에서 '전인(全人 whole man)'이란 신체·지능·정서 등의 발달의 전 영역이 조화와 균형을 이루면서 발달한 사람을 말하는 개념입니다. 아동을 어느 한쪽에 치우치지 않는, 전인으로 키워내야 한다는 게 바로 전인교육의 이념입니다.

네 번째로, 발달에는 "연속적인 특성과 비연속적인 특성"이 함께 있습니다. 발달에는 연속적인 특성과 비연속적인 특성이 있어요. 통상, 발달은 연속적이고 누적적인 방식으로 이루어진다고 생각하는 게 일반적이죠. 발달은 일평생에 걸쳐서 연속적으로 진행됩니다. 또한 앞단계에서의 발달을 바탕으로 다음단계의 발달이 진행되죠. 이때 발달은 내용적으로 앞단계 발달의 특성을 그대로 간직하면서 더 정교한 발달의 내용을 습득하는, 연속적인 성격을 갖습니다. 대체로 양적인 측면에서 일어난 발달이 여기에 해당하겠죠.

그런데요, 질적인 변화를 겪으면서 때로는 앞단계에서 일어난 변화를 떨쳐버리고 새로운 수준으로 변화하는 발달도 있습니다. 인지발달이 대표적인 예입니다. 예를 든다면 유아기 때의 인지발달의 특성이 그대로 지속된 채로 아동기나 청소년기가 된다고 해보세요. 이것은 발달이 아니라 심각한 인지적·심리적 결함이예요. 유아기 때의 인지적·사회적 특성이 그대로 아동기와 청소년기에 쭉 이어진다? 이건 발달지체죠. 유아기 때의 자기중심적 사고의 특성이 아동기나 청소년기를 거쳐서도 그대로 유지된다면 그것은 발달이 이루어지지 않은 겁니다.

발달이 이루어지려면 자기중심적 사고체계가 극복되어 사라져버리고 새롭고 더 정교한, 객관적이고 합리적인 사고체계가 습득되어야 합니다. 그러니까 자기중심적 조망이 해소되고, 타인의 입장에서도 사물을 바라보고 이해할 수 있는 그런 객관적 조망이 가능해지는 게 발달이라는 것이죠. 이처럼 자기중심적 사고체계에서 객관적·합리적 사고체계로 변화하는 발달은요, 이것은 연속적이거나 누적적인 발달이 아닙니다. 오히려 앞단계의 발달의 특성을 해소하고, 내다 버리고, 새로운 특성으로 진화하는 비연속적 특성을 갖는 것이라고 할 수 있겠습니다. 대체로 질적인 측면에서 이루어지는 발달이 이러한 특성을 갖게 되죠. 인지발달, 도덕성 발달 등이 이에 해당합니다.

다섯째로, 발달에는 "초기의 경험이 중요한 영향"을 미칩니다. 초기의 경험, 우리 '세 살 버릇이 여든까지 간다'는 속담 많이 들어보셨을 겁니다. 발달에는요, 초기 경험이 매우 중요한 영향을 가져요. 초기의 경험이 앞으로의 발달에 매우 중요한 영향을 미칩니다. 왜냐하면, 발달은 연속적이고 누적적인 특성을 기본적으로 갖기 때문이죠. 앞단계의 발달이 여의치 않을 경우 다음단계의 발달에 매우 부정적인 영향을 미치게 됩니다. 특히 모든 발달이 시작되는 영·유아기 때의 초기의 발달 경험은 이후의 모든 발달에 대해서 그 기본 토대와 기초가 됩니다.

발달에서 초기 경험이 중요한 이유는 "발달에 결정적 시기(critical period)가 존재"하기 때문입니다. 결정기 또는 결정적 시기라는 건 특정한 발달이 이루어지기에 가장 알맞은 시기를 말합니다. 옛날 우리 어른들이 또는 선생님이, 공부 안 하는 학생에게 꼭 하셨던 말씀이 있어요. 뭐라 그랬나면 "야, 공부에도 다 때가 있어. 때를 놓치면 공부하기 힘들어져." 이러셨어요. 공부에도 다 때가 있다, 이 말처럼 발달의 결정기를 잘 나타내주는 말도 없을 것 같아요.

결정적 시기, 결정기와 비슷한 개념으로 '민감기'라는 말을 쓰기도 하는데요. 이 민감기라는 것은 특정한 발달이 좀 더 쉽게 형성되는 시기라는 의미입니다. 그러니까 각각의 발달영역에서 특정 활동영역이 활발하게 활성화돼서 해당 발달이 쉽게 이루어지는 시기가 있다라는 거죠. 인지발달에서도, 언어발달에서도 이러한 것이 관찰되는 데요, 특정한 발달이 다른 시기에 비해서 더 쉽게 이루어지는 그런 시기, 그게 민감기에 해당이 돼요. 각각의 발달은 저마다 그것이 가장 잘 이루어질 수 있는 결정적인 시기 즉 결정기가 있다라는 것이죠.

그런데 이러한 결정기, 결정적 시기에 발달이 제대로 이루어지지 않으면 그다음에 오는 다른 시기에는 그 같은 발달이 적절하게 이루어지기가 힘들어요. 때를 놓치면 발달에 지장이 크게 오는 거죠. 성장기 때 잘 먹어야 키가 큽니다. 성장기를 놓친 후에, 다 큰 어른이 된 후에는 잘 먹어봤자 키가 크는 게 아니라 살만 찌는 거예요. 대부분의 발달의 결정기는 비교적 발달의 초기에 해당하는 유아기와 아동기에 집중되어 있습니다. 그래서 발달의 초기 경험이 중요한 영향을 미치는 것이고요, 당연히 유아교육이 중요하다 라는 결론을 내리게 되는 것이죠.

여섯째로, 발달은 "성숙과 학습의 상호작용"으로 이루어집니다. 말하자면, 발달은 유전요인과 환경요인의 복합작용이라는 거죠. 물론, 발달에 유전요인이 더 크게 영향을 미치는지 환경요인이 더 크게 영향을 미치는지는 여전히 논란거리입니다. 똑같은 환경에서 자란다고 하더라도 사람마다 유전자가 다르기 때문에 성격, 외모, 행동 등이 판이하게 다르게 나타나는 걸 보면 유전이 발달에서 더 중요한 것 같기도 합니다. 반면에 동일한 유전자를 갖고 있다고 하더라도, 예컨대 일란성 쌍둥이 같은 경우는 유전 정보가 동일하죠, 그런데 자라난 환경이 다르면 서로 다른 성격과 행동을 형성하는 것을 볼 수 있습니다. 이걸 보면 유전보다는 환경이 발달에 더 중요한 것 같기도 해요.

그래서 절충적으로 발달에는 유전과 환경, 즉 성숙과 학습이 복합적으로 상호작용한다고 말하는 거 아닐까 싶습니다. 성숙과 학습이 상호작용한다는 것은요, 다음과 같은 걸 의미하죠. 먼저 성숙은 학습의 밑바탕을 이루어줍니다. 성숙이 일정 정도 이루어져야 그 위에 학습이 이루어질 수 있어요. 이것을 우리는 "학습의 준비도(readiness for learning)"라는 개념으로 표현합니다. 그런데 다른 한편으로는 학습은 성숙을 심화시키는 역할을 해요. 학습을 진행하면 성숙요인이 더 심화되고 촉진된다고 할 수 있어요. 학습을 통해서 얻은 경험은 신체나 지능이나 정서 등에 일종의 생물학적 스키마(scheme)를 형성시켜 주거든요. 이 생물학적 스키마가 성숙요인을 한층 더 심화시켜 줍니다.

성숙은 학습을 할 수 있는 신체적·정신적 여건을 만들어주고요, 학습을 하면 우리는 양적으로나 질적으로 성숙을 이루는 정도를 강화해 나갈 수 있습니다. 예를 든다면 달리기 운동을 열심히 했더니, 몸이 튼튼해지고, 키가 커졌다고 해봐요. 심리학을 열심히 공부했더니, 다른 사람들의 행동과 마음을 깊이 있게 더 잘 이해하게 되어, 결과적으로 자신의 인격과 자아의 심화를 이루었다고 해보죠.. 이런 것들은 학습요인이 성숙을 촉진시키는 예가 되겠죠.

3 발달단계와 발달과업

자, 이제 다음으로 넘어가서 발달의 시기와 발달과업에 대해서 공부하겠습니다. 사람의 한평생을 발달의 시기에 따라 구분하고, 각 시기별로 이루어지는 주된 발달의 내용이 뭔지 파악해 보는 거지요. 일반적으로 사람의 한평생을 발달의 시기에 따라 나눠보면요, 영·유아기(嬰·乳兒期) ⇒ 유아기(幼兒期) ⇒ 아동기(兒童期) ⇒ 청소년기(靑少年期) ⇒ 청년기(靑年期) ⇒ 성인기(成人期) ⇒ 장년기(長年期) ⇒ 노년기(老年期)로 나누어볼 수 있습니다. 그리고 각각의 발달의 시기에는 그 시기에 중점적으로 이루어지는 발달의 내용이 있어요.

특정한 발달의 시기에 중점적으로 이루어지는 발달의 내용이 있다는 말은, 달리 말하면, 특정한 발달단계에서 반드시 성취해야 하는 발달의 과제가 있다는 말이 됩니다. 이처럼 특정한 발달단계에 반드시 성취해야 하는 발달의 과제를 "발달과업(developmental task)"이라고 합니다. 이 발달과업이라는 개념은 미국의 심리학자 해비거스트(R. J. Havighurst)라는 사람이 제시한 겁니다.

해비거스트에 따르면, 발달과업은 개인의 일생 중에서 특정한 시기에 나타나는 과제입니다. 한 단계에서 발달과업을 성취하면, 행복감을 느끼게 되고 뒤이어 나타나는 후속적 과업도 성공할 수 있게 돼요. 하지만 발달과업을 성취하는 데 실패하면, 불행감을 느끼게 되고 사회의 인정도 받지 못하게 되며, 후속과업을 성취하는 데에도 장애를 겪게 됩니다. 발달과업 중에는 개인의 생물학적 성숙과 관련된 과업도 있고요, 사회규범체계와 관련된 과업도 있습니다.

자, 그러면 이제부터 발달단계에 따라 이루어져야 할 중요한 발달과업을 살펴보겠습니다.

영·유아기(嬰·乳兒期)

아기가 갓 태어났을 때는 영아(嬰兒)라고 부릅니다. 이때는 엄마 젖을 먹습니다. 돌 지나서 두 살 정도까지는 젖을 먹습니다. 엄마 젖을 먹는 아기를 '젖 乳(유)'자를 써서 유아(乳兒)라고 합니다. 그래서 생애의 첫 시기 즉 발달단계의 첫 번째 단계를 영아와 유아를 붙여서 "영·유아기(嬰·乳兒期)"라고 부릅니다. 영·유아기(嬰·乳兒期)는, 명칭에서 알 수 있듯이, 엄마 젖을 먹고 크는 시기입니다. 대략 만 2세 정도까지가 영·유아기(嬰·乳兒期)가 되겠습니다.

영·유아기(嬰·乳兒期)는 엄마 젖을 먹고 엄마의 보살핌을 받으면서 무럭무럭 발육·성장하는 시기입니다. 이 시기에 이루어지는 가장 중요한 발달과업은요, 궁극적으로 볼 때, 신체발달의 면에서는 걷는 법을 배우는 거예요. 인지발달의 면에서는 말을 배우는 거구요. 생리적인 면에서는 대·소변을 가리게 되는 거죠. 그리고 정서발달의 면에서는 양육자와의 정서적 유대관계를 형성하는 것입니다. 특히 아기의 입장에서는 자기를 키우는 양육자 곧 엄마와의 깊은 정서적·사회적 유대관계를 형성하는 것이 앞으로의 성장·발달에서 중요한 심리사회적 토대를 놓는 것이기 때문에, 이 부분에 큰 노력을 기울입니다. 그래서 나타나는 대표적인 현상이 '낯가림'과 '분리불안'입니다. 아무튼, 영·유아기(嬰·乳兒期)의 발달과업은 모두가 다 다음 발달단계인 유아기(幼兒期)로 순조롭게 진입하기 위한 것들입니다.

유아기(幼兒期)

영·유아기(嬰·乳兒期)를 거치면서 아기가 좀더 크면 젖을 떼고 밥을 먹게 됩니다. 그 중간에 이유식(離乳食)이라는 걸 먹지요. 그런데 이 이유식에서 '이유(離乳)'는요, '떼놓을 離(리)', '젖 乳(유)', 젖을 뗀다는 뜻입니다. 젖을 떼고 이유식을 먹고, 마침내 밥을 먹게 되죠. 신체 발달도 충실하게 이루어져서 걷는다든지 뛴다든지 하는 신체동작, 신체활동을 할 수가 있게 됩니다. 대소변 가리기도 잘 할 수 있게 되구요, 말도 잘 하게 되구요, 또래들과도 잘 어울릴 수 있게 됩니다. 그런데 이때는 젖은 안 먹지만, 아직도 어리잖아요. 그래서 '어릴 幼(유)'자를 써서, 유아기(幼兒期), 이렇게 부릅니다. 유아기는 초등학교에 들어가기 이전까지의, 어린이집이나 유치원에 다니는 시기로서, 대략 만 3세에서 만 6세 정도에 이르는 시기입니다.

유아기에 이르면 이제 평생을 살아가는 데 필요한 기초적인 지적 능력과 정서적·사회적 특성, 그리고 인성적 특성을 집중적으로 형성하게 됩니다. 물론 유치원에서 이 모든 게 다 완성·완결되는 건 당연히 아니고요, 유치원에 가서는요, 이제 남녀 간의 성차(性差)를 알고 성과 관련된 예절을 배운다든지, 생리적인 환경을 유지하는 법을 배운다든지, 또 주변 사회환경에 대한 기초적이고 간단한 개념을 형성하는 것, 이것이 중요해요. 특히 유아기 때에는 무엇보다도 부모, 형제자매, 타인 등과의 정서적 관계를 좀더 깊게 형성해나가는 게 아주 중요한 발달과업입니다. 또래친구 사귀는 게 무척 중요해지는 거죠. 또한 유아기는 착한 일과 나쁜 짓을 구별하고, 양심을 형성하는 기초 단계이기도 해요.

아동기(兒童期)

유아기 다음은 아동기(兒童期)예요. 아동기는 주로 초등학교에 다니는 시기죠. 만 6세에서 만 11세 정도까지의 연령대입니다. 아동기는 신체활동이 더욱 활발해지고, 정교하게 다듬어지며, 완성된 형태를 향하여 심화됩니다. 정신적으로도, 사회적으로도 동일한 방식으로 발달이 이루어집니다. 이 아동기에는 초등학교에 다님으로써 일상생활을 살아가는 데, 그리고 앞으로의 사회생활을 준비하는 데 필요한 기본적인 지적 능력과 사회적 능력을 중점적으로 학습하게 돼요.

아동기에 이루어지는 주된 발달과업은 다음과 같습니다.

① 일상에 필요한 신체기능을 습득한다.

② 성장하는 유기체로서 자기 자신에 대한 건전한 태도를 형성한다.

③ 또래친구를 깊이 있게 사귄다.

④ 읽기, 쓰기, 셈하기의 기본 기능을 배운다. (이것은 아동기 초기에 그러니까 초등학교 저학년 시기에 배워야 되는 거예요. 물론 오늘날은 워낙 유치원에서 읽기, 쓰기, 셈하기의 기초학습능력을 다 떼고 초등학교에 들어가게 되는데요. 사실 교육과정상으로 읽기, 쓰기, 셈하기의 기초학습기능은 초등학교 저학년 때 습득하게 되어 있어요. 그러니까 유치원에서는 초등학교 학습과정에 대비하기 위해서 선행학습을 하는 거라고 볼 수 있습니다.)

⑤ 성과 관련된 적절한 사회적 역할을 배운다.

⑥ 일상생활의 기본에 필요한 기초적인 기능과 역할을 배운다.

⑦ 양심, 도덕성 등의 가치판단 척도를 발달시킨다.

⑧ 사회집단과 사회제도에 대한 긍정적인 태도를 형성한다.

청소년기(青少年期)와 청년기(青年期)

그다음에 중·고등학교에 다니는 연령대의 시기를 청소년기(青少年期), 대학에 다니는 연령대의 시기를 청년기(青年期)라고 부릅니다. 청소년기와 청년기는 연령 기준으로는 구분이 뚜렷한 발달단계입니다만, 사회문화적으로는 공통의 특징과 준거를 갖는다는 점에서 한데 묶을 수가 있습니다. 그게 뭐냐하면, 바로 "자기 정체성(self identity)"입니다. 즉 "자기 정체성의 모색과 정립"이라는 과제가 이 시기의 발달상의 '변곡점' 내지 '특이점'을 형성하는 것이기 때문에, 이 강의에서는 같이 묶어서 설명하겠습니다.

대략 청소년기는 만 12세부터 만 18세까지의 시기입니다. 학령으로는 중·고등학교 다닐 때의 시기죠. 우리나라처럼 자녀가 부모로부터 독립하는 시기가 늦은 문화권에서는요, 청소년기를 10대로 한정하고 청년기를 20대로 구별하기도 합니다. 그렇지만 서양의 경우에는 대략 청소년기를 우리나라 나이로 치면 중학교 때, 그다음에 고등학교 때 수준이 되면 청년기 이렇게 바라보죠. 서양에서는 발달의 속도가 더 빠르게 논의하는 것 같아요.

청소년기가 우리나라는 상당히 길게 이어진다 라는 특징을 갖고 있습니다. 청년기라고는 하지만 청소년기에 반드시 달성해야 하는 과업인 자기 정체성의 확립을 청년기까지 끌고가게 되거든요. 그 이유인 즉슨, 청소년기에는 오로지 대학진학을 위한 학업에만 매달리게 되는 게 우리나라거든요. 우리나라에서는요, 자기 정체성의 모색과 확립이 대학 다닐 때 집중적으로 진행됩니다. 일단 대학엘 먼저 들어간 후에, 내가 누구이고 내가 무엇을 해야 행복할지에 대해서 그제서야 고민하기 시작하는 거죠. 그래서 들어간 대학과 전공에 대한 무한한(?) 회의(懷疑)를 경험하게 됩니다. 대학의 자퇴율이 높아지는 건 바로 이것 때문이죠.

아무튼 청소년기는 제2차 성징의 발달로 인해서 몸이 어른이 되어가는 시기입니다. 신체적으로는 다 큰 성인이예요. 그런데 사회문화적으로는 아직 어른 대접을 받지 못하는 어중간한 시기입니다. 나는 어른이라고 생각하는데, 주변은 그렇게 받아들여주질 않아요. 특히 주변 어른들이 그렇죠. 그래서 어떻게 됩니까? 어른들하고는 말도 섞기가 싫어지겠죠. 청소년기에는 부모님이나 선생님과 무척 많이 틀어지는 시기가 되는 겁니다. 그래서 청소년기를 '반항기'라고 하는 거겠죠. 청소년기에 어른들과 마찰이 일어나는 근본 원인은 청소년기에 발달하는, 사고와 감정에 있어서의 독립성·자주성 때문입니다. 어른들이 시키는 대로, 어른들이 제시하는 대로, 꼭두각시처럼 살지는 않겠다는, 마음과 인격에서의 '자주독립선언' 때문인 거죠.

그래서 이 청소년기에는 자아 정체성에 대한 혼란과 탐색이 가장 활발하고 진지하게 이루어지게 됩니다. 부모님이나 선생님이 시키는 대로는 살지 않으려 하다보니까 자연스레 '내쪼대로 살려면 나는 어떻게 살아야 하지?' 하는 물음이 가슴 속에 충만해지는 거죠. 청소년기를 흔히 질풍노도(疾風怒濤)의 시기라고 부르는 건 바로 이 때문입니다. 청소년기에서 청년기에 이르기까지 이루어야 할 주된 발달과업은 다음과 같습니다.

첫 번째로, "성숙한 교우관계와 남녀관계를 형성한다"는 게 중요해져요. 청소년기에는 또래집단, 친구집단이 아주 중요한 집단이 됩니다. 어른들 말고, 친구들이 자기의 행동에 대한 기본적인 준거로서 작용하게 되거든요. 또래집단 또는 친구집단이 '준거집단'이 되는 거죠. 그래서 이 시기의 청소년들은 또래집단으로부터 따돌림 당하는 걸 가장 괴롭게 생각합니다. 학교에서 친구 하나 없는 게 죽어도 학교 가기 싫은 가장 큰 이유가 되는 겁니다. 그리고 또래에게 인정받는 게 아주 중요한 목표가 되는 거죠. 이 때문에 청소년기에 일탈과 비행이 집중적으로 발생하는 거지요.

두 번째로, 청소년기는 "성에 관련된 사회적 역할을 학습"하는 시기입니다. 바람직한 성 윤리, 성에 대한 바람직한 가치관, 남녀평등 및 인격적 관계, 이런 것들을 제대로 확립해야 하는 중요한 시기가 청소년기입니다.

세 번째로, 청소년기는 "변화하는 자신의 신체를 수용하고, 신체를 효과적으로 조정·조절해 나가는 능력을 확장"하는 시기이기도 합니다. 그래야 청소년기에 자기 자신을 긍정적으로 이해하고 받아들이는 자기애(自己愛)와, 자기 자신의 단점과 약점을 극복하고자 노력하는 자기 객관화(自己 客觀化)를 균형 있게 수행할 수가 있습니다.

네 번째로, 그 무엇보다도 청소년기에는 "자기 정체성을 모색하고 확립"하는 것이 가장 중요한 발달과업입니다. 청소년기는 부모로부터 또 여타의 성인으로부터 정서적으로 독립하는 시기입니다. 그래서 청소년기에 부모님 말 안 듣고, 선생님 말 안 듣는 모습이 빈번히 나타나는 겁니다. 자기 정체성을 모색하고 확립한다는 것은 자신의 인생관과 가치관을 하나하나 세워나간다는 것을 뜻합니다. 독립적이고 자율적인 인격체가 되기 위하여, 한마디로 어른스러운 어른, 제대로 된 어른이 되기 위하여 꼭 필요한 것이 이 부분에 관한 발달과업입니다.

다섯 번째로, "경제적인 독립의 필요성을 깨닫고 실천"하게 됩니다. 이제 중·고등학교를 졸업하고 대학은 무슨 과를 가서 장래에 어떤 직업을 선택할 것이냐 하는 '진로탐색'이라는 발달과업을 수행하게 되는 거죠. 틈틈이 아르바이트도 하면서 말입니다.

여섯 번째로, "시민으로서 갖추어야 할 기본적인 사회적 자질을 형성"해 나가는 것도 중요한 발달과업이 되죠. 사회적으로 책임 있는 행동을 실천하는 능력을 가지려면 가치관과 윤리관이 명료하게 확립되어 있어야 합니다.

성인기(成人期)

다음은 성인기(成人期)입니다. 성년기(成年期)라고도 하죠. 연령상으로는 대략 20대에서 30대에 해당하는 시기입니다. 성인기 내지 성년기는 청소년기와 청년기에 준비한 사회생활·직업생활을 시작함으로써 사회인으로서 의미 있는 삶을 살아가기 시작하는 시기입니다. 우리나라의 경우에는 대부분 청년기에 대학을 다니게 되죠. 대학에서 장차 어떤 직업을 가지고 살아갈 것이냐, 어떤 사회적인 삶을 살아갈 것이냐 이것을 준비를 마친 후에, 대학을 졸업하고 사회에 진출하는 시기가 바로 이 시기이죠.

성년기에 이루어지는 주된 발달과업은요, 첫 번째로, "직업을 준비하는 것, 즉 직업을 선택하고 직업생활을 하는 것"이 중요한 발달과업입니다.

두 번째로는, "배우자를 선택해서 결혼함으로써 가정생활을 시작하는 것"도 아주 중요한 발달과업입니다.

세 번째로는, "자녀를 낳고 양육하는 것"이죠. 두 번째·세 번째의 결혼과 자녀양육은 한 사회가 지속적으로 존속·유지되고 발전하기 위해서 중요하게 강조되는 '사회적' 발달과업이라고 말할 수 있습니다

네 번째는 "시민으로서의 책임과 의무를 실행함으로써 사회적인 책임을 수행해 나가는 것"이예요. 시민으로서의 책임과 의무는 뭐냐면요? 직장생활하면서 세금 충실하게 내고, 또 나라에 중요한 선거가 있으면 자신의 의견을 명확하게 투표로써 제시하고, 사회적으로 여러 가지 이슈·문제가 발생하면 거기에 올바른 의견을 개진하고 실행하는 것, 이런 것들이 시민으로서의 책임과 의무가 되겠죠.

네 번째의 발달과업을 잘 수행하려면 적절한 사회집단에 소속해서 활동하는 것이 좋은데요, 그래서 다섯 번째로, "자신의 삶과 관련되는

적합한 사회집단을 선택·가입해서 활동하는 것"도 중요한 발달과업이 되겠습니다. 이 부분은 또한 자신의 취미나 여가활동 분야에 대해서도 적용됩니다. 동호회 활동이라든지, 종교활동, 이런 것들이 여기에 해당합니다.

장년기(長年期)

다음단계는 장년기(長年期)입니다. 장년기는 대략 40대에서 50대에 이르는 시기입니다. 장년기는 가장 왕성하고 활발한 사회생활을 하는 시기라고 할 수 있어요. 한 사회에서 성인으로서 수행하는 사회적·경제적 책임이 가장 크게 강조되는 시기이죠.

장년기에 이루어지는 주된 발달과업에는 다음과 같은 것들이 있습니다.

첫 번째로, 사회의 어른으로서 해야 할 "시민적·사회적 책임과 의무를 수행"한다. 네, 역시 세금 잘 내고, 또 투표를 통해서 유권자로서의 권한을 적절하게 행사하고, 또 어른으로서 사회적 모범을 보여주는 삶을 사는 것, 이게 중요하다는 얘기죠.

두 번째로, "생활의 경제적 표준을 설정하고 유지해 나가는 것"도 중요한 발달과업입니다. 직업을 갖고, 건전한 활동으로 돈을 벌어서, 가족을 부양하고, 사회에 기여하라는 것이죠.

세 번째는, "자신의 자녀와 및 여타의 청소년들이 책임감 있고 행복한 성인이 될 수 있도록 지원해주고 후원해 주는 것"도 어른으로서의 중요한 발달과업이라고 할 수 있습니다. 길을 가다가 골목에서 청소년들이 모여서 담배 피우고 있는 걸 목격했다면, 그냥 지나가서는 안 된다는 거군요. 이건 참 실천하기가 까다로운 발달과업인 듯합니다만….

다섯 번째는, 자신에게 필요한 “건전한 여가활동을 즐기는 것”을 들 수 있습니다. 여가활동이 사람에게 중요한 이유는요, 여가를 즐겨야 삶에, 뭐랄까요, 광택이라는 게 나는 것이거든요. 경제활동에만 매몰되지 말고, 자신의 삶을 되돌아보며 한숨 돌리고, 숨 고르기를 하는 것이 꼭 필요한 시기가 바로 이 장년기입니다.

여섯 번째는, “배우자와 지속적으로 인격적인 관계를 맺고 심화시켜 나가는 것” 또한 중요한 발달과업입니다. 장년기에는 자녀들도 성장해서 성인기에 들어서게 됩니다. 자녀들이 대학을 다니거나, 졸업하고 직장생활을 시작하는 시기이죠. 자연스레 집에서는 부부만 있는 시간이 길어지게 됩니다. 장년기에는요, 집에 부부만 같이 있으면 이상하리만치 부부간에 심리적 충돌과 갈등이 잦아집니다.

이것은 부부가 둘 다 갱년기(更年期)를 겪기 시작하게 되어서 그런 것입니다. 갱년기는요, 사람의 몸이 서서히 노년기로 접어들기 시작하는 시기를 말합니다. 갱년기에는 성 호르몬의 분비가 줄어들고, 여러 가지 생리적 변화가 나타나기 시작합니다. 그래서 사고의 변화, 감정의 변화, 행동의 변화, 건강의 변화가 자신도 모르는 사이에 꽤 깊이 일어나게 됩니다. 마치 청소년기에 사춘기가 와서 사고·감정·행동·건강 등에 급격한 변화가 일어났던 것과 비슷하다고 보시면 돼요. 갱년기에 접어드는 부부들 사이에는 감정적 충돌이 자주 발생합니다.

여성들 같은 경우에는요, 직장생활을 하는 남편은 아직 퇴근을 안 했고요, 학교나 직장에 가 있는 자녀들도 아직 돌아오지 않아서, 집에서 혼자 저녁시간을 보낼 때가 많아집니다. 자신이 알뜰살뜰 보살펴 주었던 남편이나 자녀가 더 이상 자신의 손길을 필요해 하지 않는 시간이 등장하는 거지요. 심리학에서는 이러한 때에 기혼여성들이, 특히 가정주부가 겪는 극심한 심리적 상실감·공허감을 ‘빈둥지 증후군

(empty-net syndrome)'이라고 합니다. 장년기는 빈둥지 증후군으로 표현되는, 심리적 공허감이 급격히 찾아오는 시기이기도 합니다. 어찌보면 부부관계에서 위험신호가 활짝 켜지는 때인 것입니다. 이때 꼭 필요한 것이 부부 사이에 다시금 "인격적인 관계를 성숙하게 맺어 나가는 것", 이것입니다.

일곱 번째는, "자신의 신체와 정서에 일어나는 변화에 대해서 적절하게 대응하고 적응해 나가는 것"이 되겠습니다. 앞에서 갱년기에 대해서 말씀 드렸습니다만, 장년기에 접어들면 건강에도 변화가 오고, 신체적·정서적으로 서서히 부정적인 반응들이 형성되기 시작합니다. 이러한 부정적인 변화들을 방치하게 되면 신체적·심리적·사회적으로 위축되기 시작하고, 삶의 보람과 행복감도 상실할 수가 있습니다. 건강을 지켜야 정서를 지킬 수가 있고, 정서를 지켜야 행복도 지킬 수 있는 겁니다.

다음 여덟 번째는요, "늙으신 부모님의 건강을 잘 보살펴 드리고, 부모님의 노환에 대해 적절하게 대처하는 것"도 장년기의 중요한 발달과업입니다. 이 부분은 부모님께서 돌아가시는 상황에 대비하는 것까지도 포함됩니다.

아홉 번째는, "자기 스스로의 노년기의 삶을 미리미리 대비하고 준비하는 것"입니다. 은퇴 후의 미래의 소득을 위해서 저축을 한다든지 연금을 들어놓는다든지 하는 경제적 대비를 하는 것과, 취미나 여가 활동의 계발을 통하여 은퇴 이후의 생활을 사회문화적으로 계획하는 것 등이 중요한 장년기의 발달과업인 것이죠.

노년기(老年期)

인생의 마지막 단계는 노년기(老年期)입니다. 과거에는 노년기를 대략 60대 이후의 연령대를 가리키는 시기라고 보았습니다. 우리나라의 경우에는 65세 이상을 노인이라고 보았는데요. 사회가 점점 의학이 발달하고, 사람들의 건강·생활수준이 발달하다 보니까, 요즘은 65세가 되어도, 노인이라고 부르기에는, 활발한 신체적 활동력이 있고, 사회적 활동들이 가능한 거죠. 그래서 우리나라는 70세 이후를 이제 노인으로 보자라는 논의도 지금 진전되고 있습니다.

아무튼 노년기에는 사회적으로 은퇴를 하고, 성인기의 자녀들을 독립시키는 등 한 세대의 주역으로서 수행해야 할 여러 가지 사회적 소임을 다 끝마치게 되는 시기입니다. 그런데 의학의 발달과 생활수준의 향상으로 인해 노년기가 상당 기간 진행되기 때문에, 노년기를 의미 있게 보내는 것이 매우 중요한 일이 되었어요. 그래서 요즘은 이 노년의 시기를 '제2의 인생'이라고도 부르죠. 이러한 노년기에 수행해야 할 주된 발달과업은 다음과 같습니다.

첫 번째로, 이제 노년이 되면 아무래도 체력이 감퇴되고 건강이 나빠지게 되죠. "자신의 체력의 감퇴와 건강의 변화에 적응하고, 신체적·정신적 건강을 유지해 나가는 것"이 가장 중요한 발달과업입니다.

두 번째로, 노년기는 은퇴 이후의 시기인 건데요, 은퇴를 하게 되면 당연히 이제 그동안의 수입이 감소하게 됩니다. 그래서 이러한 "수입의 감소에 경제적으로 적응하는 것"도 중요한 발달과업입니다. 이는 달리 말하면 "노년의 삶의 질을 지속적으로 유지할 수 있는 만족스러운 생활조건을 갖춰나가는 것"입니다. 젊을 때 부지런히 벌어서, 늙었을 때 잘 쓰도록 하는 것이죠.

세 번째로는, 노년기를 보내다 보면 배우자가 사망하게 되는 경우가 나타나겠죠. "배우자의 사망에 적응"해 나가는 것도 발달과업이에요. 어디 배우자뿐만입니까? 자신의 부모가 이제 돌아가시는 경우도 생기고요. 또 친구들 가운데에 먼저 죽는 친구들도 생깁니다. 그랬을 때 주변 "가족이나 친지, 친구들의 사망에 잘 적응하고 대응해 나가는 것"이 노년기의 주요 발달과업입니다. 그러니까 한마디로 사랑하는 사람들, 사랑하는 가족과 친구들의 죽음은 우울증 같은 심리적 질환을 유발할 수 있는 아주 큰 요인이거든요. 그러한 부분에 대해서 정서적으로 사회적으로 잘 대응해 나가자라는 겁니다.

다섯 번째는, 노년기에도 "동년배와 친밀한 사회적 관계를 맺는 것"이 참 중요해요. 특히 노년일수록 고립된 생활을 하면 여러 가지 우울증이나 신체 질병 이런 것들이 심해질 수 있거든요. 그래서 "친밀한 사회적 관계, 친구관계를 지속적으로 유지하는 사교활동"을 하는 게 중요합니다.

여섯 번째로는, "노인으로서, 한 사회의 어른으로서 사회적·시민적 책임을 적절하게 이행하는 것"도 아주 중요하죠. 노인일수록, 어른으로서의 책임을 다하는 것이 참 중요합니다.

일곱 번째로요, 무엇보다도 노년기에는 "자기 자신의 일생에 대해서 건전하고 긍정적인 평가를 하는 것"이 가장 중요한 발달과업이라고 할 수 있어요. 자신의 삶을 의미 있게 정리하고 마무리하면서 "행복하고 보람 있게 한평생을 잘 살았습니다." 라고 하는 그런 평가, 그런 가치판단을 가지고 노년을 잘 마무리하는 것이죠.

4 발달과업이 교육에 주는 시사점

지금까지 살펴본 발달과업의 개념은요, 교육적으로 아주 중요한 시사점을 보여줍니다. 그게 뭐냐면, 발달과업의 개념은 "아동이 적절한 시기에 기본적인 기능과 태도를 습득하는 것이 매우 중요하다"는 점을 새삼 일깨워줘요. 적절한 시기에, 그 시기에 필요한 기능과 태도를 제대로 습득할 때, 아이가 정상적으로 잘 발달할 수 있다 라는 게 발달과업이 시사하는 바거든요.

영·유아기와 아동기에 적절하고 충실하게 습득한 발달과업은 일평생의 발달 과정에서 이뤄야 할 나머지 모든 발달과업의 바탕, 발달과업의 기초가 되는 것이죠. 생각해보세요, 기초가 튼튼한 집이 당연히 오래 가겠죠. 그래서 영·유아기, 아동기 때 발달과업을 충실하게 이행해서 충실한 발달을 이루면, 청소년기·성인기·장년기·노년기를 거치면서 삶을 충실하게 그리고 행복하게 살아갈 수 있다 라는 겁니다.

두 번째로, 발달과업의 개념은요, 각 발달단계의 교육에서 "특정한 기능이나 태도를 가르치는 데에 가장 알맞은 시기가 언제냐" 하는 데 대해서 아주 중요한 시사점을 줘요. 이것을 교육학에서 뭐라고 하냐면 "발달의 최적기(最適期)"라고 불러요. 발달에는 결정적 시기가 있다, 결정기가 있다는 얘기를 하는 건데요, 특정 과업에 대한 결정적 시기가 언제인지를 제대로 파악하면 학습자의 발달단계에 알맞은 교육을 펼쳐나갈 수가 있어요. 이것을 교육학에서는 "발달적 적합성"이라고 부릅니다. 유아교육이나 초등교육에서는 무엇보다도 이 발달적 적합성이 가장 중요해요. 발달적 적합성을 갖는 교육활동을 해나가면요, 아이가 적절하게 제대로 된 충실한 발달을 이뤄나갈 수가 있어요. 그런데 발달이 너무 지체되는 교육활동을 전개한다든지 또는 반대로 발달을 촉진시키려고 조기교육이나 선행학습 이런 것들을 너무 심하게 하게 되면 오히려 발달에 나쁜 영향을 미쳐요. 아이들이 제대로 발달해 나가지 못하는 발달장애, 발달지연 이런 결과를 가져오게 됩니다.

세 번째 강의
피아제의 발생적 인지 발달 이론

교육심리 세 번째 강의입니다. 이번 시간에는 피아제의 인지발달이론에 대해서 공부하려고 합니다. 교직을 듣는 유아교육과 학생들이 가장 열심히 공부해야 할, 가장 중요한 이론 영역이라면 영·유아의 발달 과정에 관한 것일 겁니다. 그 중에서도 특히 인지발달 영역을 열심히 공부해야 여러분들이 나중에 선생님이 되면 좋은 수업을 할 수 있게 될 텐데요. 인지발달이론 중에도 여러분들이 가장 열심히 공부해야 할 이론이 바로 오늘 소개할 피아제라는 심리학자가 제시한 인지발달이론입니다.

1 인지발달의 개념

먼저 인지발달의 개념에 대해서 공부해 봅시다. 인지발달(cognitive development)은 지적 능력의 발달을 뜻하는 단어입니다. 지능의 발달을 가리키는 개념이라고 할 수 있죠. 피아제의 이론을 공부해 보시면 이제 차츰 이해되시겠지만, 인지발달이라는 것은 "한 개인이 자신을 둘러싼 세상에 대해서 점점 더 정교하고 복잡한 지식을 구축하고 획득해 나가는 과정"이라고 할 수 있습니다. 즉, 세상에 대하여 점점 더 정교한 지식을 만들어 나감으로써 세상에서 부딪치는 복잡한 문제를 효능감 있게 해결해 나갈 수 있는 능력을 키워나가는 과정이 인지발달입니다. 대표적인 인지발달이론가로는 장 피아제(J. Piaget)라는 사람과 레프 비고츠키(L. Vygotsky)라는 사람이 있는데요. 두 사람 다 유아교육의 발전에 큰 공헌을 세운 학자들이라고 할 수 있습니다. 이번 강의에서는 피아제를 공부하고요, 비고츠키에 대해서는 다음시간에 공부할 예정입니다.

피아제는 20세기 스위스 출신의 프랑스 심리학자입니다. 여러분 지도 펴놓고 보시면 스위스와 프랑스는요, 국경을 맞대고 있는 이웃 나라이거든요. 그래서 옛날부터 스위스 사람들이 프랑스에서 활약을 많이 했습니다. 우리 잘 아는 장 자크 루소라는 계몽주의 철학자 있죠? 아동에 대한 자연주의 교육론을 이야기했던 장 자크 루소도 스위스 제네바 출신인데, 프랑스에 와서 활약했던 학자였어요.

제가 조금 전에 인지발달에 대한 개념을 말씀드리면서, 인지발달은 지능발달과 같은 맥락의 개념이라고 소개했습니다. 피아제의 인지발달이론을 공부하려면 우리는 먼저 지능이 어떻게 심리학적으로는 개념화되는지를 살펴볼 필요가 있습니다. 피아제에 따르면, 지능이란 "유기체가 주위 환경에 적응할 수 있도록 도와주는 삶의 기본 기능"이라고 합니다. 모든 생명체가 주위 환경에 적응할 수 있게 해주는 삶의 기능적 측면, 이걸 지능이라고 개념화했어요.

지능

일반적으로 지능이라고 하면 IQ 검사가 가장 먼저 떠오르죠. 그리고 주로 학습하는 데 많이 사용되는 지적인 능력, 이걸 지능이라고 하잖아요. 그런데 피아제는 지능을 포괄적으로 정의 내리고 있습니다. 동물이나 식물도 포함해서, 생명이 있는 유기체가 환경에 적응해 나갈 수 있도록 해 주는 삶의 기능을 지능이라고 말해요. 여기서 보면요, 우리는 지능에 대해서 중요한 한 가지 사실을 제시해 볼 수 있습니다. 그것은 바로 "지능이란 유기체가 환경에 적응하는 능력"이라고 하는 사실입니다. 그렇다면 지능이 높다라는 얘기는 환경에 적응하는 능력이 높다라는 얘기가 되겠고요, 지능이 낮다라고 하면 환경에 적응하는 능력이 낮다는 의미가 되겠어요.

그런데 여러분, 환경에 적응한다 라는 게 과연 뭘까요? 환경에 적응한다는 말은 주위 환경이 변화하면 그 변화에 맞춰서 나의 몸과 마음과 기능을 조절함으로써 살아남는다라는 의미이죠. 환경에 적응한다는 것은 환경의 변화에 맞추어서 나를 변화시키고 그 변화로 인하여 나의 생존이 훨씬 더 높아진다는 이런 의미를 가지고 있습니다. 환경에 적응한다는 것은 물리적으로, 생물학적으로 환경과 나 사이에 균형 또는 평형의 상태가 이루어졌다는 것을 뜻해요. 이것을 영어로는 'equilibrium(이퀼리브리엄)'이라고, 우리말로 '평형'이라고 해요. 인간은 모든 생명체 가운데 환경에 적응하는 능력이 가장 높은 동물이라고 할 수 있습니다. 인간은 환경에 적응하는 능력을 태어날 때부터 가지고 태어난다고 봅니다. 지능은 선천적인 것이라는 거죠.

스키마(schema)

그런데 여기서 중요한 점이 또 하나 있습니다. 인간이 가지고 있는, 환경에 대한 적응능력인 "지능은 일정한 심리적 구조를 이루고 있다"는 점입니다. 무슨 말이냐면요, 지능이라는 게 그냥 무턱대고 발현되는 어떤 능력이나 요소가 아니라 일정한 심리적인 패턴과 도식(圖式)

이 있다는 것입니다. 패턴과 도식이 있다는 얘기는 체계 또는 구조를 갖추고 있다는 의미예요. 즉 우리 인간의 지능은 "체계를 갖추고 있는 심리적인 구조물"이예요. 이것을 피아제는 "스키마(schema)"라고 이름 붙였습니다. 스키마란 한마디로 인지구조(認知構造), 인지도식(認知圖式)을 말해요.

스키마란 지능의 심리학적 구조를 뜻하는 단어입니다. 우리는 사물을 인식하고 파악할 때 무턱대고 하는 것이 아니라 마음속에 일정한 그림틀을 갖다놓고 이걸 사용해서 사물을 이해합니다. 이미 내 머릿속에 형성된 사고와 관념의 틀을 통하여 즉 내가 이미 터득해놓은 사전지식(事前知識)으로써 사물을 인식하는 것이죠. 여기에서 '내 마음속에 있는 일정한 그림틀', '이미 내 머릿속에 형성된 사고와 관념의 틀', '내가 이미 터득해놓은 사전지식'이 바로 스키마입니다.

피아제에 따르면, 삶의 적응의 과정에서 인간은 자신의 인지구조를 끊임없이 변화시키고 재구성해 나갑니다. 이 말이 무슨 말이냐면요? 인지구조라는 말을 지식이라는 단어로 대체해보면 쉽게 이해할 수 있습니다. 우리 인간은 살아가면서 끊임없이 자기가 가지고 있는 지식을 점점 발전시켜 나가고 바꿔나가고 변화시켜 나가면서 환경에 적응해 나간다는 것이죠. 자신이 가지고 있는 지식을 끊임없이 더욱더 확장시키고 심화시키고 발전시켜 나가면서 우리는 삶의 문제를 해결하고 삶에 적응해 나간다는 것입니다. 피아제가 볼 때 이러한 인지구조의 변화 과정, 스키마의 변화 과정은 "인간이 지식을 습득하고 그 지식을 활용하는 패턴이 점점 정교하게 변화해 나가는 과정"이라는 거예요. 한마디로 이게 곧 인지발달의 과정이라고 본 것이죠.

이렇게 스키마가 발달해 가는 과정은 인간이 성숙해 가면서 자연스럽게 이루어지는 과정이라고 할 수 있습니다. 바꿔 말하면, 스키마의 발달 과정은 유전적으로 정해진 순서에 따라 진행되고 있는 겁니다. 정해진 순서에 따라서 스키마가 발달한다는 건 사람마다 스키마의 발달 패턴은 동일한 순서와 과정으로 진행된다는 얘기입니다. 다만 빨리 발달하는 사람이 있고 좀 느리게 발달하는 사람이 있으니까, 스키마가 발달하는 속도는 차이가 좀 있을 수 있겠죠. 아무튼 스키마가 유전적으로 정해진 순서에 따라서 발전해간다는 이러한 의미에서 우리는 피아제의 이론을 "발생적 인지발달이론"이라고 부릅니다.

그림 2 장 피아제(J. Piaget)

인지적 평형(cognitive equilibrium)

스키마가 발달하는 과정에서 우리가 반드시 중요하게 짚고 넘어가야 할 것이 있는데요. 그것은 "인지적 평형(cognitive equilibrium)"이라고 하는 개념입니다. 피아제에 따르면, 우리 인간은 인지적 평형을 이루기 위하여 늘상 노력하는 존재입니다. 인지적 평형이란 "스키마가 외부환경에 적응하여 평형을 이루고 있는 상태"를 말합니다. 평형이라는 건 균형이 맞춰져 있다는 뜻입니다. 그러면 우리는, 아니 유기체는, 생물체는 왜 평형을 이루려고 하는 걸까요? 그 이유는 평형을 이루어야만 신체가 항상성(homeostasis)에 도달하고 생명을 유지·존속해 나갈 수 있기 때문입니다. 항상성이란 생체가 여러 가지 환경 변화에 대응하여 내부 상태를 일정하게 유지하는 상태를 말하는 생물학 용어입니다. 이 점은 신체 뿐만이 아니고 정신에 대해서도 마찬가지이죠. 항상성을 유지해야 정신도 온전함을 유지할 수 있습니다.

우리의 두뇌도, 우리의 정신도, 우리의 마음도 우리가 부딪치는 외부환경에 적응하면서 평형 상태, 편안한 상태, 균형이 잡힌 상태를 이루려고 노력합니다. 우리가 머릿속에 알고 있는 지식과, 우리 눈앞에 펼쳐지는 어떤 사건이나 현상이 서로 일치하고 연결이 되는 상태가 되면 우리는 정신적·심리적으로 편안함과 균형감을 느낍니다. 이걸 '대상이 혹은 사태가 납득이 되었다, 이해가 되었다, 파악이 되었다'고 표현하죠. 심리학에서는 이것을 "인지적 조화"라고 불러요.

인지적 평형이란 우리가 가지고 있는 스키마의 사고 과정이 주변환경과 일치될 때를 가리키는 말입니다. 인지적 조화를 이룸으로써 균형을 이루고 있는 상태, 즉 우리의 정신적·심리적 균형이 확보된 상태를 인지적 평형이라고 그래요. 더 쉽게 표현한다면, 내가 알고 있는 지식과 내 눈앞에 벌어지고 있는 상황이 딱 맞아떨어지는 것, 이것을 인지적 평형이라고 불러요. 그리고 그 속엔 인지적 조화라고 하는 개념이 들어있어요. 인지적 평형이란, 내 머릿속의 지식과 생각이 나를 둘러싼 환경과 조화를 이루고 일치되어 있어서, 내가 그 환경을 이해하는 데 어려움이 전혀 없는 상태를 말합니다. 여러분들 가운데는 피아제의 발달심리학을 충분히 잘 습득하고 있어서, 머릿속에 피아제의 인지발달에 관한 이론체계가 잘 확립되어 있는 분들이 있을 거예요. 즉 피아제 인지발달이론에 관한 주요 지식들이 머릿속에서 생생하게 기억이 나는 친구들이 있겠죠. 이런 분들이 지금 이 수업을 듣고 있다면, 피아제의 발생적 인지발달이론을 공부하고 있다면 내용이 잘 이해되고, 그래서 내용을 파악하는 데 어려움이 전혀 없는 상태에 있을 거예요. 그러한 경우를 인지적 평형상태라고 한다는 거죠.

인지적 불평형

그런데 만일 우리가 가지고 있는 지식과 사고방식이 주변 사건과 일치하지 않는 경우가 발생한다고 해봅시다. 내가 가지고 있는 지식이나 내가 가지고 있는 사고방식으로는 눈앞에서 벌어지는 일이 이해가 되지 않아요. 이럴 경우에 "인지적 불균형", "인지적 부조화", "인지 부조화"가 발생했다고 얘기해요. 인적 부조화가 발생하면 우리는 이것을 해결하기 위하여 적극적으로 "정신의 조절 과정"을 거치게 됩니다. 내가 가지고 있는 생각이나 나의 사고방식으로는 내 눈앞에 펼쳐져 있는 주변 환경을 제대로 이해하지 못할 때 즉 인지적 불균형이나 인지적 부조화가 발생할 때, 우리는 그것을 해결하기 위하여 열심히 머리를 쓰기 시작한다 라는 것이죠.

예를 들면 여러분들이 명절 때 부모님과 함께 할아버지, 할머니 댁을 간다고 가정해 봐요. 고속도로 휴게실에서 이제 잠시 쉬어가기로 합니다. 커피나 혹은 음료를 좀 사 먹으려고 하는데, 키오스크 주문을 해서 사야 하는 경우라고 해봅시다. 여러분들 같으면 키오스크를 이용해서 물건을 구매하는 것이 그리 어렵지 않겠지만, 여러분들의 부모님들에게는 키오스크로 물건을 사는 것이 그렇게 쉬운 일은 아니에요. 그래서 별로 내키는 그런 일은 아닐 수 있어요. 그렇지만 키오스크 조작을 해서 음료를 사야 된다라고 하면, 이제 머리를 짜내서 이 키오스크의 스크린을 어떻게 터치터치해 나가면서 상품을 고르고 결제를 해야 할까? 열심히 정신적인 노력을 할 거예요. 내가 가지고 있는 지식과 사고방식이, 내 눈앞에 펼쳐진 현장의 특정 대상에 더 이상 깔끔하게 적용되지 않고 불일치가 일어날 때, 즉 인지적 불균형이나 인지적 부조화가 발생할 때, 우리는 기존에 가지고 있던 지식의 체계를 바꿔보려고 노력을 하게 돼요. 이것을 우리는 "인지적 노력" 또는 "인지적 스트레스의 해결"이라고 불러볼 수 있어요.

모르는 것이나 이해되지 않는 것 또는 내가 잘못 알고 있는 것이 있다면, 이것을 똑바로 알고 똑바로 이해하기 위해서 이제 우리는 인지적 활동을 수행하게 됩니다. 그리고 인지적 활동을 통해서 우리는 새로운 경험에 대처함으로써, 인지적 평형을 다시 회복하게 되는 거예요. 인간은 인지적 불균형, 인지적 부조화가 발생하면 인지적 활동을 수행해서 새로운 경험에 대한 지식을 습득하여 인지적 평형을 회복합니다. 여기에서 인지적 평형을 이루어나가는 우리의 정신적 능력은 일정한 심리적 기능, 심리적 구조를 형성해 나가게 돼지요. 그것을 피아제는 스키마라고 불렀습니다.

2 스키마의 발달 과정

피아제에 따르면, 우리 인간은 발달의 과정에서 △행동 스키마 △상징 스키마 △조작 스키마라고 하는 세 가지 종류의 스키마를 차례

대로 발달시켜요. 인간은 영·유아기(嬰·乳兒期) 때, 발달하면서, 행동 패턴으로 사물을 이해하는 "행동 스키마"를 맨 처음에 발달시키고요. 유아기(幼兒期)가 되면 그 다음에는 심상(心象) 체계를 가지고 사물을 이해하는 "상징 스키마"를 발달시켜요. 그리고 아동기(兒童期)에 들어서면 맨 나중에는 조작이라고 하는 것을 통해서 사물을 이해하는 "조작 스키마"를 발달시킵니다.

행동 스키마는 "감각-운동기"에 사용하는 인지도식이에요. 감각-운동기에는, 즉 아기일 때는 행동 또는 동작으로 사물을 이해하는 행동 스키마를 사용해요. 그러다가 이제 "전-조작기"로 발달하게 되면, 아이는 그림 등의 심상·상징 체계를 가지고 사물을 이해하는 상징 스키마의 단계로 나아가요. 그러다가 이제 아동기로 발달하게 되면 "구체적 조작기", 청소년기에 이르면 "형식적 조작기"에 들어서게 되는데, 이때는 조작 스키마를 사용해서 지식을 습득하고 현상을 이해해 나가요. 한마디로 스키마는 행동 스키마 ⇒ 상징 스키마 ⇒ 조작 스키마의 방향으로 발달한다고 할 수 있어요.

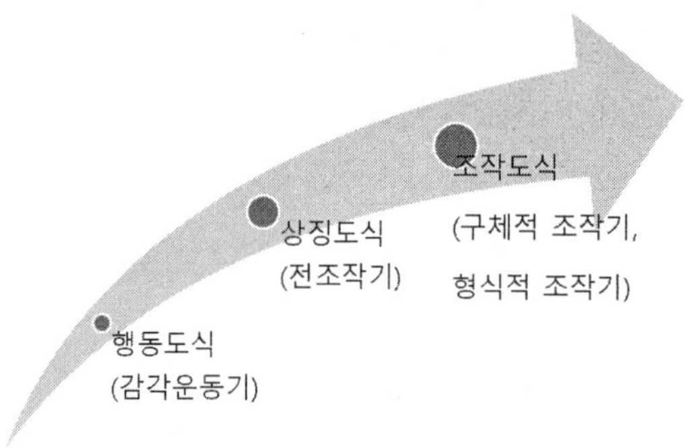

그림 3 스키마(인지도식)의 발달

행동 스키마

행동 스키마란 영·유아(嬰·乳兒)가 "대상이나 경험을 마음속에 떠올리거나 그에 반응하기 위하여 일정한 행동패턴을 사용"하는 걸 말하는 용어입니다. 아기가 눈앞에 보이는 대상을 경험할 때, 그 경험을 이제 머릿속에 떠올리게 되는데, 그때 사용하는 가장 대표적인 활동은 손끝과 발끝과 입술 끝의 감각기관을 사용하는 방법이예요. 이것을 우리는 "감각-운동도식"이라고 불러요. 이 감각-운동도식을 통해서 사물을 파악하는 전체적인 패턴을 행동 스키마라고 그래요.

여러분, 아기는요, 사물을 눈으로 보고 귀로 듣고 하면서, 그걸 손으로 만져보고 잡아보고 입에 가져가 보고 하면서, 사물에 대한 감각, 사물에 대한 지각, 사물에 대한 지식을 습득해요. 이게 행동 스키마예요. 어린아기들은 어떤 물건이든 잡으면 일단 입으로 가져가요. 행동 스키마, 감각-운동도식에 의해서 벌어지는 행동패턴이에요. 그러니까 어린아기들이 사용하는 물건들, 장난감, 이런 것들은 다 입으로 빨아도 해롭지 않은 재질과 재료로 만들어야 되겠죠.

상징 스키마

자 이제 젖을 먹던 어린 아기가 커서 유치원에 다니는 유아(幼兒)가 되었어요. 유아가 되면 상징 스키마를 사용하기 시작해요. 상징 스키마는 유아가 "자신의 경험을 간접적으로 표상하는 데에 사용하는 정신적인 상징체계"를 뜻해요. 그림으로 자신의 경험을 표현해 보는 게 대표적인데요. 이미지, 그림, 영상 이런 걸로 대상이나 자기 자신 혹은 자신의 활동 같은 것을 표현하는 거죠. 이것을 상징 스키마라고 그래요. 어린 아이들하고 대화할 때, 어떤 사건을 어떤 환경 속에서 겪었는지, 이야기하면서 그림을 그리게 하면 의사소통이 잘 되는데요. 상징 스키마를 사용하는 것이 유아의 기본적인 인지적 패턴이기 때문에 그래요.

우리 어릴 때 그림일기 그려봤죠? 문장으로 자신의 경험을 상세하게 묘사하기 어렵잖아요. 그 대신에 그림으로 자신이 활동했던 경험들을 표현하게 하면 아주 잘하게 되죠. 상징도식의 대표적인 예라고 할 수 있어요.

조작 스키마

유아기를 지나서 아동기(兒童期)가 되면 조작 스키마를 사용할 수 있게 됩니다. 여기서 '조작'이라는 말은 영어로 operation이라고 부르는데요, 우리가 어떤 물건을 '조작한다'고 말할 때 사용하는 단어이기도 해요. 그런데 피아제의 인지발달이론, 조작 스키마에서 '조작'이라는 단어는 뜻이 좀 달라요. 조작 스키마에서 조작이라는 말에는 '생각'이라고 하는 요소가 들어있어요. 피아제 이론에서 조작은 기본적으로 사고(thinking)를 말해요. 그런데 이 사고가, 그냥 이것저것을 머리 속에서 생각하는 걸 말하는 게 아니라, "일정한 순서에 따라 진행되는 동작을 머릿속에서 생각하는 사고"를 말해요. 편의상 이것을 "동작적 사고"라고 해보죠. '순서에 따라 진행되는 동작'을 우리는 operation, 조작이라고 말하는 겁니다. 그래서 조작이란 동작적 사고이다, 동작적 사고란 정해진 논리와 순서에 따라 진행되는 사고 과정이다, 이렇게 이해를 해보면 좋을 것 같아요.

조작 = 동작적 사고 = 정해진 논리와 순서에 따라 수행하는 사고 과정

조작 스키마를, 편의상, 생각 스키마, 사고 스키마라고 불러봅시다. 이 사고 스키마를 발달시켰다는 것은 사고 활동을 통해서 사물을 파악하고 이해할 수 있다는 의미를 가져요. 조작 스키마는 논리적인 결론을 이끌어내기 위하여 수행하는 마음속 정신활동의 체계예요. 논리적인 결론을 이끌어내기 위하여 수행하는 마음속 정신활동을 "인지적 조작(cognitive operation)"이라고 해요. 인지적 조작이라는 것은 우리 머릿속으로 논리적인 사고력을 발휘해서 논리적인 사고를 하나하나 진행해 나가는 걸 말하는데, 이걸 가능하게 만들어주는 장치가 조작 스키마예요. 여러분, 조작 스키마가 발달하면요, 우리는 수의 논리적 특성과 체계를 추상적인 방식으로 이해할 수 있게 돼요. 그래서 사칙연산을 풀 수 있고요, 방정식을 풀 수 있어요. 그런데 이 조작 스키마는 아동에게 "가역성(可逆性 reversibility)" 개념이 발달했을 때 이루어지는 정신활동이예요. 가역성 개념이라는 것은, 수학적으로 표현한다면, 2+3=5인데 그걸 역으로 하면 5-3=2가 된다는 것을 논리적·사실적으로 이해하는 능력을 말해요. 가역성이란 어떤 상태로 변하였던 물질이, 다시 본디 상태로 되돌아갈 수 있는 성질을 말합니다.

3 인지 과정의 패턴

피아제는 행동 스키마에서 상징 스키마로, 다시 상징 스키마에서 조작 스키마로 발달해 나가는 과정이 다음과 같은 패턴으로 진행된다고 보았습니다. "조직화 ⇒ 적응 ⇒ 평형화"의 패턴이 그것입니다. 즉 ①자신이 가지고 있는 지식을 조직하고, ②그 지식을 사용하면서 적응 과정을 거치고, ③적응 과정을 거쳐서 최종적으로 인지적 평형에 도달하는, 이러한 인지 과정이 반복적으로 수행되면서 행동 스키마 ⇒

상징 스키마 ⇒ 조작 스키마로 발전해 나간다고 보는 것이죠.

피아제에 따르면, 인지 과정에서 첫 번째로 조직화를 하고, 두 번째로 조직화를 기반으로 적응을 하고, 세 번째로 적응을 통하여 평형상태로 나아감으로써 인지발달이 이루어집니다.

인지 과정의 첫 번째 단계인 조직화(organization)는 아동이 기존의 스키마를 새롭고 좀더 복잡한 지적 구조로서 통합해 나가는 과정을 말해요. 즉 자신이 가지고 있는 지식을 점점 더 크게 조직해 나가는 거예요. 흡사 조그만 조각블록을 쌓고 조립해서 점점 더 커다란 사물을 만들어 나가는 레고블록 놀이와도 같죠.

그런데 인지활동을 수행해 나갈 때 가장 중요한 과정은 '적응 과정'입니다. 적응이라는 것은요, 아동이 주변 환경의 요구에 자신을 맞추기 위해서 스키마를 조직해나가는 걸 말해요. 자신의 스키마를 조직화함으로써 주변 환경의 요구에 부응하는 것을 우리는 적응이라고 합니다. 이 적응을 얼마나 잘하느냐가, 피아제가 볼 때, 인지가 발달하고 있는지 아닌지를 파악하는 중요한 잣대인 거죠. 적응은 동화(同化 assimilation)와 조절(調節 accomodation)이라고 하는 두 가지 활동을 반복하면서 이루어져요. 동화와 조절을 통해서 우리는 인지적 적응을 해나가요.

동화(同化 assimilation)

동화(同化 assimilation)라는 말의 본뜻은 똑같아졌다, 똑같게 되었다 그런 뜻이에요. 동화는 "아동이 새로운 경험에 직면하였을 때 자신이 가지고 있는 기존 도식에 근거하여 새로운 경험을 해석하고 이해하는 과정"이에요. 내가 지금 가지고 있는 지식의 체계로써 내 눈에 보이는 경험을 이해해 나가는 것을 동화라고 불러요.

제 친구가 처음으로 외국 여행을 갔어요. 독일을 갔는데요, 거기서 소시지를 처음 먹어봤어요. 소시지를 처음 본 이 친구가 소시지를 보고 무슨 생각을 했냐 하면 "야, 이거 생긴 게, 먹어보니까 맛이 이거, 우리나라 순대하고 좀 비슷한데. 이거 순대네, 순대, 독일 순대네." 이랬대요.

소시지를 보고 그것과 비슷한 패턴, 비슷한 식감, 비슷한 재료로 만들어진 우리나라 순대라는 음식을 떠올려요. 그래서 소시지를 보고 순대라는 개념을 떠올려서, 순대에 관한 자신의 과거 지식과 인지구조를 가지고서 오늘 처음 본 독일 음식인 소시지를 이해해 나가는 거죠. 이걸 우리는 '동화'라고 불러요. 내가 알고 있는 지식을 가지고 눈앞에 보이는 경험을 이해해 나가는 것, 이것을 동화라고 해요.

조절(調節 accomodation)

이와 달리 조절(調節 accomodation)이라는 것은 "새로운 경험을 설명하고 이해하기 위하여 기존의 도식을 고쳐 나가는" 즉 "기존의 도식을 조절해 나가는" 과정이에요. 조절이라는 것은 내가 가지고 있는 것을 고쳐서 환경에 적응한다는 개념이에요.

강아지에 대한 기존 지식을 가지고 있던 유아가 친구 집에 놀러 가서 다리가 네 개 달리고 털이 북실북실하고 꼬랑지가 있는 동물을 만났어요. 강아지인 줄 알고 귀여워하면서 쓰다 주려고 했더니, 이 강아지(?)가 갑자기 털을 뻣뻣하게 세우고 발톱을 쭉 빼면서 야옹 하고 할퀴는 거예요. 이 아이는 기존에 가지고 있던, 다리가 네 개 달리고 털이 북실북실하고 꼬랑지를 살랑살랑 흔드는 귀여운 동물, 강아지라고 하는 지식체계에 어긋나는 새로운 대상을 눈 앞에서 맞닥뜨린 거예요.

쳐다보니까 다리도 네 개고 꼬랑지도 있고 털도 북실북실하고 하니까, 내가 알고 있는 강아지라고 하는 개념으로 대상을 파악해 봤는데, 강아지와는 너무 다른 행동, 모양 이런 걸 보여주는 거예요. 우는 소리도 멍멍이 아니라 야옹야옹이고요. 발톱으로 막 할퀴고요. 그래서 이 아이는 이 대상이 내가 기존에 알고 있던 강아지가 아니구나 라는 생각을 하게 돼요. 인지적 불평형 상태에 도달해 있는 거죠. 강아지인 듯 강아지가 아닌 강아지 같은 그 동물의 정체는 뭘까요?

그렇다면 이제 인지적 평형에 도달하려면 어떻게 해야 돼요? 내가 가지고 있는 기존의 지식체계, 기존의 개념체계를 새롭게 바꿔봐야 되겠죠. 먼저 기존에 내가 알고 있던 강아지 도식과는 다른 점들을 찾아서 이를 정리를 해 봅니다. 그래서 자기가 가지고 있는 강아지 도식과 분리되어서 눈에 보이는 대상을 설명하는 새로운 개념틀을 만들어 보는 거지요. 바로 고양이 개념, 고양이 도식을 만들어보는 거예요. 기존에 가지고 있는 강아지 도식을 "조절하여서" 새롭게 고양이 도식을 만드는 데 성공하면 이 아이는 강아지와 고양이를 구별하는 좀 더 정교하고 복잡한 지식을 완성시켜 나갈 수가 있어요. 이것을 '조절'이라고 합니다. 우리는 조절을 잘 해 나가야 더 많은 지식을 습득해 나갈 수가 있는 것이죠.

동화와 조절을 적절하게 수행하면 아동은 적응 상태에 도달하게 됩니다. 특히 조절을 통하여 인지적 불평형이 해소되었을 때 적응 상태에 도달하게 된다는 거죠. 이처럼 아동의 인지도식 곧 스키마와 주위 환경 사이에 인지적 평형이 이루어진 상태를 평형화라고 합니다. 평형화가 이루어지면, 이 평형화의 상태가 안정적으로 실행되면 그게 바로 인지가 발달한 것입니다.

동화와 조절을 적절하게 수행할 줄 안다는 것은 사물을 구별할 수 있다는 것을 의미합니다. 우리는 날마다 여러 사람을 만납니다. 한 사람을 여러 번 보게 되는 경우도 많지요. 사물도 마찬가지예요. 여러 사물을 한꺼번에 볼 때도 많아요. 이때 우리가 동일한 사람을 지속적으로 알아볼 수 있는 것도, 여러 사람들을 각각 구별할 수 있는 것도, 또 여러 가지 사물을 같은 종류끼리 모아서 파악해 볼 수 있는 것도, 사실은 다 동화와 조절이라는 인지 과정 덕분입니다.

생선가게 진열대 놓인 꽁치, 고등어, 갈치, 문어 등의 물고기들을 떠올려 볼까요? 장 보러 가서 '고등어 한 손 사와.'라는 심부름을 하게 될 때, 우리는 여러 생선 가운데 고등어만 딱 골라서 사야 합니다. 그런데 생선은 다 모양이 비슷비슷하게 생겼죠. 그중에 고등어를 딱 골라낼 수 있는 능력, 그것을 우리는 인지심리학에서 '변별(discrimination)'이라고 합니다. 동일한 유형의 특징들 속에서 특정하게 다른 형태를 구별해서 인식하는 능력이 변별입니다. 이 변별이란 기본적으로 동화와 조절의 인지 과정을 거칠 수 있기 때문에 발휘할 수 있는 능력입니다. 사물을 변별할 줄 알게 되면, 우리는 사물을 특정한 기준·준거에 따라 한데 묶는 '범주화(範疇化 categorizaion)'를 할 줄 알게 됩니다. 사물을 범주로 묶을 줄 알게 되면 '개념화(概念化 conceptualizaion)', '추상화(抽象化 abstraction)'를 할 수 있게 됩니다. 피아제가 보기에 인지발달의 방향은 바로 이 개념화와 추상화를 능숙하게 수행할 수 있게 되는 방향으로 진행됩니다. 피아제의 인지발달이론에서, 스키마 개념에서, '조작'이라는 말이 갖는 방향성이 바로 이 개념화·추상화입니다.

4 인지발달의 단계

피아제에 따르면, 인지의 발달은 개념화와 추상화를 수행할 수 있게 되는 방향으로 진행됩니다. 이때 인지발달은 ①감각-운동기 ②전-조작기 ③구체적 조작기 ④형식적 조작기의 네 단계로 진행됩니다.

첫 번째는 "감각-운동기"예요. 태어나서 만 2세 정도까지 우리는 감각-운동기에 해당하는 인지발달단계를 경험합니다. 감각-운동기에는 행동 스키마를 사용해요.

두 번째 단계는 "전-조작기"입니다. '조작 이전의 시기'라는 뜻이죠. 대략 만 2~3세에서 만 6세 정도까지, 그러니까 어린이집과 유치원 다니는 나이가 전-조작기에 해당이 돼요. 전-조작기는 상징 스키마를 사용하는 인지발달단계입니다.

전-조작기가 지나면 만 7세에서 만 12세 사이의 초등학교 다니는 연령대의 아동기를 맞습니다. 이때는 "구체적 조작기"라고 하는 인지발달단계에 도달하게 돼요. 구체적 조작기부터는 조작 스키마를 사용하는 단계가 됩니다. 그런데 조작 활동이 구체적 장면·상황·대상에 대해서 이루어진다라는 한정성을 갖는 단계가 구체적 조작기입니다.

구체적 조작기에서 충실한 인지발달이 이루어지면 만 12세 이후에는 "형식적 조작기"라고 부르는 인지발달단계에 이르게 됩니다. 형식적 조직기의 조작 활동은 개념화와 추상화가 충분히 심화되어 형식성을 갖추어 진행이 됩니다.

형식적 조작기 (11세~)

↗

구체적 조작기 (7~11세)

↗

전조작기 (2~7세)

↗

감각운동기 (출생~2세)

그림 4 피아제의 인지발달단계

감각-운동기(sensory-motorist stage)

피아제 인지발달의 첫 번째 단계는 "감각운동기"입니다. 이는 출생부터 만 2세 어간까지 이루어지는 발달의 단계인데요. 이 감각운동기는요, 젖먹이 어린아기가 감각기관과 운동 능력을 통합하여 주변 환경에 적응해 나가는 그런 과정을 말합니다. 감각기관과 운동능력의 협응을 통하여 주변 환경을 알아가는 '행동 스키마', '감각-운동 스키마'를 형성하는 시기이지요.

이 시기의 두드러진 특징으로는 첫 번째로, "문제해결능력이 발달"하는 것을 볼 수 있습니다. 이때의 문제해결능력이란 지적인 문제를 해결하는 과정을 뜻하는 것이 아니라 우리가 일상생활에서 부딪히는 환경적응을 위한 문제해결을 뜻하는 것입니다.

예를 든다면 지금 목이 말라요. 그러면 뭘 해야 될까요? 당연히 물을 마시러 가야 되겠죠. 그런데 지금 집에 있습니다. 그러면, 물은 어디에 있을까요? 식탁에 있거나 아니면 냉장고에 있겠죠. 냉장고에 물병이 있다고 합시다. 그럼 물을 마시러 주방으로 가서 냉장고를 바라보겠죠. 그리고 냉장고 문을 열고, 냉장고 안에서 물병을 찾은 다음에, 물병을 꺼내서, 다시 이걸 그냥 입을 대고 마실 수는 없으니까 컵을 이용해서 마셔야 되겠죠. 다시 주방 찬장으로 가서, 컵을 꺼냅니다. 그리고 물병에 들어있는 물을 컵에 따라서 물을 마십니다. 목이 마르다 라고 하는 것은 환경의 변화를 촉발한 문제예요. 이 문제를 해결하는 것은 물을 마심으로써 평형 상태에 이르는 겁니다. 물병이 어디에 있는지 찾고, 그 물병을 꺼내서 물을 따라서 마시는 게 문제해결인 거예요.

어린아기는 성장할수록 자신의 시각·청각·촉각 등의 감각기관과, 잡기·움직이기 등의 신체활동을 연결하여 협응체계를 정교하게 발전시켜 나가게 됩니다. 그리고 이렇게 정교화된 협응체계를 가지고 일정한 목적성을 가진 활동을 수행할 수 있게 되지요. 즉 자기가 좋아하는 장난감을 찾아서 그 장난감을 가지고 노는 행동을 할 수 있게 됩니다. 어린아기가 감각기관과 신체활동의 협응을 통한 대상물의 통제와 조절을 점점 더 잘해 나갈 수 있게 되는 것이 문제해결능력의 발달입니다.

두 번째로, 영아들의 감각-운동기의 대표적인 발달특성으로는 "모방", "따라하기", "흉내내기"를 들 수 있습니다. 주변 환경에서 다른 사람들이 하는 행동을 보고, 따라하는 거죠. 우리가 말을 배우는 과정도 모방 때문에 이루어지는 거죠. 엄마·아빠가 내는 소리, 주위 환경에서 나는 소리를 모방하는 것입니다. 행동도 모방하면서 점점 정교화되죠.

세 번째로, 감각-운동기의 가장 중요한 발달적 특성으로서 "대상영속성(object permanence)의 발달"을 들 수 있습니다. 대상 영속성이란 "눈앞에서 어떤 대상이 더 이상 보이지 않게 되거나 또는 다른 감각을 통해서 탐지할 수 없게 되었을 때라도 그 대상은 여전히 계속해서 존재한다는 것을 알고 있는 상태", 이것이 대상 영속성입니다. 즉 내 눈앞에 어떤 물건이 안 보여요. 감춰져 있어요. 그래도 그 물건이 어딘가에는 계속 존재한다 라는 것을 아는 것이지요.

여러분, 분리불안이라고 들어보셨죠? 어린아기들이 엄마하고 떨어져 있으면 아기가 불안해서 막 우는 겁니다. 그런데 대상 영속성이 발달하면 엄마가 눈앞에 안 보여도 아기가 안 울어요. 왜요? 엄마가 집 안 어딘가에 계신다는 걸 아기가 알고 있거든요. 대상 영속성은요, 아기가 좋아하는 장난감을 담요로 덮어놨다고 하더라도 그 담요를 들추면 그 안에 자기가 좋아하는 장난감이 있다는 것을 아는 상태를 말합니다. 대상 영속성이 발달하게 되면 감각-운동기가 끝나고, 질적으로 더 높은 수준의 다음단계인 전-조작기로 발달하게 됩니다.

전-조작기(pre-operational stage)

인지발달의 두 번째 단계인 전-조작기는 대략 만 2세에서 만 7세까지의 유아기를 말합니다. 전-조작기에서 '전(前)'자는 '앞 前(전)'자예요. 전-조작기는 '조작 단계 이전의 시기'라는 뜻입니다. 조작 단계 이전이니까, 아직은 조작 즉 조작적 사고를 할 수 없는 시기입니다.

전-조작기에는 상징적 수준에서의 사고 활동을 수행할 수는 있지만, 인지적 조작에 해당하는 조작 스키마는 아직은 사용할 수 없습니다. 전-조작기는 조작 스키마를 사용하지 못하는, 조작 스키마 사용의 전 단계라는 뜻이에요. 그러면 전-조작기에는 아이들이 어떤 도식을 사용할까요? 네, 그렇습니다. 상징 스키마를 사용합니다.

전-조작기에 이르면 유아는 상징 스키마를 통하여 대상을 좀 더 풍부하게 이해해 볼 수 있게 됩니다. 상징 스키마는, 사물을 그림이나 이미지로 표현한다거나 아니면 특정 낱말로써 특정 대상을 가리킬 수가 있게 된다는 것을 의미합니다. 그래서 아이들이 전-조작기가 되면요, 유독 사물을 보고 그 사물의 명칭을 궁금해 합니다. 아이들이 요 때가 되면 "엄마, 이거 뭐야?", "엄마, 저거 뭐야? "선생님, 이거 뭐예요?"라고 이름·명칭을 묻는 질문이 무척 많아집니다. 아이는 명칭과 함께 대상물의 모양을 기억을 하는 거죠. 그래서 사물의 모양과 명칭을 머릿속에 저장하여 사용하는 도식 곧 상징 스키마를 가지고 유아는 환경에 대한 지식 습득을 해나가게 됩니다.

자, 이 시기 유아들이 사물의 명칭에 유독 관심을 많이 갖는다고 그랬죠. 그것을 좀 더 명확하게 심리학적 개념으로 표현해 본다면, 명칭이란 곧 사물의 개념을 뜻하는 것이라고 할 수 있습니다. 개념 곧 사물의 개념이 발달하게 되는 시기가 전-조작적 시기인데요. 이것도 크게 둘로 나눌 수 있어요. 개념이 충실하게 완성되기 이전의 단계인 "전-개념적 시기"와 개념에 대한 명료한 인식체계가 발달하게 된 "개념적 시기" 둘로 나눌 수 있습니다.

전-개념적 시기는 만 2세에서 만 4세 정도까지입니다. "전-개념적 시기에는 상징적 기능 즉 사물을 이미지로 표상하는 기능이 발달하게 되고, 상징놀이 또는 가상놀이가 시작"되는 단계라고 할 수 있습니다. 상징놀이 또는 가상놀이에서 유아들은 사물에 상징적 의미를 붙여가지고 가상적인 상황을 만들어서 놉니다. 대표적인 예로 인형놀이, 소꿉놀이를 하는 게 여기에 해당이 되죠. 전-개념적 시기에 나타나는 유아의 대표적인 사고의 특징은 "물활론적 사고와 자기중심적 사고"라는 두 가지 특징입니다. 물활론(物活論)과 자기중심성(自己中心性)은 전-개념적 시기의 유아에게 나타나는 대표적인 사고체계입니다. 먼저 물활론은 사물이 살아있다고 느끼는 태도를 말합니다. 자기중심성은 사물을 파악할 때 자기가 바라보는 시각·관점에서 사물을 파악하는 것을 말하죠.

전-개념적 시기가 지나면 "개념적 시기"가 되는데요. 이때의 개념은 명료한 언어적 개념이 아니라 "사물의 모습, 사물에 대한 지각적 특성에 입각한 개념 형성"이기 때문에 피아제는 이 시기를 "직관적 시기"라고도 불렀습니다. 만 4세에서 만 7세 정도에 해당하는 발달의 시기인데요. 이 직관적 시기에는 "지각적 특성을 기초로 하여 대상과 사건에 대한 사고를 진행"한다는 특징을 갖고 있습니다. 여기서 '지각적 특성이 기초가 된다'는 의미가 중요할 텐데요. 지각적 특성을 기초로 한다는 것은 "감각기관을 통하여 얻는 정보에 초점을 두어 사태를 파악하는 것"을 뜻합니다. 즉 눈으로 보는 것, 귀로 듣는 것 등의 지각 특성을 바탕으로 사물에 대한 정보를 파악하는 것을 직관적 사고라고 하는데요. 특히 유아 시기에는 "눈으로 보는 시각적 특성에 기반한 직관적 사고가 아주 중요"하게 강조됩니다.

이 시기에는요, 사물을 파악하는 데 있어서 겉모습과 같은 지각적 특징에 의존하고 있습니다. 그래서 사물의 겉모습만 볼 뿐, 그 안에 들어있는 진짜 모습은 생각하지를 못해요. 그래서 여전히 자기중심적인 즉 중심화된 사고를 한다는 제약을 갖고 있습니다. 예를 들면 강아지에다 고양이 가면을 씌워 놓으면, 눈에 보이는 특징은 고양이 특징이죠, 그래서 눈에 보이는 대상물을 고양이구나 라고 생각한다는 거예요. 이렇게 눈에 보이는 겉모습의 정보에 의해서만 사물을 파악하는 시기라서 직관적 시기라고 부르는 거지요.

전-조작기는 전-개념적 시기에서 직관적 시기로 발달하면서 상징도식이 확장되고 심화되어가는 시기인데요. 그렇더라도 아이는 여전히 보존(保存) 개념을 갖고 있지 못하고요. 자기중심성에서 벗어난 탈중심화(脫中心化)를 이루지도 못해요. 가역성(可逆性) 개념도 발달하지 못한 상태가 됩니다. 즉 △보존 개념 △탈중심화 △가역성, 이 세 가지가 충실하게 발달하게 되면 전-조작기를 벗어나서 구체적 조작기가 되는 것이죠.

보존 개념

보존(保存) 개념이라는 것은 "사물의 주요 특성, 예컨대 양이나 크기 이런 것들이 다르게 변형이 되더라도 그 기본 특성의 요소들은 그대로 유지된다"는 걸 뜻합니다. 예를 들어, 찰흙이 있어요. 이걸 동글동글하게 뭉쳐 놓으면 공 모양이 되겠죠. 이걸 다시 평평하게 넓게 펼치면 피자반죽 같은 모양이 될 겁니다. 그렇더라도 공 모양으로 뭉쳐놓은 찰흙 반죽과, 넓게 피자처럼 펼쳐놓은 찰흙 반죽 이 두 가지는 양적으로나 질적으로 동일한 요소를 가지고 있습니다. 바로 이걸 이해하는 게 보존 개념입니다.

탈중심화

탈중심화(脫中心化)란 "내가 바라보는 관점이 아니라 다른 사람의 관점에서 대상이 어떻게 보일까를 이해하는 능력"을 말해요. 탈중심화는 인지활동에서 주관성을 벗어나서 객관성을 습득해가는 중요한 과정이예요.

가역성

가역성(可逆性)이란, 수학적 사고의 발달에서도 아주 중요한 개념인데요, 어떤 사물을 조작해서 다른 형태로 바꿨다가 다시 원래의 형태로 되돌릴 수 있다는 걸 알게 되는 것입니다. 이것은 보존 개념과 밀접하게 연관되어 있습니다. 2+3=5를 이해했을 때 다시 이를 되돌려서 5-3=2라는 걸 파악하는 수학적 사고의 바탕이 가역성이죠. 보존 개념, 탈중심화, 가역성 이 세 가지가 발달해야 구체적 조작기가 됩니다.

구체적 조작기(concrete operational stage)

인지발달의 세 번째 단계는 구체적 조작기입니다. 구체적 조작기는 만 7세에서 만 11세의 시기입니다. 우리가 초등학교를 다니는 시기와 일치하죠. 아동기입니다. 구체적 조작기는 구체적인 장면에서는 조작적 사고를 충실하게 할 수 있게 되는 단계입니다. 즉 조작적 사고, 논리적 순서가 있는 사고 활동을 구체적인 대상이 주어졌을 때는 제대로 해낼 수 있는 단계가 구체적 조작기입니다. 이 시기에는 인지적 조작을 통하여 심상(心象)이나 상징을 수정하고 재구성함으로써 논리적인 결론을 내릴 수 있게 됩니다. 쉽게 말하면, 수학계산을 공식에 맞추어서 순서대로 진행하고 정답을 써낼 수 있는 단계라고 할 수 있습니다.

구체적 조작기에 이르면 아동은 보존 개념이 발달하고요, 탈중심화된 사고가 가능해 집니다. 가역성 개념도 발달하게 돼죠. 그래서 사물들 간의 관계적 논리를 이해하게 되어서 정신적 서열화(序列化), 정신적 이행(移行)이라는 논리 조작을 수행할 수 있습니다. 정신적 서열화라는 건요, 어떤 대상물을 기준으로 크기에 따라 순서대로 분류한다거나, 혹은 거꾸로 작은 순서대로 분류한다거나, 혹은 색깔별로 대상물을 함께 모아놓는다거나, 이렇게 특정한 관계를 결정하는 기준을 주면 그 기준에 따라서 사물을 순서대로 배열할 수 있게 되는 걸 뜻합니다. 이게 발전하면 어떤 대상에 대한 논리적 사고를 논리규칙에 따라 순서대로 진행해 나갈 수가 있게 돼요. 방정식을 풀 수 있게 된다라는 것이죠.

구체적 조작기의 가장 큰 특징은 맨 먼저 "보존 개념이 완성"됩니다. 사물이 형태가 변하더라도 그 기본 내용은 변하지 않는다는 것을 이해합니다.

두 번째 특징으로 "탈중심화된 사고가 형성"됩니다. 내가 바라보는 관점만이 아니라 다른 사람의 관점에서는 사물이 어떻게 보일까를 추론할 수 있습니다. 예를 들면, 한 아이(A)가 자동차를 보고 있어요. 자동차의 앞면을 보고 있습니다. 또다른 아이(B)는 자동차의 뒷면을 바라보고 있어요. 이제 A아동에게 '상대방이 바라보는 자동차의 뒷면을 한번 그림으로 그려보세요.'라고 하면 이 아이(A)는 자기가 보지 않은 자동차의 뒷면에 대해서 논리적으로 사실적으로 충실하게 그려낼 수 있게 되는 것입니다.

탈중심화 사고는 도덕성의 영역에도 적용이 되는데요. 나의 관점만이 아니라 상대방의 관점, 상대방의 입장에서도 사건을 생각해 볼 수 있는 것이 탈중심화 사고의 발달입니다. 예컨대, 친구하고 싸웠어요. 내 입장에서 보면 상대방이 잘못해서 싸웠죠. 그런데 상대방의 입장에서 생각해보니까 내가 잘못한 것도 있어요. 그래서 내가 잘못한 것도 깨닫고 상대방과 화해할 수 있게 되는데요, 이것은 탈중심화 사고의 결과라고 할 수 있어요.

구체적 조작기의 세 번째 특징으로는 "가역성 개념이 발달"하게 됩니다. 논리적 조작을 통해서 변형시킨 대상을 다시 논리적 조작을 역순으로 이행하여 원래의 상태로 되돌릴 수 있게 되는 것이죠. 옛날에 어린이들은 시계, 라디오 이런 걸 보고 신기해서 뜯어보는 경우가 많았어요. 그런데요, 시계나 라디오를 열심히 분해해 놓고는 도로 원래대로 조립을 못했습니다. 원래대로 조립하려면 어떻게 해야 돼요? 시계나 라디오를 분해했던 순서를 기억했다가 그 순서를 거꾸로 되짚어가면서 조립을 실행해야 되겠죠. 라디오를 분해하는데 분해한 순서대로 부품을 쭉 배치해 놓고, 나중에 조립할 때는 거꾸로 역순으로 다시 조립을 해나간다면 라디오의 조립을 완성할 수 있죠. 원래의 라디오 상태로 되돌릴 수 있게 되는 거잖아요. 이같은 활동을 수행할 수 있다는 것은 가역성 개념이 발달했기 때문입니다. 가역성의 발달은 우리가 수의 논리적 조작 곧 계산과 방정식 풀이, 이런 것들을 해낼 수 있는 수학적 사고, 수학활동의 발달을 의미합니다.

형식적 조작기(formal operational stage)

구체적 조작기에서 보존 개념과 탈중심화 사고, 가역성 개념에 대한 발달이 충실하게 이루어지게 되면 이제 논리적 사고를 문장이나 때로는 기호로 표현하는 추상적 논리 관계를 이해하고 실행할 수 있게 됩니다. 이 말인 즉슨, 형식적 조작기로 발달하게 되었다 라는 것이죠. 형식적 조작기는 만 11, 12세 이후부터 쭉 이어지는 인지발달 단계입니다. 청소년기, 성인기에 해당하는 인지발달의 단계가 형식적 조작기입니다.

형식적 조작기란 "형식적 조작을 할 수 있는 시기"라는 말입니다. 형식적 조작(formal operation)이라는 것은 개념과 명제를 바탕으로 논리적인 사고를 수행하는 것을 말합니다. 정신활동에서 가장 고차원적인 단계이죠. 형식적 조작기에 해당하는 아동은요, 추상적인 개념에 바탕하여 가설을 세우고 그것을 논리적으로 풀어나감으로써 합리적인 결론을 끄집어 낼 수가 있습니다. 즉 사태를 합리성과 체계성을 가진 논리 구조에 따라 처리해 나갈 수가 있게 되지요. 추상적인 개념을 바탕으로 하는 가설 논증을 처리할 수 있다는 얘기는 결국 또다시 얘기하지만 방정식을 풀 수 있다라는 얘기가 되겠습니다.

형식적 조작기에 이르면요, 가설-연역적 추론과 귀납적 추론을 할 수 있게 됩니다. 연역 추리란 일반적이고 보편적인 원리를 바탕으로 그것에 근거해서 낱낱의 개별적인 사실들을 끄집어내는 걸 말합니다. 반대로 귀납 추론이란 일반적인 원리를 끄집어내기 위해서 먼저 개별적인 사실들, 행동들을 하나하나 관찰한 다음에 그걸 쭉 분석해서 그 안에 들어있는 공통적인 것들을 찾아서 일반화시켜 나가는 거죠. 즉 개별적인 사실을 관찰함으로써 거기에 작용하는 일반적인 원리를 최종적으로 도출해내는 과정을 귀납 추리라 그래요. 이 연역 추론과 귀납 추론을 할 수 있게 된다는 것은 논리적인 사고를 규칙적으로 풀어 나갈 수 있다는 의미입니다. 전제를 놓고 논리적으로 추론해서 결과를 미리 예측할 수 있는 능력을 갖게 된다는 뜻입니다.

아래에서 피아제의 인지발달이론에서 중요한 개념체계를 표로 정리해 보았습니다. 여러분들도 아래의 표를 보면서, 공부할 게 참 많았던 피아제 인지발달이론을 깔끔하게 요약·정리해 보시기 바랍니다.

표 1 피아제 인지발달이론 핵심개념 정리표

영·유아(嬰·乳兒)기	유아(幼兒)기	아동기	청소년기 이후
감각운동기	전조작(前操作)기	구체적 조작기	형식적 조작기
행동 스키마	*상징 스키마*	*조작 스키마*	
대상 영속성 획득	• 물활론적 사고 • 자기중심적 사고 직관적 사고 • 보존 개념 미발달 • 서열 개념 미발달 • 가역성 개념 미발달	• 보존 개념 발달 • 서열 개념 발달 • 가역성 개념 발달 • 구체적 추론 능력 획득	• 추상적(가설-연역적) 추론 능력 획득
자기 중심 조망		타인의 관점에서도 조망 가능	

네 번째 강의
비고츠키의 사회문화적 인지 발달 이론

지난 시간에는 피아제의 인지발달이론을 공부했습니다. 공부할 내용이 참 많았죠. 힘들었구요. 피아제의 인지발달이론은 생물학적인 특성을 배경에 깔고 있어서 발생적 인지발달이론이라고 이름을 붙인다고 했습니다. 이번에는 인지발달 분야에서 피아제와 항상 짝을 이루어서 등장하는 비고츠키를 배울 차례입니다. 이번 시간에 배울 비고츠키의 사회문화적 인지발달 이론은 인지발달을 사회문화적인 관점에서 바라보는 인지발달이론입니다. 비고츠키 인지발달이론을 공부하시려면 '사회문화적'이라는 말을 이해하는 게 관건입니다.

1 비고츠키 발달심리학의 핵심주제

이름을 묻는 아이들

"엄마, 이게 뭐야?"

어린아이가 가장 자주 하는 질문입니다. 이 질문은 어린아이가 지금 삶에서 가장 놀라운 발견의 시기를 겪고 있다는 것을 보여주는 질문이죠. 어떤 발견입니까? 세상 모든 사물에 이름이 있다는 것을 발견한다는 것입니다. 세상 모든 물건, 모든 사물, 모든 것에 이름이 있다는 것은 어른들이 생각하듯이 대상의 본질과 관계없는 자의적인 기호가 아닙니다. 아이들에게 사물의 명칭, 대상의 명칭, 이름은 처음부터 그 대상이 갖고 있던 본질적인 특성이나 다름없죠. 마치 빨간 껍질 속에 하얗고 단단한 과육이 들어있고, 아삭아삭 소리가 나면서 씹히고, 또 새콤달콤한 맛을 내는 과일이 사과의 특성이듯이, 사과라고 하는 이름 속에는 사과의 맛, 사과의 향, 사과의 색깔 이런 것들이 본래적으로 들어있는 아주 중요한 특성입니다. 아이들은 사과라는 이름을 통해서 사과가 가지는 모든 특성을 한꺼번에 이해하게 되는 것이죠. 그래서 아이들은 끊임없이 어떤 물건이나 대상을 보며 묻습니다. "이게 뭐야?"라고 말이죠.

그러다가 네다섯 살이 되면 질문이 바뀝니다. 조금 더 질문이 정교해지죠. 그리고 질문에 조작적인 사고가 들어가게 됩니다. "엄마는 왜 나보다 나이가 많아?", "나무는 왜 흔들려?", "해는 왜 저녁엔 안 보여?" 이러한 질문들은 자신을 둘러싼 세상에 대한 질문입니다. 자신을 둘러싼 세상, 모든 것의 기원이나 존재 이유, 바라보고 있는 세상에 대한 질서 이런 것들에 대한 온갖 기상천외한 가설을 세우고 그것에 대해서 막힘없이 묻게 됩니다. 이러한 질문을 받을 때쯤이면 이제 엄마나 아빠는 '아이에게 어떻게 답해야 하나?' 상당히 곤란해지게 되죠.

그런데 유아의 발달단계상 이렇게 질문이 정교해지는 시기, 바로 이 시기가 인간이 동물과 서로 다른 지점, 인간이 동물과 갈라지는 인지적 변화 포인트가 된다는 것이죠. 즉 인간이 단순히 말을 하면서 자신의 어떤 궁금증, 자신의 감정 이런 것들을 표현하는 시기에서 넘어서서 사물의 의미, 사물의 기원 이런 것들을 이제 묻기 시작하게 된다는 것인데요. 배고픔, 아픔, 공포나 기쁨을 나타내는 자기 감정의 표현 또는 상대방에 대한 경고나 위협 또는 허용 등과 같은 정서적인 신호행위는 동물들도 수행을 합니다. 하지만 사물에 이름을 붙이고, 이름으로 사물을 대신하는 사유능력은 오로지 인간에게만 나타난다는 것이죠. 유아기를 거치면서 인간은 사물에 이름을 붙이고, 그 이름과 개념을 통하여 사물에 대한 사유를 전개하는 아주 독특한 특성을 보여주고 있습니다. 이게 인간 이성의 발달이죠. 이게 바로 인간에게 있어서 인지발달입니다.

언어와 인지발달

그런데 5살 아이는 세계에 대한 개념을 자기 스스로 만들어 나가는 게 아니죠. 자기 스스로 마음대로 세워나가는 게 아닙니다. 유아가 세계에 대한 개념을 익히고 이해하는 과정은 자신이 살고 있는 사회, 역사, 문화라는 발판 위에서 형성되는 것입니다. 즉 유아가 세상에 대해서 생각하는 과정, 생각하는 방법, 생각하는 수단, 그 모든 것들은 그 유아가 "사회와 역사와 문화를 통하여 배워서" 실행하는 것이라는 거죠. 이러한 점에 대해서 깊이 있게 천착하면서 유아교육의 본질적인 방향성을 제시한 학자가 바로 비고츠키(L. Vygotsky)라는 심리학자입니다.

비고츠키의 이러한 사상은 그의 저작 《생각과 말》이라는 책에 들어 있습니다. 《생각과 말》은 우리말로도 번역이 됐는데요. '생각과 말'이라는 용어보단 학술용어로 더 많이 사용되는 '사고와 언어'라는 제목으로 번역이 됐습니다. 이 책은 비고츠키 사상이 응축된 책으로서, 비고츠키가 죽은 다음에 발견되어서 발표된 책입니다. 비고츠키는 옛 소련의 심리학자입니다. 그러니까 이 《사고와 언어》라는 책은 옛 소련 심리학자 레프 비고츠키의 유작인 것이죠. 제가 여기서 비고츠키가 옛 소련의 심리학자라는 점을 거듭 말씀 드린 까닭이 있습니다.

그림 5 비고츠키의 대표저서

소련은, 지금은 없어졌는데, 지금의 러시아와 동유럽에 있는 대부분의 나라들이 연방국가로 합쳐져 있던 나라입니다. 그런데 이 나라가 경제체제가 뭐였냐면 공산주의 국가였습니다. 정치적 측면만 놓고 말한다면 사회주의 국가라고도 말하죠. 공산주의든 사회주의든 이들은 개인보다는 집단, 국가, 사회 이런 것들을 우선시합니다. 인간 존재가 본질적으로 사회집단·사회체제 속에서 형성된다는 것을 강조합니다. 감(感)이 오시죠? 비고츠키의 인지발달이론을 '사회문화적' 인지발달이론이라고 부르는 데는 비고츠키가 소련 사람이었고, 소련은 집단과 사회를 강조하는 사회주의 국가였다는 점이 상당 부분 작용한 것이라고 할 수 있습니다.

아무튼 《사고와 언어》 이 책에서 비고츠키는 생각과 말은 통일체이지만, 그것은 서로 유동적·유기적으로 결합되어 있는 것이라는 점을 밝히고 있습니다. 즉 우리 인간의 생각과, 우리가 배워서 익히는 언어는 아주 밀접하게 연관되어 있는 유기체라는 것이죠. 특히 《사고와 언어》라는 저작 속에서 비고츠키는 아주 중요한 점을 우리에게 알려주고 있는데요. 의사소통을 위해서 우리가 사용하는 언어가 있습니다. 이것은 일반적으로 '외적 언어(outer language)'라고 해요.

그런데 인간에게는 타인과의 의사소통을 위한 외적 언어와는 달리 "자기 자신의 행동을 통제하고, 학습을 통해서 새로운 지식을 얻어나갈 때 사용하는" 언어가 있습니다. 비고츠키는 이것을 "내적 언어(inner language)"라고 불렀습니다. 비고츠키는 이 내적 언어가 사실은 인간의 지적 활동의 핵심기제라고 본 것입니다. 내적 언어라는 개념은 "인간의 생각이, 인간의 사고 과정이 말[내적 언어]을 통해서 표현됨으로써 비로소 완성된다"는 사실을 보여주고 있습니다. 즉 표현할 수 없는 생각들이 머릿속에 있지만 그 생각들이 궁극적으로 완성되려면 반드시 언어화 과정을 거치게 된다는 것이죠.

비고츠키의 짧은 생

비고츠키는 1896년 벨라루스 공화국에서 태어나서 만 38세에 폐결핵으로 숨진 옛 소련의 심리학자입니다. 벨라루스 공화국은 동유럽에 있는 국가인데요. 나중에 러시아에서 공산혁명이 일어나고 '소비에트 연합', 그러니까 '소련'이라는 공산주의 국가가 되는데, 그때 주변에 있는 여러 나라들을 다 공산화시켜서 함께 연방국으로 탄생합니다. 이때 벨라루스 공화국이 소련의 연방국으로 포함이 되는 겁니다.

그림 6 레프 비고츠키(L. Vygotsky)

비고츠키는, 1896년에 태어나서 1934년에 죽었는데요, 출생연도와 사망연도에서 볼 수 있듯이, 오래 살질 못했습니다. 만 38세에 사망했어요. 지난 시간에 배웠던 피아제가 아마 만 98세쯤에 사망했을 걸요? 그러니까 피아제에 비하면 비고츠키는 상당히 젊을 때 돌아가셨죠. 젊어서 일찍 죽는 걸 '요절(夭折)'이라고 합니다. 흔히 천재는 요절한다고 하죠. 피아제도 상당히 천재에 해당하는 분이었습니다만, 비고츠키 정말 천재였는데요, 안타깝게도 만 38세라는 아주 젊은 나이에 돌아가셨습니다. 공부하는 우리로서는 어쩌면 다행일 수도 있습니다. 비고츠키가 만 38세에 죽었다는 건 비고츠키에 대해서, 비고츠키가 이야기한 교육이론에 대해서 공부할 양이 그렇게 많지는 않다는 얘기죠. 반대로 피아제는 만 98세까지 끊임없이 논문 쓰고 책 쓰면서 지냈던 학자입니다. 그래서 피아제는 공부할 게 참 많고, 알아야 할 게 많고, 또 교육학자나 심리학자들도 연구할 게 참 많은 학자이기도 합니다.

어쨌든 이 비고츠키의, 가장 회심의 역작은 《생각과 말》, 《사고와 언어》라는 책입니다. 그런데 이 책을 읽으면요, 이게 번역된 책이기도 하거니와 상당히 문체가 딱딱하고 어렵습니다. 저는 러시아어를 모르는데요. 비고츠키의 책을 영어로 번역한 걸 읽어봐도 어려워서 상당히 애를 먹었어요. 비고츠키의 문체 자체가 매우 딱딱하고 어렵기로 정평이 나 있기 때문이예요. 글을 그렇게 좀 딱딱하고 어렵게 쓰시는 학자들이 있는데, 그중에 비고츠키도 만만치 않은 분이었다고 해요. 많은 원고를 저술했지만, 그게 여러 가지 사정이 있어가지고 적절하게 편집되고 말끔하게 교정되고 다듬어지질 않았대요.

그러니까 이분은 책을 생각나는 대로 막 노트를 쓴 다음에, 그걸 책으로 완성하려면 편집도 하고 논리적 구조도 다시 다듬고 표현도 바꾸고 이러는 작업이 필요한데, 그걸 제대로 다 거치지를 못했죠. 왜 못했겠습니까? 일찍 돌아가셨잖아요. 또한 이분이 평소 폐결핵이라는 병이 있었어요. 폐결핵 같은 병은 상당히 몸이 쇠약해지는 병이거든요. 그래서 장시간 책상에 앉아서 책을 읽거나 글을 쓰거나 하는 일을 하기가 힘듭니다. 병을 앓고 있으면 침대에 누워 있게 되겠죠. 기운도 없고 침대에 대부분 누워 있을 텐데, 이때 옆에 있는 비서나 제자에게 떠오르는 생각을 말로 진술하면 그걸 이 사람들이 받아적는, 구술 집필 과정을 통해서 책을 쓰게 됩니다. 그래서 문체를 다듬고 논리적으로 쉽게 표현하고 하는 이런 작업이 별로 없었다고 해요.

아무튼 비고츠키의 논문이나 저서는 좀 어려운데요. 그래도 그 내용들을 쭉 살펴보면 아주 중요한 연구 주제가 일관적으로 등장합니다. 비고츠키는 우리 인간이 영·유아기와 아동기, 청소년기를 지나면서 어떻게 인지발달을 하느냐, 특히 인간의 사고능력이 어떻게 발달하게 되느냐 이걸 중요하게 탐구했습니다. 인간의 논리적 사고능력이 어떻게 형성되고 발달되느냐를 집중적으로 연구했어요. 또한 사고 과정의 논리적 발달뿐만 아니라 그에 따른 서사구조(敍事構造)의 정교화 과정도 연구했습니다.

언어를 배워야 사고를 할 수 있다.

비고츠키의 연구주제를 한마디로 정리한다면, 결국 "인간이 사고과정을 제대로 실행하려면 언어를 배워야 하고 기호를 배워야 한다"는 것입니다. 언어를 사용하지 않고 사고를 한다는 건 불가능하다는 것이죠. 우리가 '생각하는 힘이 길러진다'고 표현할 때도 사실은 글자·문자·문장을 통해서 새로운 개념과 기호를 익힐 때입니다.

비고츠키는 언어와 기호를 배워나가는 과정이 "지각·기억·주의·운동"을 본질로 하는 정신기능 때문에 가능하다고 보았는데요. 이러한 정신기능은 어린아이가 언어와 기호를 가 지고 상징적인 활동을 해나갈 때 고도화된다고 보았습니다. 그래서 비고츠키는 지각·기억·주의·운동이 지닌 정신기능은 어린이의 상징적 활동과 내적으로 연결되어 있다는 말을 합니다.

상징적 활동이란 언어를 사용하는 활동, 기호를 다루는 활동을 뜻합니다. 문서를 읽거나, 사진을 바라보거나, 기호를 가지고 하는 연산활동 이런 걸 전부 다 상징적 활동이라고 불러요. 이 상징적 활동이라는 개념과, 이들 상징적 활동이 인간의 정신에 내적으로 연결되어 있다는 것은 교육에서 아주아주 중요합니다. 상징적 활동을 통해서 정신기능이 내적으로 연결되어 갈수록, 즉 배움에 참여함으로써 내적인 정신과정을 계속해서 발달시켜 갈수록, 인간은 머릿속에 알고 있던 개념들, 알고 있던 문장들, 알고 있던 생각들을 점점 더 정교하게 변형·발달시켜갑니다.

지난시간에 배운 피아제의 인지발달이론도 같은 얘기를 하고 있는 거죠. 인간의 스키마가 대상과의 상호작용을 통해서 내적으로 점점 추상화되어 가는 과정이 감각-운동기, 전-조작기, 구체적 조작기, 형식적 조작기의 순서로 고도화되면서 발달된다고 하는 얘기잖아요. 비고츠키도 같은 의미의 얘기를 하고 있는 거라고 볼 수 있습니다. 다만 비고츠키가 상징적 활동을 통해서 정신기능이 내적으로 고도화되어 간다고 보는 것은, 언어·상징·기호의 세계를 먼저 배워서 알고 있어야 그로써 사고 과정이 완성된다는 얘기를 하고 있는 거죠.

특히 유아교육 현장에서는 이러한 비고츠키의 논점을 눈여겨볼 필요가 있습니다. 초·중등교육에 비하여 유아교육은 놀이와 운동 같은 신체활동과, 말하기·듣기·읽기·글쓰기·이야기하기 같은 언어활동의 자유의 폭이 상당히 넓습니다. 신체놀이활동과 다양한 언어활동을 교과목 학습에 얽매이지 않고 자유롭게 실행해 볼 수 있다는 거죠. 특히 유아교육에서 이 언어표현 활동이 활발해져야 그 이후에 아동기·청소년기의 학습과정에서 "고등정신기능"을 충분히 자극하며 키워나갈 수가 있습니다.

지금까지 비고츠키 인지발달이론의 전체범위를 꿰뚫는 핵심주제를 살펴보았습니다. 언어가 인간의 삶을 결정하는 가장 중요한 장치라는 것, 인간의 발달에 있어서도 특히 인지발달에 있어서도 언어라고 하는 사회적 장치가 가장 중요한 역할을 한다는 것을 알 수가 있었죠.

2 사회문화적 인지발달이론

다음으로는 비고츠키의 사회문화적 인지발달 이론의 핵심 내용과 주요 개념을 살펴보겠습니다. 기본적으로 비고츠키는 발달심리학자입니다. 흔히 비고츠키를 서구의 발달심리학자인 피아제와 많이 비교해서 연구를 하고, 또 논의를 하고 있는데요. 비고츠키의 발달이론을 한마디로 표현한다면 "사회문화적 인지발달이론" 이렇게 말씀드릴 수 있습니다. 피아제의 인지발달이론은 생물학적인 발달에 기반한 개념이라고 그랬죠. 그래서 피아제의 인지발달이론을 "발생적 인지발달이론"이라고 부른다고 했습니다. 그것에 비교해 본다면 비고츠키의 인지발달이론은 사회문화적 인지발달이론이라고 말씀드릴 수 있습니다.

사회문화적 인지발달

사회문화적 인지발달이라는 말은 다음과 같은 뜻입니다. 아동의 인지능력은 대부분 부모님이나 선생님 등과 같은 주변 어른들의 도움을 통해서 이루어집니다. 즉, "주변 어른들과의 상호작용을 통하여 아동의 인지능력이 형성된다"는 개념을 담고 있는 것이 "사회문화적 인지발달"의 의미가 되겠습니다.

사실 심리학자들도 그렇지만 사회학자들의 연구를 통해 보면요, 우리 인간의 의식과 다양한 심리적 특성은, 한 사회의 문화가 형성되는 과정과 마찬가지로, 함께 모여서 생활하는 다른 사람들과의 상호작용을 통해서 형성되는 것이라고 할 수 있습니다. 즉, 공동생활을 함께 하는 주변 사람들과의 상호작용이 우리의 의식과 심리적 특성을 형성하는 데 중요한 기반이 된다는 것이죠.

특히 비고츠키는 '인간의 의식이 사회구조에 의해서 형성된다'는 마르크스주의 사회학의 기본 주장을 발달심리학 연구에 접목시킨 사람입니다. 인지발달이론의 탐구에 마르크스주의 사회학의 기본 전제를 접목시켜서, 인지발달 역시 사회적 구조 속에서 사회적 상호작용 과정을 거치면서 형성된다는 것을 보여주는 학자라고 할 수 있겠습니다.

기본적 정신기능과 지적 적응도구

비고츠키 인지발달이론의 핵심개념은 "기본적 정신기능"이라는 개념과 "지적 적응도구"라는 개념입니다. 이 두 가지 개념은 인간의 심리적 특성 가운데 인지능력과 관련되는 개념입니다.

기본적 정신기능

먼저 "기본적 정신기능"이 무엇인지 살펴보겠습니다. 비고츠키도 피아제와 마찬가지로 인간에게는 발달을 위한 생득적이고 보편적인 요소가 갖춰져 있다고 보았습니다. 즉 인간에게는 인지발달을 위하여 태어나면서 이미 가지고 태어나는 생득적·보편적 심리요소가 있다는 것인데요. 그것은 '주의력', '감각', '지각', '기억'이라고 하는 네 가지 정신기능입니다. 비고츠키는 주의력, 감각, 지각, 기억을 "기본적 정신기능"이라고 불렀습니다. 인간이 태어나면서 가지게 되는 가장 기본적인 심리적·정신적 기능이 △주변 환경에 주의를 나타내는 것[주의력] △그것을 감각기관을 통해서 받아들이는 것[감각] △그러한 자극이 무엇인지 두뇌활동을 통해서 파악하는 것[지각] △그것을 장기기억의 상태로 두뇌 속에 저장해두는 것[기억] 이 네 가지라는 것이죠. 요즘의 뇌과학자들 표현을 빌린다면, 주의력 ⇒ 감각 ⇒ 지각 ⇒ 기억의 네 가지 순서로 우리의 뇌가 활동하여 외부 환경에 대한 지각내용을 받아들이고 있다고 볼 수 있겠습니다.

비고츠키는 이러한 네 가지 기본정신기능 가운데 인지발달에 가장 핵심적인 역할을 하는 것은 "기억"이라고 보았습니다. 바꿔 말한다면, 학습에 가장 핵심적인 역할을 하는 게 기억이라고 생각했다는 것이죠. 여러분. 우리가 학습한다고 하는 것은 배운 내용을 잘 기억해 나가는 것이라고 볼 수 있죠. 그런데 인간의 기억력은 한계가 있어요, 단점이 있습니다. 어떤 겁니까? 시간이 지나면 자꾸 까먹잖아요. 잊어먹잖아요. 그냥 까먹는 게 아니라 아예 전혀 생각이 안 나는 경우도 많죠.

기억력 자체는 망각이라고 하는 특성 때문에 한계가 있습니다. 그래서 각 나라마다, 각 사회문화마다 기억을 보조하는 장치, 기억보조도구를 갖고 있는 것이죠. 인류에게 있어서 기억을 보조하는 도구는 어떤 것이 있습니까? 가장 대표적으로 숫자와 문자로 대표되는 "기호와 상징의 체계"입니다. 문자가 발명되고 숫자가 발명되는 거는 다 기억을 오랫동안 하기 위해서 발명된 것이죠. 옛날에는 기억력이 비상한 사람들이 통째로 머릿속에 내용을 암기해 왔겠지만, 그게 모든 사람에게 똑같이 가능한 일은 아니잖아요? 그런데 기억력을 보조하기 위해서 기록을 해 놓으면 우리는 기억해야 할 내용을 따로 보존할 수 있습니다. 우리가 지금 배우고 있는 것, 생각하고 있는 것들을 일일이 다 기록해 놓는다면 우리는 나중에 그걸 들여다보면서 기억을 되살릴 수가 있어요. 그래서 기호가 발명되고 다양한 상징체계가 발명되는데요, 이것은 다 기억력을 고도화하기 위한 장치들입니다. 인류문명이 발달한다라는 것도 결국 기호와 상징체계가 형성되고 정교화되는 과정이지요. 한마디로 기록장치가 고도화되는 겁니다.

지적 적응도구

특히 유아가 적절한 기호·상징체계를 가지고 자신의 기억을 표상할 줄 알게 되면, 이때부터 유아의 기억력은 비약적으로 증진됩니다. 자기가 경험한 것을, 자기가 눈으로 보고 귀로 듣고 손으로 만지고 했던 것을 이제 기호와 상징체계로 표상하게 되면, 기억력이 더 심화된다는 것입니다. 기억을 표상하고 심화하는 수단인 상징과 기호체계를 비고츠키는 "지적 적응도구"라고 불렀습니다. 이 지적 적응도구는 아동이, 자신이 가지고 있는 기본적 정신기능을 좀더 자유롭게 적응적으로 사용할 수 있게 해주는 아주 중요한 장치입니다. 아이들이 글자를 배우고, 숫자를 배우고, 그림을 그릴 줄 알게 되면 아이들은 경험한 바를, 기억하고 감정을 느끼고 파악한 내용들을 좀더 여러 가지 다양한 상황에 적용해서 활용해 볼 수 있게 되는 것이죠.

그런데 이 지적 적응도구라는 것은 아이들이 저절로 깨달아 알게 되는 게 아닙니다. 반드시 누군가로부터 배워서 습득해야 하는 것이죠. 즉 지적 적응도구는 한 사회 혹은 문화가 그 구성원들에게 제공하는 것입니다. 자, 우리는 맨 처음에 누구한테 말을 배웠습니까? 누구한테 처음 글자를 배웠습니까? 숫자를 배웠습니까? 나 혼자 터득한 게 아니라 누군가로부터 배운 거죠. 가장 일차적으로는 부모님에게 배웠죠. 나와 여러분들을 양육하는 주된 양육자인 엄마·아빠에게서 말을 배우고 숫자를 배우고 글자를 배웠던 거죠.

이러한 지적 적응도구, 기호와 상징의 체계, 아동의 지적 적응을 돕는 문화적 도구 가운데 가장 중요하고 가장 대표적인 것이 바로 "언어"입니다. 한 사회의 언어체계, 이것을 배울 때 우리는 비약적으로 지적 능력을 축적해 나가는 것이죠. 이 점에서 아동이 언어를 배우는 과정은 인지발달에 있어서 매우 중요한 계기가 됩니다. 비고츠키의 이론을 언어발달과 인지발달의 관계 아래 도식화한다면, "언어발달은 지능발달을 이끌어낸다."고 말할 수 있습니다. 즉 말을 배우면, 그 말을 배우는 과정과 그 결과의 축적에 따라 유아의 인지발달이 일어난다 라는 것이죠.

이와 반대로 피아제는 인지 과정 곧 인지구조[스키마]가 정교화될 때, 즉 지능발달이 진행이 될 때, 그러한 지능발달을 토대로 언어발달이 이루어진다고 생각했습니다. 인지발달을 통해서 언어를 습득하고 언어를 발달시킨다고 본 게 피아제의 입장입니다. 반대로 비고츠키는 언어를 배우면 그 언어를 배우고 활용하는 과정을 통해서 유아의 지능이 발달된다고 생각했습니다.

3 비고츠키의 '사회문화적' 교육이론

그러면 언어를 습득한 이후에 체계적으로 진행되는 교육의 과정은 어떤 개념과 원리에 입각해서 이루어져야 할까요? 비고츠키는 교육의 과정 속에서 우리가 유념해야 할 중요한 개념 두 가지를 제시해 줍니다. 그것은 "근접발달영역(近接 發達 領域)"이라는 개념과 "비계설정(飛階 設定)"이라는 개념입니다.

비고츠키는 학습에서 아동에게 중요한 지식의 발견은 아동 스스로의 탐색으로 이루어지는 것이 아니라고 보았습니다. 학습의 과정에서 아동이 수행하는 지식의 발견은 부모나 선생님같이 아동 자신보다 능력 수준이 높은 존재가 옆에서 학습의 과정을 도와줌으로써 이루어진다 라고 보았습니다. 우리가 학교를 다니고 학원을 다니고 하는 이유가 여기에 있죠. 나보다 능숙한 사람한테서 그 사람이 알고 있는 지식과 기능을 배우려고 하는 것 말입니다.

그런데 비고츠키가 보기에 배움의 과정은 성인과 아동 사이에 일방적으로 이루어지는 활동은 아닙니다. 이 과정은 교사와 아동이 꼬리에 꼬리를 물고 대화하며 함께 작업하는 활동 과정이었습니다. 요컨대, 비고츠키가 보기에 학습의 과정은 성인 교사와 아동 학습자 사이에 일어나는 협동적·상호작용적 대화의 과정이었다 라는 것입니다. 성인 교사와 아동 학습자 사이의 협동적 대화, 이것이 아동의 인지발달을 촉진시키는 핵심 장치라는 것이죠.

학습의 과정에서 성인과 아동 간의 협동적 대화를 통하여 아동의 인지발달을 촉진시켜 나가는 과정은, 비고츠키에 따르면, "근접발달

영역"과 "비계설정"이라는 두 가지 방법을 통하여 이루어집니다.

근접발달영역

근접발달영역((近接 發達 領域 zone of proximal development) 이란 "아동이 혼자 힘으로 문제를 해결할 수 있는 실제적 발달 수준과, 다른 사람의 도움과 격려를 받으면 문제를 해결할 수 있는 잠재적 발달 수준 사이의 격차"를 말합니다. 그러니까 문제해결이라는 측면에서 발달을 들여다보면요, 아동이 남의 도움 없이 혼자서 스스로 문제를 해결할 수 있는 발달의 수준이 있어요. 이것을 "실제적 발달 수준", "현재의 발달 수준"이라고 할 수 있겠죠. 그런데 주변 다른 사람의 도움을 받고 다른 사람의 칭찬과 격려를 받으면, 자기의 현재 수준보다 더 높은 문제를 해결할 수가 있어요. 그것을 "잠재적 발달 수준"이라고 불러요. 이 실제적 발달 수준과 잠재적 발달 수준 사이의 간격을 "근접발달영역"이라고 합니다.

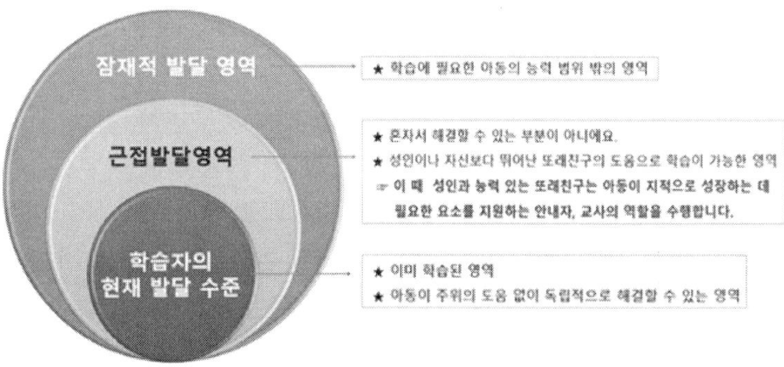

그림 7 근접발달영역 개념도

발달의 과정에서 아동은 첫 번째, 혼자의 힘으로 문제를 해결할 수 있는 영역; 두 번째, 혼자 힘으로는 해결하지 못하지만 다른 사람이 도와주면 문제를 해결해 나갈 수 있는 영역; 그리고 세 번째, 다른 사람이 도와준다고 해도 도저히 문제를 해결할 수 없는 영역 이렇게 세 가지 문제 수준을 접하게 됩니다.

자, 이걸 도식화해보면 학습자의 현재의 발달 수준이 있어요. 이것은 아동이 주위의 도움 없이 독립적으로 문제를 해결할 수 있는 영역이죠. 이것은 이미 학습이 되어있는 영역입니다. 아동이 이미 학습을 해서 혼자 다 풀어나갈 수 있는 그런 지식의 영역이에요.

그 위로 근접발달영역이 있죠. 이것은 혼자서 해결할 수 있는 부분은 아닙니다. 그렇지만 어른이나 자기보다 뛰어난 또래친구가 도와주면 학습이 가능한 영역이에요.

그 다음에 맨 꼭대기에 잠재적 발달 수준이 있죠. 이것은 학습에 필요한 아동의 능력과 범위를 넘어서는 영역이에요.

하지만 현재 발달 수준에서 조금 더 높은 근접발달영역의 학습을 어른이 도와주고, 자기보다 지적 능력이 뛰어난 또래친구가 도와주면 근접발달영역 안에 있는 과제를 풀어나갈 수가 있습니다. 근접발달영역의 과제를 자꾸 풀다 보면 이제 선생님이나 부모님이나 혹은 공부 잘하는 또래친구의 도움 없이도 혼자서 문제를 풀 수 있는 단계가 돼요. 그러면 근접발달영역은 이제 학습자의 현재적 발달 수준, 실제적 발달 수준이 되겠죠. 그리고 근접발달 영역보다 더 높은 곳에 그러니까 과거에는 잠재적 발달영역이었던 곳에 근접발달영역이 형성됩니다. 그리고 근접발달영역보다 더 높은 곳에 잠재적 발달영역이 자리하게 되는 것이죠.

유아교육이나 초·중등교육에서 학습에 있어서 가장 중요한 것이 바로 이 근접발달영역의 학습입니다. 근접발달영역은 혼자서는 해결할 수 없지만 다른 사람이 도와주면 해결할 수 있는 문제 영역이라고 했어요. 교사는 학생들의 근접발달영역을 확인한 후 학생들이 혼자서는 해결하지 못하지만 자기보다 성취수준이 높은 사람이 도와주면 해결할 수 있는 과제를 제시해서 학습을 순차적으로 이끌어가게 됩니다. 그리함으로써 실제적 발달 수준이 낮은 학생이라고 해도 근접발달영역을 확인하여 그 범위 내에서 지도를 반복하게 되면 실제적 발달 수준이 높아지게 됩니다. 그리고 그러한 결과로 다시 근접발달영역도 좀더 상향·확장되게 되는 것이죠. 한마디로 발달 수준이 계속 높아지는 거예요.

비계설정

이때, 실제적 발달 수준에서 근접발달 수준으로 아동의 학습을 촉진시켜 가고자 할 때, 교사가 반드시 해야하는 활동으로서, 비고츠키는 "비계설정((飛階 設定 scaffolding)"이라는 개념을 제시하고 있습니다. 비계설정, 스캐폴딩은 협동적 대화를 통하여 아동의 인지발달을 촉진하는 방법입니다. 비계설정은 다른 말로는 '발판화'라고 부릅니다. 발판화가 뭐냐면요. 발판을 놓는다, 그런 뜻이에요. 그러니까 우리가 높은 곳에 올라갈 때 키가 안 닿으면 발판을 놓고 그 위에 올라가죠.

학습의 초기 단계에는 성인 교사의 도움과 지도가 있어야 합니다. 이때 이루어지는 성인 교사의 도움과 지도를 스캐폴딩, 비계설정, 발판화라고 합니다. 아동의 학습이 진전되면 점차로 비계를 설정하는 정도가 줄어들게 되고요. 나중에는 교사가 비계를 설정하지 않아도 아동이 스스로 과제를 해결해 나갈 수 있게 됩니다. 학습에서 비계를 설정하는 이유는 아동 혼자서는 학습하기 어려운 지식이나 기능을 학습자가 효과적으로 습득하는 데 도움을 주기 위해서입니다.

그림 8 스캐폴딩(비계설정) 개념도

지금, 여러분, 세 장의 사진을 보고 계시는데요. 맨 왼쪽의 사진은 건물을 건축하는데 바깥쪽에 뼈대를 쭉 철근으로 세워놓고, 철봉처럼 또 뼈대를 세워놓고, 사다리 계단을 놨죠. 이게 비계입니다. 사진에서 보듯이 비계는 원래 건축용어예요. 건물 층수를 올릴 때 건축 자재를 갖고 같이 올라가야 되잖아요. 그 건축 자재를 올리기 위해서, 그리고 건물이 똑바르게 올라가는지 그걸 측량하기 위해서 건물 외벽에 이렇게 뼈대를 세우고 계단을 만듭니다. 이걸 비계라 그래요. 나중에 건물이 다 완성이 되면 밖에 있는 비계를 치우는 거죠.

학습에서의 스캐폴딩이라는 개념을 잘 이해하기 위해서 두 번째 그림을 봅시다. 두 번째 사진은 강아지가 소파 위로 올라가는 장면이에요. 그런데 어디를 딛고 올라가고 있습니까? 그렇죠, 계단이죠. 사진에 삼단으로 된 강아지 계단이 있는데요. 이게 뭐 하는 거냐면요. 강아지들은 일반적으로 실내에서 소파 위로 잘 올라갈 수가 없어요. 소파가 높기 때문이죠. 강아지의 걸음 혹은 강아지의 점프력을 넘어서니까 강아지가 소파 위로 올라갈 수가 없어요. 그런데 이렇게 삼단으로 된 계단을 소파에 갖다 붙여주면, 어때요? 강아지가 계단을 한 칸 한 칸 올라가서 맨 마지막에는 소파 위에 올라갈 수 있겠죠. 스캐폴딩이라는 건 이렇게 소파에 강아지가 잘 올라갈 수 있도록 덧대주는 삼단 계단 장치를 말합니다.

오른쪽의 그림을 보시면요. 유아가 학습활동을 하고 있습니다. 그런데 그 옆에 어른이 있어요. 네, 선생님이겠죠. 유아보다는 조금 나이가 있어보이는 게, 초등학교 저학년 아동 같기도 하네요 아무튼 이 아이가 지금 과제를 수행하는데, 옆에서 선생님이 지시 활동을 해주고 있습니다. 선생님의 이러한 지시 활동 혹은 격려 활동, 학습촉진 활동 이것을 스캐폴딩이라고 불러요. 아동이 지식과 기능을 내면화하여 혼자서 독자적으로 문제를 풀 수 있게 되면, 이제 스캐폴딩은 종결됩니다.

자, 정리해보겠습니다. 비계설정이 뭐예요? 비계설정이란 교사가 교수·학습의 과정에서 "아동에게 어떤 인지적 도움을 제공하면 적절할지를 결정하고 실행하는 과정"을 비계설정이라고 합니다. 근접발달영역 안에서 비계설정을 통하여 학습을 촉진해 나가는 과정은 "유도된 참여"와 "협동적 학습"으로 이루어집니다. 이제 유도된 참여와 협동적 학습을 공부해 보겠습니다.

유도된 참여

유도된 참여(guided participation)란 학습 과정에서 학습자의 참여가 교사에 의해서 세밀하게 지도·유도되어야 한다는 것을 말합니다. 즉 유도된 참여란 교사가 아동에게 학습지도를 할 때, ①비계설정을 해나가면서, ②아동이 학습목표를 제대로 달성할 수 있도록, ③아동이 수행해야 하는 행동들을 인지적·행동적으로 잘 계열화하고, ④ 이러한 계열의 기반 위에서 학습의 진행 경로를 단계별로 제시하는 것을 말합니다. 그러니까 첫째로, "학습의 각 단계를 순차적으로 제시해 나가는 것"; 둘째로, "학습자가 계열성 있게 학습활동을 순차적으로 수행해 나갈 수 있도록 학습의 과정을 이끌어 나가는 것"을 학습에서의 유도된 참여라고 합니다.

유도된 참여는 학습의 계열성을 적절하고 정확하게 달성함으로써, 학습이 효과적으로 다음단계로 발전해 나갈 수 있도록 하는 교육학적 기술입니다. 이는 후대에 스키너(B. F. Skinner)라고 하는 심리학자에 의해서 "프로그램 학습(program learning)"이라는 모델로 완성이 됩니다. 스키너의 프로그램 학습원리는 우리가 나중에 행동주의 학습이론을 공부할 때 다시 한번 살펴볼 겁니다. 대부분의 학습 과정은, 프로그램 학습의 원리에 따라서, 계열화된 학습과제를 순차적으로 수행하도록 하는 프로세스로 만들어져 있다고 할 수 있습니다.

협동적 학습

협동적 학습(co-operative learning)은 학습의 과정에서 학습자로 하여금 의도적으로 기획된 상호작용 활동을 수행함으로써, 근접발달영역 내에서의 인지발달을 촉진하려는 학습방법입니다. 인간의 학습은 혼자서 할 때보다는 같은 주제를 다루는 여러 명이 모여서 함께 할 때 더 많은 성취와 깨달음을 가져올 수 있습니다. 우리가 과제를 해결할 때, 혼자서 과제를 푸는 것보다 여러 사람이 모여서 팀으로 과제를 수행하면 과제를 더 수준 높게 해결할 수 있다는 것이죠.

이런 것은 꼭 학습만이 아니라 팀을 짜서 게임활동을 할 때도 마찬가지입니다. 온라인 게임에서는 길드를 만들어서 같이 공략하고 그러잖아요. 그러면서 자연스럽게 혼자 할 때보다 훨씬 더 많은 레벨의 경험치를 습득하게 되죠. 이러한 과정은 근본적으로 비고츠키가 얘기하는 협동적 학습의 원리가 적용된 사례라고 할 수 있습니다.

일반적으로 교실수업이라고 하는 것은 그 형태와 내용상 협동적 학습의 특성을 기본적으로 갖게 됩니다. 교사와 학생의 협동, 학생과 학생의 협동이 바로 그것이죠. 교실에서 교사와 학생, 학생과 학생 간의 상호작용과 협동을 증진시켜 나갈수록 학생 개개인의 학습에서의 성장과 발달은 더욱 더 촉진된다고 보는 관점이 협동적 학습 개념입니다.

4 피아제 이론과 비고츠키 이론의 비교

이제 마지막으로, 피아제 이론과 비고츠키 이론이 서로 어떻게 다른지, 피아제 이론과 비고츠키 이론을 비교해 보겠습니다.

표 2 피아제와 비고츠키 비교표

	피아제	비고츠키
인지발달	추론적 사고(수학적 사고의 발달)	언어적 사고의 발달
학습	발달이 학습을 주도	학습이 발달을 주도
언어	인지발달의 결과로 언어가 발달	언어발달의 결과로 인지가 발달
내적 언어	익숙한 사고를 표현	문제해결의 핵심수단
학습방법	자기주도학습	협동학습
발달의 방향	내부 ⇒ 외부 (발생적 발달)	외부 ⇒ 내부 (사회문화적 발달)
상호작용	물리적 환경과의 상호작용	사회적 환경과의 상호작용

피아제와 비고츠키 둘 다 인지발달을 연구한 발달심리학자입니다. 그런데 피아제의 인지발달이론의 핵심은 한마디로 "수학적 사고의 발달", 다른 말로는 "추론적 사고의 발달" 과정을 연구한 거라고 정리할 수 있습니다. 피아제의 인지발달이론은 수학적 사고 또는 추론적 사고가 어떤 경로와 과정을 거쳐서, 어떤 단계별로 발달하느냐를 보여주는 이론입니다. 이에 비하여, 비고츠키의 인지발달이론은 "언어적 사고의 발달"을 연구한 거라고 할 수 있습니다. 단어를 배우고, 개념을 파악하고, 짧은 구절을 만들고, 그 구절을 덧붙여서 하나의 완성된 문장을 만들고, 여러 문장을 논리적·사실적으로 연관시키면서 긴 문장을 만들고 하면서, 이렇게 언어적 사고가 발달하는 과정을 탐구한 것이 비고츠키 인지발달이론의 초점이라고 하겠습니다.

피아제는요, 학습에 대해서는 어떻게 생각을 했냐면요, 발달이 학습을 주도해 나간다고 생각했습니다. 즉 피아제의 경우에는 발달이 먼저 일어나고, 그 발달의 수준에 따라서 학습이 이루어져 나간다고 생각했어요. 발달이 학습을 이끌어 나가는 겁니다. 그렇지만 비고츠키는 학습과 관련해서 발달을 어떻게 생각했냐면, 학습이 선행되면 그 학습의 수준이 발달을 유도해 나간다고 생각을 했어요. 학습이 발달을 주도해 나간다 라는 것이죠. 물론 이러한 견해는 나중에 피아제 이론을 바탕으로 해서 교육과정 이론을 만든 브루너(J. S. Bruner)라는 학자에 의해서 "학습이 발달을 촉진한다"고 하는 교육원리로 종합이 됩니다.

피아제 이론과 비고츠키 이론이 가장 극명하게 대비되는 영역은 언어발달 부분이었습니다. 피아제는 아동의 인지가 발달하면 그 결과로 언어가 발달한다고 생각했습니다. 자신의 논문에서 이것을 규명하느라고 많은 글을 썼죠. 많은 실험과 관찰과 논문 발표를 통해서, 피아제는 인지가 발달하면 그 인지 발달의 수준에 따라서 언어가 정교해진다고 주장했습니다. 그런데 비고츠키는 반대로 생각을 했어요. 언어가 발달하여야 언어발달의 결과로 인지가 발달한다고 생각했습니다. 왜냐하면, 비고츠키에게 있어서 인지라는 건 문제를 해결하는 능력인데, 이 문제를 해결하는 능력은 상징체계를 능숙하게 다룰 줄 알아야 가능한 겁니다. 자, 상징체계를 능숙하게 다루는 과정이 뭐예요? 이건 바로 언어발달의 과정, 언어학습의 과정이잖아요.

피아제나 비고츠키나 언어발달의 과정에서 학습과 관련해서 중요하게 생각하는 게 내적 언어라는 개념인데요. 물론 피아제의 경우에는 이 내적 언어가 인지발달을 촉진하는 기제가 되지는 못합니다. 단순히 과제를 행할 때 자신에게 익숙한 사고와 감정을 나타내는 사고표현, 정서 표현의 기능을 담당한다고 생각했어요. 그래서 피아제에 있어서 내적 언어라고 하는 것은 유아가 자기중심성을 드러낼 수밖에 없는, 자기중심성에 갇힐 수밖에 없는 그런 수준의 언어입니다. 그래서 내적 언어라고 하는 게 인지발달을 이끌지는 못한다고 본 게 피아제였어요. 반대로 비고츠키의 경우 내적 언어 곧 자기언어라고 하는 것은 문제를 풀어나가는 지적 능력의 핵심이라고 할 수 있습니다. 내적 언어를 사용해서 아동은 문제를 풀어나가더라, 내적 언어가 정교하게 발달할수록 문제를 해결하는 역량이 더 높아지더라 라는 것이죠.

학교에서의 학습방법에 대해서도 피아제 이론을 적용해 본다면 자기주도 학습이 피아제의 이론에 가장 부합하는 학습방법이라고 할 수 있습니다. 아동은 적극적·능동적으로 주변 상황을 파악하고 분석해 나가면서 인지적 동화와 조절, 인지적 평형화, 이것을 계속 시도한다라는 것이죠. 반면에 비고츠키는 설령 자기주도 학습이 진행되는 과정이라고 할지라도 성인 교사가, 부모님이, 또는 학업성취 수준이 높은 동료가 학습을 도와준다면 아동이 더 높은 수준의 학업성취를 할 수 있다고 보았습니다. 그래서 제시하는 개념이 협동적 학습의 개념이죠. 여럿이 함께 공부하는 게 더 학업 성취도가 높아진다라는 의미입니다.

정리해볼까요? 피아제 인지발달이론은 발달의 방향이 아동의 내부에서 아동의 바깥으로 향합니다. 내부에서 외부로 방향성이 설정되어 있어요. 이걸 우리는 "발생적 발달"이라고 하겠습니다. 즉 유전자에 들어 있는 발달의 원리가 아동의 신체활동을 통해서 외부화되는 게 발달이라고 보는 거죠.

반면에 비고츠키의 경우는 발달의 방향이 반대입니다. 외부세계로부터 아동의 내부세계로 들어가는 형태입니다. 자, 외부세계에서 뭐가 들어와요? 언어·상징체계가 아동의 정신세계로 들어가는 것이죠. 어른들이 가르쳐주는 언어와 문자와 숫자와 상징체계의 지식들이 아동의 정신세계 속으로 들어가면서 아동은 "사회문화적으로 발달"한다고 보는 게 비고츠키의 이론입니다. 따라서 피아제와 비고츠키의 경우 인지발달을 촉진하는 상호작용의 대상이 사뭇 다르다고 할 수 있습니다. 피아제의 경우는 "주변 물리환경과의 상호작용"이 아동의 인지발달을 이끄는 중요한 장치가 되겠죠. 이와 달리 비고츠키의 경우는 주변 사람들 주로 자기보다 발달수준, 성취수준이 높은 사람과의 사회적 상호작용 즉 "주변 사회환경과의 상호작용"이 발달에 중요한 영향을 주는 핵심기제라고 할 수 있겠습니다.

다섯 번째 강의 성격의 발달

이번 시간에는 성격의 발달에 대해서 공부해 보겠습니다. 교육심리 시간에 성격의 발달을 공부하는 것은 두 가지 이유가 있습니다. 하나는 성격이 발달하는 과정을 살펴보면 성격발달은 일련의 교육 또는 학습이 진행되어 나타나는 것이기 때문입니다. 다른 하나는 교육 및 학습의 과정에서 학습자의 성격요인이 학업성취에 영향을 주는 중요 요인이 되기 때문입니다. 어느 쪽이든 성격과 학습은 서로 영향을 주고받는 밀접한 관계를 갖습니다. 맨 먼저 성격이 무엇인지, 성격의 본질에 대해서 알아봅시다.

1 성격이란 무엇인가

여러분, 첫 번째 강의에서 행동주의 심리학이라는 게 있다고 안내해 드렸죠? 심리학의 여러 분파 가운데에 가장 영향력이 크고 가장 많이 연구되는 영역이 행동주의 심리학입니다. 이 행동주의 심리학은, 그 명칭에서도 드러나듯이, 심리학에 대한 탐구를 행동에 초점을 두고서 진행하는 이론입니다. 행동을 통해서 인간의 심리를 들여다보겠다는 것이죠. 이 행동주의 심리학에서는요, 인간의 행동이 환경의 자극 때문에 일어난다고 봅니다. 즉 주변 환경의 특정한 자극 때문에 우리의 특정한 행동이 발생한다 라는 것이죠.

그런데 사람마다 똑같은 환경 속에서 똑같은 자극을 받는데 서로 다르게 반응하고 행동하는 경우가 있습니다. 예컨대, 지금 한여름이라고 해봐요. 지금 밖에 매미 소리가 엄청나게 크게 들리고 있다고 합시다. 자, 이 매미 소리가 엄청나게 커요. 어떤 사람은 이 매미 소리가 시끄러워가지고 짜증이 나고, 그래서 일에 집중하지 못하고, 이러는 경우가 있어요. 그런데 또 어떤 사람은, 매미 소리를 들으면서, 이 매미 소리가 똑같은 패턴으로 반복되는 백색 소음이라고 할까요? 이런 측면이 있으니까 오히려 특정 대상에 집중을 잘하고, 그래서 특정한 행동 내지 활동을 효과적으로 수행하는 경우도 있어요. 드라마를 봐도 어떤 사람은 그 드라마 내용에 푹 젖어가지고 막 눈물을 뚝뚝 흘리면서 보는 사람도 있고요. 또 어떤 사람은 저게 무슨 재미가 있어 이러면서 그냥 데면데면하게 드라마를 보는 경우도 있겠죠.

사람마다 같은 환경, 같은 자극 속에서도, 서로 다르게 반응하고 행동하는 이유가 뭘까 하는 것을 관심 있게 탐구하다 보니까 이런 경우에는 주어진 환경 말고 다른 요인이 작용을 해서 행동의 반응이 서로 다르게 나타나는가 보다 라고 생각하게 되었습니다. 그래서 행동을 유발하는 환경자극에 초점을 두는 거 말고, 즉 환경자극이라는 요인 말고, 우리의 특정 행동을 결정하는 다른 요소는 뭐가 있을까 하고 찾아보니까, 그중에서 가장 대표적인 것으로서 찾아낸 게 바로 성격이라고 하는 요인이었습니다. 무슨 말이냐 하면, 사람마다 똑같은 상황에서 똑같은 행동을 하지 않는 이유가 그 사람의 특정한 성격이 작용해서 그런 거다 라고 하는 것이죠.

사람은 성격에 따라서 같은 상황이어도 서로 다른 반응을 보이고 서로 다른 행동을 합니다. 성격이 급한 사람과 성격이 느긋한 사람, 욱하는 성격이 있는 사람과 차분한 성격을 가진 사람은 같은 사건을 당하더라도 서로 다르게 반응하고 행동하겠죠. 그래서 우리는 어떤 사람의 성격을 이해하면 그 사람이 왜 그렇게 행동했는지 이해할 수가 있게 됩니다. 또 그 사람이 앞으로 어떻게 행동할지도 예측해 볼 수가 있습니다.

성격의 개념

심리학에서는 성격을 "한 개인의 행동에 일관성 있게 나타나는 심리적인 특성"이라고 정의합니다. 즉 성격이라는 말은 "일관성 있는 행동을 이끌어내는 심리 상태"를 뜻합니다. 예컨대, 막 행동이 이랬다 저랬다 변덕스러워요. 성격이 변덕스러운 성격이예요. 이렇게 변덕스러운 성격이면 매사 변덕스럽게 행동하는 일관성이 있다고 보는 거예요. 성격은 "한 개인이 자신의 환경에 반응하는 특징적인 양식"입니다. 성격은 주어진 환경에 특징적으로 반응하는 독특한 양식, 독특한 스타일이에요. 그래서 성격은 나를 다른 사람과 구별시켜주는 중요한 특질이 됩니다. 이 점에서 "한 개인을 다른 사람과 구별되게 하는 독특하고 일관성 있는 사고·감정·행동방식의 총체"를 성격이라고 합니다. 성격은 생각하는 영역, 감정을 느끼는 영역, 그리고 행동하는 영역, 이 세 가지 영역이 합쳐져 있는 거예요. 생각과 감정과 행동체계가 합쳐진 게 성격입니다. 즉, 성격은 사고, 감정, 행동이 서로 영향을 주고받으며 유기적으로 연결되어서 나타나는 전체적인 특성을 갖습니다.

그런데 성격은 우리가 처한 환경에 대처하면서 드러나는 거예요.

그러니까 내가 가만히 혼자 있으면 성격이 안 나타나요. 내가 특정한 상황, 특정한 환경에 처했을 때, 그때 상황 또는 환경에 어떻게 반응하고 대처하느냐 하면서 자연스럽게 드러나는 게 성격입니다. 그래서 성격은 사람마다 비슷한 면도 있겠지만, 성격이 다 다른 거죠. 그렇기 때문에 성격은 우리를 다른 사람들과 구별시켜주는 내면적 특성이 됩니다. 성격은 사람마다 다르기 때문에 각 사람을 구별시켜주는 심리적 특성이라고 볼 수 있어요.

성격의 특징

성격은 대표적으로 다음과 같은 네 가지 특징을 갖습니다. 첫 번째로, 성격은 "사람들을 서로 구별해주는 기질적 특성"입니다. 성격은 사람들을 서로 구별해주는 기질적 특성상의 차이점입니다. 성격이 서로 다르다는 건 사람들이 가지고 있는 기질적 특징이 서로 다르다는 뜻이지요. 우리는 사람들을 성격으로 서로 구별해 볼 수 있습니다. 대표적인 예로 MBTI 성격유형검사를 들 수 있습니다.

성격의 두 번째 특징은 "일관성"입니다. 성격은 "여러 가지 상황 속에서도 비교적 일관성 있게 나타나는 사고 및 행동방식"이라고 볼 수 있습니다. 그러니까 성격이라는 것은 생각하고, 감정을 느끼고, 행동하는 '방식'인데요. 이게 다양한 여러 상황 속에서 비교적 일관성 있게 나타나요. 그러니까 어떤 사람이 성격이 급하다라고 표현한다면, 이 사람은 대부분의 상황 속에서 급하게 생각하고 감정을 느끼고 행동을 한다라는 뜻이죠. 반대로 느긋한 성격이다, 혹은 게으른 성격이다 라고 해봅시다. 그러면 이 사람은 대부분의 상황 속에서 느릿느릿 마치 나무늘보처럼 행동하고 생각하고 감정을 표현한다 라는 것이죠.

성격의 세 번째 특징은 "우리가 환경에 대응하는 방식"이라는 점입니다. 여기서 환경은 물리적인 환경과 심리적인 환경으로 나눠볼 수 있는데요. 그중에서도 심리적인 환경, 특히 다른 사람들과의 인간관계 즉 대인관계에서 성격은 매우 중요한 역할을 합니다. 사실 우리가 나 혼자 집에서, 방구석에서 활동한다, 생활한다라고 하면 성격이 크게 문제시되지 않을 겁니다. 그런데 우리는 집에서 가족 구성원을 대하든, 대문 밖을 나가서 학교에 가든, 아니면 나중에 졸업하고 취업해서 직장에 가든, 여러 명의 다른 사람들과 사회적 관계 곧 인간관계를 맺잖아요. 대인관계를 겪어 나가잖아요. 바로 이 지점, 대인관계에서 성격은 매우 중요한 역할을 합니다. 성격에 의해서 대인관계의 질과 양, 또는 대인관계의 특정한 측면들이 서로 다르게 형성될 수 있다는 것이죠.

네 번째 특징으로, 성격은 "한 개인이 가지고 있는 다양한 기질적 특성들이 서로 조직되고 통합되어 전체로서 작용"합니다. 그러니까 성격은 분절된 것이 아니라 통합되어 있는 전체적인 거예요. 성격이라고 하는 건 우리가 가지고 있는 생각과 감정과 행동의 다양한 요소들이 서로 응집되고 결집되어서 커다란 덩어리로 형성이 되는 겁니다. 성격에는 인지, 사고, 감정, 행동의 여러 요소들이 인격이라고 하는 요소 속에서 서로 통합되어 있어요.

마치 이런 거 한번 상상해 보실래요? 사진이 있어요. 그런데 그 사진을 계속, 여러 장의 사진을 계속 모아서 붙여놓습니다. 그리고 붙여놓은 그 사진들을 멀리서 바라보면 특정한 형상으로 보이는 겁니다. 영화나 드라마 같은 데서 많이들 봤잖아요. 사진이 아니라 조그만 타일이라고 해도 돼요. 타일을 쭉 붙여서 멀리서 전체를 보니까 특정한 모양이 나오더라. 이걸 수학에서는 패턴 또는 프랙탈이라고 하죠. 성격이라는 건 이런 겁니다. 우리의 생각과 행동과 감정의 요소들이 타

일이나 사진 한 장처럼 형성되어 있는데, 이게 서로 연결되고 엽합되고 융합되어 전체적으로 응시해보면 하나의 그림이 뚜렷하게 나타나는 형태, 이게 성격은 전체적인 것, 통합적인 것이다 라고 하는 의미가 될 수 있을 거예요.

성격을 형성하는 요인

성격을 형성하는 요인은 어떤 것들이 있을까요? 일반적으로 성격을 형성하는 요인은 크게 유전적인 요인과 환경적인 요인 둘로 나눠볼 수 있습니다. 사람의 성격은 부모님을 닮기도 하고요, 자라는 환경에 영향을 받기도 합니다. 부모로부터 물려받은 유전자와, 어릴 때의 양육환경과, 그리고 커나가면서 겪게 되는 교육환경, 이런 것들이 복잡하게 얽혀서 성격 형성에 큰 영향을 줍니다. 심지어는 직장생활이나 결혼생활에서의 환경요소도 성격의 형성에 영향을 미치지요. 심리학자들이 연구한 바로는 유전자의 영향이 제일 크고요, 두 번째로는 어릴 때의 양육 환경이 그다음으로 영향력이 큽니다. 자라나면서 겪어나가는 교육환경이 그다음 순, 나중에 직장생활이나 결혼생활을 하게 되면서 겪는 사회적 환경이 그다음 순, 이렇게 성격을 형성한다고 봅니다.

여기서 유전과 함께, 유아 시절의 양육환경은 성격을 좌우하는 가장 커다란 요인입니다. 즉, 환경적 요인 가운데에 어린 시절의 양육환경은 한 개인의 성격을 좌우하는 가장 중요한 요인입니다. 특히 성격 형성에 있어서 부모의 육아방법과 양육태도는 아주 큰 영향을 미쳐요. 또한 가족 구성이 어떻게 되느냐에 따라서도 성격 형성의 영향력이 달라지는데요. 예를 들면, 대가족 가정에서 성장하느냐, 핵가족 가정에서 성장하느냐, 한부모 가정에서 성장하느냐에 따라 성격 형성의 내용성이 달라집니다. 그다음에 형제자매가 몇 명이나 되느냐 이런 것도 성격 형성에 중요한 환경 요인이 됩니다. 재미있는 게요, 다둥이 집안이라고 그래봐요. 형제가 여러 명일 때 이 아이가 첫째냐 둘째냐 셋째냐 혹은 막내냐에 따라서 형성되는 성격이 달라져요. 누나들이 많은 집안의 막내 남동생이나 오빠들이 많은 집안의 막내 여동생은 어떤 성격이겠어요?

그 다음에 부모님의 교육수준이 어느 정도냐, 가정의 경제적 환경은 어느 정도냐, 그리고 가정의 사회적 지위가 어느 정도에 놓여 있느냐 이런 것들도 아주 중요하게 성격을 형성하는 요인이 돼요. 심지어는 가족 구성원들 간의 상호작용의 질을 나타내는 인간관계, 거주지역의 주변 물리환경, 사회환경, 문화환경 이런 것들이 전부 다 성격 형성에 크게 영향을 주는 환경적 요인들입니다. 이건 결국 뭐예요? 결국 인간의 성격을 형성하는 요인은 특히 환경적 요인은 너무나도 많다라는 거예요. 그러면 이렇게 생각해 볼 수 있겠죠. 내가 왜 이런 성격일까 라고 할 때, 이러한 성격을 형성하도록 한 요인은 너무나 많아서 어떤 요인이 원인이 됐는지는 좀 따져보기가 힘들다, 이렇게 생각할 수 있어요.

그런데요, 심리학자들이 우리가 '내 성격이 왜 이렇지?'라고 생각할 때 그 성격에 가장 크게 영향을 주는 요인이 뭔지를 굳이 찾아내 봤는데요. 심리학자들에 따르면 어린 시절에 나를 키운 부모님, 그중에도 나를 가장 많이 접하면서 키운 제1의 양육자의 양육태도와 양육방식이 나의 성격 형성에 가장 커다란 영향을 미친다고 해요. 그러니까 전통적인 가족관계, 전통적인 가정의 양상이라면 제1회 주된 양육자는 엄마겠죠. 우리 엄마가 나를 키울 때 어떤 양육태도를 가지고 어떤 양육방식으로 나를 키웠느냐 즉 나의 행동을 어떻게 규율하고 통제하고 반응해 줬느냐 하는 게 나의 성격 형성에 가장 크게, 그리고 가장 중요하게 영향을 미쳤다는 거예요.

2 성격 형성의 심리적 토대

지금까지 성격의 개념과 특성을 심리학적 측면에서 살펴보았습니다. 그리고 성격의 형성에 영향을 미치는 유전적 요인과 환경적 요인도 살펴보았습니다. 핵심은 성격이란 나를 다른 사람들과 구별해주는 심리적·인성적 특성들의 집합이라는 것이었습니다. 여기서 성격의 중핵이랄까요, 뼈대랄까요, 성격이 형성되는 주체에 대해서도 한번 생각해볼 필요가 있을 것 같습니다. 달리 표현한다면, 성격 형성의 심리적 토대를 살펴보는 것입니다.

성격이라고 하는 건 결국은 한 개인을 그 사람답게 만들어주는 어떤 독특한 측면이 될 텐데요. 여기서 심리학적으로 한 개인을 형성하는 독특한 측면이란 무엇을 말하는 걸까 하는 질문을 던질 수 있습니다. 이러한 관점에서 우리가 살펴볼 중요한 심리학적 개념이 '나'라고 하는 개념입니다. 심리학에서는 '자아(自我)'라는 용어를 사용합니다. 때로는 '자기(自己)'라는 용어도 사용합니다. 물론 '자아'와 '자기'는 심리학적 뉘앙스가 서로 다른 용어입니다.

요즘에는 일상에서도 '자아 정체성' 또는 '정체성'이라는 용어를 많이들 쓰죠. 성격은 자아의 심리적 특성을 구성하는 것이라는 점에서 정체성과도 직결되는 것이라고 할 수 있습니다. 정체성이란, 심리학적으로 말하면, 내가 누구인지 인식하고 있는 걸 말하는 겁니다. 사실 우리는 대부분 내가 누군지 압니다. 나의 이름, 나의 성격, 지금 내가 어떤 생각을 하고 있느냐, 내가 지금 어떤 기분이냐, 이런 걸 딴 사람은 몰라도 나는 압니다. 심리학에서는 나라고 하는 관념, 나라고 하는 생각, 이것을 정체성(identity)이라고 말합니다. 그런데 한 사람의 정체성을 알려주는 가장 대표적인 심리적 지표가 성격입니다.

여기 한 사람이 있어요. 이제부터 이 사람이 누구인지 알고자 합니다. 정체를 밝혀보려는 겁니다. 그래서 저 사람이 어떻게 행동하느냐, 어떻게 반응하느냐, 여기에 집중을 하고 그 사람을 살펴보면 결국에 가서는 그 사람의 성격을 들여다볼 수밖에 없어요. 그런데 성격에서 가장 핵심적인 부분 즉 개인의 정체성을 담는 그릇이 뭐냐하면 '자아(自我)'라고 하는 개념이예요. 우리말로는 '나'라고 번역하는 단어죠. 영어로는 ego라고 하기도 하고 self라고도 하는데요. 두 단어가 심리학적으로는 의미가 다르기 때문에 ego는 '자아(自我)'라고 번역하고, self는 '자기(自己)'라고 번역하죠. 단순하게 구분하면 '자아(ego)'는 부정적인 함의를 지니고요, '자기(self)'는 긍정적인 함의를 지녀요. 자아는 주로 자기 자신을 주관적 측면에서 개념화할 때 써요. 자기 자신만 보는 거라서, 뭐랄까 유아적(幼兒的)이라고 할까요, 자기 밖에 모르는, 시야가 좁은 나를 의미해요. 이에 비해 자기는 주로 자기 자신을 객관적 측면에서 개념화할 때 사용하는 용어예요. 다른 사람의 관점에서, 객관적 관점에서 바라본, 자율적이고 독립적인 나를 '자기'라고 하죠. 우선은 구분없이 자아라는 용어를 사용해 보겠습니다.

그래서 자아란 뭐냐 하면 "자기 자신에 대한 의식, 자기 자신에 대한 관념"이에요. 나라고 하는 생각, 나 자신에 대한 어떤 관념·의식, 이걸 우리는 자아라고 불러요. 그런데 심리학에서 성격은 자아의 일관된 심리적 상태를 가리키는 개념이기 때문에, 성격 발달을 논의할 때 우리는 자아가 어떤 경로로 형성되느냐 하는 것을 반드시 들여다봐야 돼요. 인간의 자아가 어떻게 형성되느냐를 밝힌 가장 대표적인 심리학자는 바로 프로이트(S. Freud)입니다.

그림 9 프로이트(S. Freud)

프로이트는 정신분석학을 창시한, 심리학자이자 정신과 의사입니다. 심리적으로 마음의 병을 앓고 있는 환자들을 치료하다가, 인간의 심리구조 곧 자아의 구조를 발견해내요. 프로이트가 발견해낸 자아의 구조는, 그림에서 보듯이, 바다 위에 떠 있는 빙산 같은 형태로 이루어져 있어요. 프로이트에 따르면, 우리 인간의 자아는 △이드(id) △에고(ego) △수퍼에고(super ego) 세 부분으로 이루어져 있어요. 이드(id)는 '원초아(原初我)' 또는 '원초적 자아(原初的 自我)'라고 번역해요. 에고(ego)는 '자아(自我)'라고 번역하고요. 수퍼에고(super ego)는 '초자아(超自我)'라고 번역합니다.

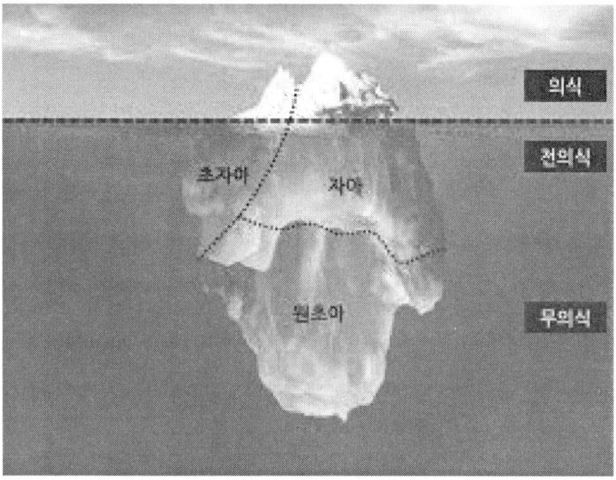

그림 10 이드, 에고, 수퍼에고 개념도

그림을 보시면 바다에 빙산이 떠 있는데요, 수면(水面) 위와 아래가 나뉘어져 있어요. 그런데 수면 아래의 영역이 더 넓죠. 그러니까 인간의 심리는 수면 아래에 있는 심리영역이 훨씬 큰데요. 이 바다 수면 아래에 있는 심리영역을 프로이트는 "전의식(前意識)의 세계"와 "무의식(無意識)의 세계"로 나누었습니다. 전의식(前意識)의 세계 바로 위, 수면 바깥에는 "의식(意識)의 세계"가 있어요. 전의식은 의식의 세계와 붙어있는 바다 위, 얕은 바다 정도이고요. 바닷속 아주 깊은 곳의 영역이 무의식이에요. 그런데 이 무의식의 영역을 보면, 빙산에서 원초아(이드)의 영역이 가장 큰 영역으로서, 가장 큰 부피로 자리하고 있어요. 그리고 그 위에 자아(에고)가 형성되어 있는 거고요. 자아와 원초아를 걸쳐서 상위에 초자아(수퍼에고)가 형성이 되어 있죠.

이드(id)

프로이트 정신분석학에서 주목할 부분은 빙산의 아랫부분입니다. 빙산의 아랫부분 영역, 깊은 바닷속에 잠겨있는 빙산의 영역, 이것은 이드(원초아)의 영역이죠. 이것을 원욕(原慾) 또는 원초적 욕망(原初的慾望)이라고도 부릅니다. 이 이드(원초아)는 우리의 심리 또는 의식의 원시적이고 본능적인 부분이예요. 프로이트는 이 원시적이고 본능적인 욕망을 성욕(性慾)으로 보았어요. 성욕이 그 본질인 거예요. 프로이드의 용어로는 '리비도(libido)'라고 불러요. 아무튼 원초아 또는 원욕이라고 하는 이 이드는 성욕충만으로 이루어진 가장 밑바탕의 심리요소예요. 그리고 이 이드로부터 분리되어 나온 게 에고와 수퍼에고라는 거예요.

이드는 어떤 일을 하느냐면 에고와 수퍼에고가 작동하는 데 필요한 정신적 에너지를 제공해 줘요. 여러분, 우리는 음식을 먹어 갖고 몸에서 포도당을 만들어내야, 이 포도당이 이제 우리가 움직이는 에너지로 사용되는 거잖아요. 그런데 프로이트가 볼 때 인간의 마음은 기본적으로 이런 에너지가 이미 주어져 있어요. 아주 가득하게 정신적 에너지가 들어있어요. 그게 이드라는 거예요. 이 이드는 어떤 방식으로 작동하느냐 하면요, 쾌락을 쫓아가는 방식으로 작동을 해요. 쾌락의 원리에 따라서 작동하는 거죠. 나에게 쾌감을 주는 행동을 따라가게 돼 있다라는 거예요.

에고(ego)

자아의 두 번째 요소는 에고(ego)입니다. 에고는, 우리말로 번역할 때, 속 좁은 의미의 나를 뜻하는 '자아'라고 번역을 하는 그 영역이에요. '어떤 사람이 자아의식이 강하다.'라고 할 때 "그 사람은 에고가 강해.” 이렇게 표현하는 영역. 바로 그걸 말하는데요. 에고는 현실을 원초아에게 제시하는 일을 담당하는 부분입니다. 즉, 에고라는 것은 ‘현실 속의 나’를 말하는 거예요. 에고는 이드의 충동·욕구를 충족시켜주되, 이걸 현실에서 받아들여질 수 있는 방식으로 충족시키는 역할을 해요. 이렇게 비유해 볼 수 있겠어요. 우리가 밤에 잠을 자면서 꿈을 꾸고 있을 때 꿈속에서 나타나는 내가 있죠. 꿈에서 나타나는 나는 이드의 측면을 가지고 있는 나예요. 그러다가 잠에서 깨요. 이제 아침에 잠에서 깨면서 ‘여긴 어디?’, ‘오늘은 무슨 요일?’, ‘지금은 몇 시?’ 이러면서 시간과 공간을 자각하고 현실을 인식한 나, 이게 바로 에고예요.

에고는, 내가 이드의 충동을 충족시켜 나가지만, 이드의 충동이 현실에서 이루어질 수 있도록, 현실에서 허용되고 통용될 수 있는 방식으로 행동하게 만들어주는 장치입니다. 그래서 에고는 현실성의 원리에 따라서 행동하는 존재다 라고 볼 수 있어요. ‘지금 이걸 내가해도 되나’라고 주변 눈치 살펴보면서 현실적으로 가능한 행동을 할 수 있도록 해주는 일종의 안전장치가 에고라는 거예요.

특히 에고는 이드의 욕구 곧 원욕의 충동을 본능대로 충족시키지 않고 적절한 상황이 될 때까지 억제하거나 혹은 그것과는 다른 방식으로 표출하도록 이끄는 중요한 일을 합니다. 원초아의 욕구라는 게 뭐예요? 아까 성욕이라고 그랬죠. 그런데 이 성욕을 함부로 아무 데서나 표현하면 안 된다는 거죠. 에고는 성욕을 적절하게 통제해 나가면서, 다른 방식으로 적절하게 표출하도록 하는 안전장치인 거예요.

수퍼에고(super ego)

그런데 가끔은 에고가 이드의 충동에 무너져가지고 막 함부로 행동하는 경우가 발생할 수도 있겠죠. 이때 에고로 하여금 이드의 충동을 피해서 적절하게 행동할 수 있게 해주는 일종의 길잡이가 있어야 돼요. 우리가 이정표(里程標)를 보고 길을 찾아가는 것처럼, 내비게이션을 보고 목적지를 찾아가는 것처럼, "야, 네가 현실적으로 이런 식으로 행동하면 안 되고, 저런 식으로 행동을 해야 네가 안전해."라고 알려주는 일종의 길잡이 장치가 이때 요구되는데요. 이때 길잡이의 역할을 하는 것이 바로 "수퍼에고(super ego)"입니다. 수퍼에고는 자아의 세 번째 요소예요. 우리말로는 '초자아', '초월적 자아'라고 하는데요, 이 말은 글자 그대로 "자아의 요소, 자아의 수준을 훨씬 뛰어넘은 상위에 있는 자아"라고 하는 것이죠.

이 수퍼에고는요, 우리가 사는 사회의 도덕과 가치관, 우리 사회의 이상적인 모습을 내 마음속에 내면화시킨 것을 말해요. 수퍼에고는 우리가 마음속에 "야, 이게 바람직해. 이게 사회의 도덕과 윤리규범에 맞아."라고 결정을 내리는 도덕판단의 가치 및 태도를 뜻합니다. 한마디로 수퍼에고라는 것은 우리의 도덕성을 뜻해요. 이러한 도덕성 역시 아이가 태어나서 어른이 될 때까지 순차적으로 발달을 겪어나가게 되어 있어요. 일곱 번째 강의에서 우리가 공부할 게 도덕성의 발달이죠. 도덕성이라고 개념화할 수 있는 이 수퍼에고는 "양심(良心 conscience)"이라는 것과, 나의 바람직한 모습을 뜻하는 "자아 이상(自我 理想 self ideal)"이라는 두 가지 요소로 이루어져 있어요.

양심과 자아 이상 이 두 가지가 수퍼에고를 구성을 하는데요. 양심이라고 하는 것은 우리가 나쁜 짓을 했을 때 '아, 이건 내가 잘못했구나.', '이거 내가 죄책감이 드네.', '아, 내가 내가 부끄러운 짓을 했어.'라고 느끼게 해주는 역할을 해요. 아주 중요한 심리적 장치죠. 또한 자아 이상이라고 하는 것은, 양심과는 달리 그 반대 방향으로, 우리가 옳은 일이나 바람직한 일을 할 때 자긍심을 느끼고 보람을 느끼게 해주는 역할을 해요. 그러니까 수퍼에고는 우리가 나쁜 짓을 하면 죄책감을 갖게 하고, 올바른 일을 하면 자긍심을 갖게 하는 중요한 심리적 장치인 거예요.

이 수퍼에고는요, 도덕성의 원칙에 따라 작동합니다. 도덕의 원리에 따라 수퍼에고는 작동을 해요. 이 말은 뭡니까? 내가 도덕성을 적절하게 발달시키지 않으면 수퍼에고가 작동하지 않는다 라는 뜻이에요. 도덕성을 발달시키고 있어야 나의 수퍼에고가 적절하게 작동해서 에고를 적절하게 통제해주는 거예요. 수퍼에고 역시 현실에 속박되지 않아요. 현실을 뛰어넘어서 본능을 억제하고, 나의 행동이 도덕적 표준에 따라서 올바르게 이루어지도록 이끌어 나가는 역할을 하지요.

프로이트는 인간의 자아가 "이드, 에고, 수퍼에고가 서로 영향을 주고받으면서 심리적인 긴장관계를 형성하는 유동체"라고 생각했어요. 인간의 자아는 대지에 딱하니 붙박혀 갖고 절대적으로 움직이지 않는 커다란 바윗덩어리 같은 게 아니고요, 바다 위에서 흔들흔들 떠다니는 빙산 같은 거라고 생각을 한 거예요. 바다 위에 떠 있는 빙산 그림으로써 자아를 묘사한 건 자아 자체가 이드, 에고, 수퍼에고가 서로 영향을 주면서 길항 관계 속에서 심리적인 긴장관계를 형성한다는 의미인데요. 긴장관계, 갈등관계를 겪는다는 건 이게 바람에도 흔들리고, 물결에도 흔들리고 하는 모습을 상상하게 만들죠. 그래서 빙산 그림으로 자아를 묘사한 거예요.

3 프로이트의 심리성적(心理 性的) 성격발달이론

프로이트는 자아의 세 부분 이드, 에고, 수퍼에고 중에서 어느 영역이 더 크고 힘이 세냐에 따라서 개인의 성격이 달라진다고 보았습니다. 이드의 영역의 힘이 센 사람, 에고의 파워가 가장 큰 사람, 수퍼에고의 영향력이 가장 높은 사람이 있고요, 이 사람들은 다 서로 각각 성격이 달라진다고 본 것이죠. 요컨대, 인간의 성장과 발달 단계에서 이드, 에고, 수퍼에고라고 하는 자아의 세 가지 영역은 서로 길항관계를 이루면서 특정한 발달의 시기에는 이드가 힘이 세지고, 또 어느 시기에는 에고가 세지고, 또 어떤 시기에 들어서면 수퍼에고가 힘이 세지는 식으로 개인의 성격을 지속적으로 형성해 나간다고 보는 것이 프로이트의 관점이었어요.

이러한 프로이트의 이론을 발달심리학에서는 심리성적(心理 性的) 성격발달이론이라고 부릅니다. 인간의 성격의 발달단계를, 이드가 가지고 있는 성적(性的) 에너지인 리비도가 발현(發顯)·잠복(潛伏)·승화(昇華)해 나가는 일련의 과정으로 보기 때문에 이런 이름을 붙인 것이죠. 프로이트는 인간의 성격이 유아기부터 단계적으로 발달한다고 봤습니다. 각 단계마다 성적(性的) 에너지인 리비도가 집중되는 신체 부위가 있고, 이에 연관되어 꼭 해결해야 할 발달과제가 있다고 보았습니다. 각각의 발달단계에서 해당 과제를 잘 해결하면 건강한 성격으로 발달하고, 제대로 못 하면 특정 성향에 고착되는 성격이 된다고 설명했어요. 프로이트는 인간의 발달단계로서 "구강기(口腔期) ⇒ 항문기(肛門期) ⇒ 남근기(男根期) ⇒ 잠복기(潛伏期) ⇒ 성기기(性器期)"의 다섯 단계를 제시하고 있습니다.

구강기(口腔期)

구강기는 출생에서 만 1세 전후의 시기입니다. '구강'이라는 말은 입을 가리키는 말이죠. 그래서 이 시기의 관심 부위는 바로 입입니다. 입으로 빨고, 물고, 먹는 행동을 집중적으로 하는 단계입니다. 이 단계의 핵심과제는 양육자에 대하여 기본적 신뢰감을 형성하고, 양육에 대한 만족 경험을 갖는 것이지요. 이 시기를 잘 지나면 안정감과 타인에 대한 신뢰감을 형성하게 됩니다. 반대로 양육자와의 관계 형성에 문제가 발생하여 구강기에 대한 고착·집착 현상이 일어나면 타인에게 과도하게 의존하고 수동적인 성격이 되며, 입과 관련된 나쁜 습관(과식, 흡연, 손톱 물기 등)이 형성됩니다.

항문기(肛門期)

항문기는 만 1세부터 만 3세까지의 시기입니다. 영·유아기(嬰·乳兒期)에 해당하지요. 이 시기의 관심 부위는 항문입니다. 생리적 배설이 주요 관심을 이루는 배변(排便) 훈련 시기이죠. 이 단계의 핵심과제는 똥·오줌 가리기입니다. 유아들은 자신의 배변 과정을 스스로 처리할 수 있게 되면서 통제감과 자율성을 배우게 됩니다. 이 시기를 잘 지나면 자기조절 능력과 질서감을 형성하게 됩니다. 그렇지만 항문기에 고착되면, 배변 훈련 과정에서 양육자의 과도한 통제를 경험했을 경우 지나친 지나친 깔끔함과 완벽주의를 추구하는 성격이 됩니다. 이를 "항문 보유형"성격이라고 해요. 그런데 배변 훈련 과정에서 양육자의 느슨한 통제를 경험했을 경우에는 무질서함과 즉흥성이 높은 성격이 되는데요, 이를 "항문 배설형" 성격이라고 합니다.

남근기(男根期)

남근기는 만 3세에서 만 6세 정도까지의 시기입니다. 유아기(幼兒期)에 해당하죠. 이 시기의 관심 부위는 성기(性器)입니다. 성(性)과 관련된 애착행동이 나타나고 성(性) 정체감이 형성되기 시작하는 발달단계라고 보는 거죠. 이 시기의 핵심과제는 부모와의 "동일시(同一視 identification)"의 관계를 형성하는 것입니다. 아이는 같은 성(性)의 부모를 닮으려 한다는 것이죠. 이 과정에서 아이가 겪는 심리적 장애가 바로 그 유명한 "오이디푸스 콤플렉스" 또는 "엘렉트라 콤플렉스"입니다. 오이디푸스 콤플렉스는 남자아이가 엄마에게 애정을 느껴서 아빠를 미워하게 되는 심리상태입니다. 엘렉트라 콤플렉스는 여자아이가 아빠에게 애정을 느껴서 엄마를 미워하는 심리상태이구요. 그런데 현실적으로는 적대시하는 동성(同性) 부모를 이길 수가 없으니까, 현실에 대한 타협책이랄까요, 그에 대한 반동(反動)으로, 오히려 동성(同性)의 부모를 동경하고 닮으려 한다는 것입니다. 이 시기를 잘 지나면 성(性) 역할 정체감과 초자아의 발달을 형성하게 됩니다. 부모와의 동일시 과제를 제대로 수행하지 못하여 남근기에 고착되면 과시적이거나 허영심·질투심이 심한 성격이 됩니다. 성 역할에도 혼란을 겪구요.

잠복기(潛伏期)

잠복기는 만 6세부터 사춘기 전까지의 시기입니다. 이 시기는 아동기(兒童期)로서, 성적(性 的) 에너지가 비교적 잠잠한 시기이고, 관심사가 주로 학업·친구·취미로 확장되는 시기입니다. 잠복기의 핵심과제는 사회성을 습득하고, 협동과 규칙 준수에 대하여 학습하는 것입니다. 잠복기는 말 그대로 리비도가 잠복하고 있는 시기라는 거예요. 그래서 여타 다른 시기에 비하여 리비도가 상대적으로 안정화되어 있는 시기라서, 심리적 고착 개념은 약한 것이 특징입니다.

성기기(性器期)

성기기는 사춘기 이후부터 성인기 전반을 아우르느 시기입니다. 이 시기의 관심 부위는, 남근기와 마찬가지로, 성기입니다. 남근기와 다른 점은 심리적으로 '성숙한 친밀감'을 추구하는 점이라고 할 수 있습니다. 그래서 이 시기의 핵심 과제는 성숙한 이성애(異性愛)의 추구, 일과 자기 정체성의 균형 추구를 들 수 있습니다. 이 시기를 잘 지나면 대인관계에서 친밀감과 책임감 있는 관계를 형성할 수가 있습니다. 이에 어려움을 겪게 된다면 대인관계를 회피하고, 타인에게 의존하는 회피형·의존형 성격이 되기 쉽지요. 게다가 성적(性的)·정서적 미성숙 상태에 놓이게 됩니다.

지금까지 살펴본 프로이트의 심리성적(心理 性的) 성격발달이론의 핵심을 정리하면 다음과 같습니다. 첫째로, 리비도(심리적 에너지)는 발달단계마다 다른 신체 부위에 집중됩니다. 둘째로, 각 단계의 발달과제를 건강하게 해결하면 성격이 성숙합니다. 셋째로, 해결이 미흡하면 해당 발달단계의 특징이 고착되어, 즉 발달이 정체(停滯)되어, 어른이 된 후에도 성격에 결함을 남기게 됩니다.

여섯 번째 강의
에릭슨의 심리사회적 성격 발달 이론

지난 시간에는 심리학적 관점에서 성격이 무엇인지, 성격은 어떤 과정으로 발달하는지 공부해보았습니다. 뒷부분은 정신분석학자 프로이트의 성격발달이론을 살펴보았지요. 프로이트는 우리의 성격이, 자아를 형성하는 이드, 에고, 수퍼에고의 길항관계에서, 즉 이드 속에 들어있는 리비도가 발현·잠복·승화되는 과정에서, 심리적 고착 현상을 겪음으로써 성격의 발달이 이루어진다고 하는 심리성적(心理 性的) 성격발달이론을 제시하였습니다.

이러한 프로이트의 관점을 계승해서 성격이 평생에 걸쳐서 어떤 순서로 발달하느냐를 연구한 대표적인 학자가 우리가 지금부터 공부할 에릭 에릭슨(E. Erickson)이라고 하는 발달심리학자입니다. 에릭슨은 프로이트를 계승한 정신분석학 계열의 발달심리학자라고 할 수 있겠습니다.

그림 11 에릭 에릭슨(E. Erickson)

1 심리사회적 성격발달

에릭슨은 프로이트의 제자입니다. 에릭슨은 프로이트의 정신분석의 관점을 받아들여서 성격의 발달 과정을 연구한 발달심리학자입니다. 에릭슨이 성격의 발달 과정을 연구할 때 초점에 둔 것은 "어떠한 심리사회적(心理社會的) 환경과의 상호작용 과정을 통해서 성격이 형성되느냐" 하는 것이었습니다. 그래서 우리는 에릭슨의 성격발달이론을 "심리사회적(心理社會的) 성격발달이론"이라고 부릅니다. 성격이 조성되는 "심리적·사회적 환경"에 주목했기 때문이지요. 즉, 우리의 성격은 "내가, 나를 둘러싼 사회환경과 심리적으로 어떠한 상호작용을 하느냐"에 따라 조성되고 발달해 나간다 라고 보는 게 에릭슨의 성격발달이론입니다.

성격 발달의 심리적 중심축은 자아의 형성 과정입니다. 에릭슨은 프로이트의 자아 이론을 바탕으로 성격이 발달하는 과정과 경로를 체계적으로 정립시켜 놓았습니다. 그래서 우리는 에릭슨을 성격발달이론을 연구한 심리학자라고 부르는 거예요. 에릭슨은 성격의 형성과 발달을 자아의 형성과 밀접하게 관련시켜서 설명하고 있습니다. 즉, 아이가 주변 환경과 어떤 상호작용을 하면서 자기 자신에 대한 자아관념을 형성해 나가느냐, 이것이 성격이 형성되고 발달하는 데 있어서 중심축이 된다고 본 것이죠.

에릭슨에 따르면. 성격의 형성에는 개인이 처한 환경 속의 심리사회적인 요인이 매우 중요하게 작용합니다. 성격이 형성되는 데는 개인이 처한 심리사회적 요인이 제일 중요하다고 보는 거예요. 그런데 환경의 심리사회적 요인이라는 게 뭘까요? 환경의 심리사회적 요인이란 한 개인이 자신과 상호작용하는 다른 사람들과 형성하는 심리적·

사회적 관계를 뜻합니다. 심리사회적 관계요인이라고 하는 것은, 한 사람이 다른 사람과 '어떠한 심리적 상호작용을 하느냐', 그리고 그러한 심리적 상호작용을 통해서 '어떠한 사회적 관계를 만들어 나가느냐' 이걸 뜻해요. 쉽게 말씀 드려서, "내가 다른 사람들과 상호작용을 하면서 어떤 느낌, 어떤 생각, 어떤 감정을 차곡차곡 쌓아가느냐에 따라 나의 성격이 형성된다."는 겁니다. 요컨대 성격이란 우리가 자라나면서 다른 사람들과 어떤 친분을 갖고 어떤 인간관계를 쌓아가느냐에 따라서 형성된다는 것이죠.

결국 "나의 성격은 나의 고유한 기질, 이 기질의 토대 위에 내가 다른 사람들과 끊임없이 심리적인 상호작용을 하면서 얻어낸 자양분들, 이걸로 형성된 게 내 성격이다."라고 보는 게 에릭슨의 생각이었던 것이죠.

2 심리사회적 성격발달의 특징

에릭슨의 심리사회적 성격발달이론이 갖는 주요 특징을 정리해보면 다음과 같습니다.

첫 번째로, 성격의 형성에서 자아라고 하는 부분이 중요한 역할을 합니다. 성격이 형성되는 데는 개인의 일관된 자아관념이 중요한 중심 역할을 하고 있다는 것이죠.

두 번째 특징으로는, 성격의 발달에는 심리사회적 환경이 매우 중요한 영향을 미칩니다. 내가 다른 사람과 상호작용하면서 부딪히게 되는 심리적·사회적 환경 요소는 그대로 나의 성격의 '내용성'이 됩니다.

세 번째 특징은, 성격 발달이란 유아기 때 형성돼서 그게 늙어 죽을 때까지 쭉 가는 게 아니라, 유아기에서 시작해서 노년기에 이르는 일생 동안에 지속적으로 성격 발달이 이루어지는 거라고 봅니다. 그러니까 성격이 영·유아기를 거쳐서 형성되면서 청소년기, 청년기, 성년기, 장년기, 노년기를 지나면서 계속해서 조금씩 바뀌어 간다는 거예요. 발달단계를 거칠 때마다 조금씩 바뀌어가는 그 과정 전체가 다 성격 발달의 과정이라고 봅니다.

에릭슨의 성격발달이론의 네 번째 주요 특징은, 청소년기가 성격의 형성과 발달에서 매우 중추적인 역할을 한다는 점입니다. 이 점이 에릭슨의 스승인 프로이트와 사뭇 다른 지점인데요. 프로이트의 경우에는 성격 형성에서 제일 중요한 시기가 유아기라고 봤어요. 유아기에 겪게되는 오이디푸스 콤플렉스, 엘렉트라 콤플렉스 이것을 어떤 방식으로 겪어나가고 극복하느냐에 따라서 성격의 주된 측면이 형성된다고 본 게 프로이트였는데요. 이 프로이트의 생각과는 결이 다르게, 에릭슨은 성격이라고 하는 걸 자아의 형성과 연결지었잖아요.

그런데 자아가 형성되는 가장 중요한 시기는 사실 청소년기라는 거예요. 자아의 형성에는 가치관과 세계관, 자기정체성 이런 것들이 형성되는 것이 중심 내용인데요, 이런 것들은 청소년기에 이루어져요. 그래서 청소년기를 제2의 자아가 형성되는 시기라고 하는데, 이 제2의 자아가 사실은 평생 갖고 가는 자아라는 거죠. 그래서 청소년기가 성격 형성에서 매우 중추적인 역할을 하는 것으로 봅니다.

에릭슨의 심리사회적 성격발달이론의 다섯 번째 특징은 성격이 발달하는 각 단계마다 우리는 특정한 심리사회적 위기를 겪어 나간다는 것을 들 수 있어요. 심리사회적 위기 즉 내가 다른 사람들과 심리적으로 상호작용하면서 내 마음에 큰 위기, 상처, 고통, 갈등 이런 것들을 겪는데요, 그런 심리사회적 위기를 내가 어떻게 극복하느냐에 따라서 건전한 성격이 될 수도 있고 건전하지 못한 성격이 될 수도 있다 라는 거예요. 결국, 성격 발달이란 내가 발달의 단계마다 겪는 심리사회적 위기를 어떻게 극복해 나가느냐에 따라서 형성되는, 심리적·행동적 특성들의 연쇄입니다.

개인이 생애의 각 단계마다 부딪치는 심리사회적 위기를 성공적으로 극복하고 해결하면 긍정적인 성격이 발달합니다. 성격 발달의 각 단계에서 해당 시기에 심리사회적 위기를 긍정적으로 해결하면 긍정적인 심리적 특성들이 발현이 됩니다. 예컨대 신뢰성, 자율성, 주도성, 근면성, 자아 정체성, 친밀성, 생산성, 통합성 등과 같은 긍정적인 심리적인 특성들이 발달단계마다 등장·형성되게 되고, 이러한 특성들이 자아 속에 통합되어서 전체적으로 건전한 성격이 됩니다.

반대로 특정 해당 시기에 심리사회적 위기를 적절하게 해결하지 못하거나 부정적인 형태로 그걸 해결하게 되면 부정적인 심리적인 특성들이 발현이 되고 그게 고착화돼요. 예컨대 불신감, 수치심, 회의감, 죄책감, 열등감, 정체감, 혼미, 고립감, 침체감, 절망감 등이 심리적 발달단계마다 형성이 되고요, 이런 부정적인 감정과 정서들이 자아 속에 통합되어 결국 불건전한 성격으로 고착화된다 라는 것이죠. 요컨대, 에릭슨은 우리가 발달단계마다 겪는 특정한 심리적 요소들이 어떤 형태로 축적되느냐 하는 것이 우리의 성격의 방향을 결정한다라고 보는 것이예요.

3 심리사회적 성격발달의 단계

그러면 이제는 에릭슨이 제시한 심리사회적 성격 발달을 단계별로 살펴보겠습니다.

제1단계: 기본적 신뢰성 vs. 불신감

심리사회적 성격발달의 첫 번째 단계는 "기본적 신뢰성 대(對) 불신감 형성"의 단계입니다. 이 시기는 출생으로부터 만 2세 정도까지의 시기입니다. 피아제 발달이론에 대입하면 감각-운동기의 영·유아기(嬰·幼兒期)에 해당하는 시기라고 할 수 있겠습니다. 이 시기에 아기는 기본적인 신뢰성 대 불신감이라고 하는 심리사회적 위기를 경험하게 됩니다. 이러한 감정상의 심리사회적 위기는 특별히 모자(母子) 관계에서 나타난다고 볼 수 있습니다. 즉, 아기는 엄마와의 관계에 따라 신뢰성을 발달시킬 수도 있고 불신감을 발달시킬 수도 있습니다.

엄마의 양육과 보호가 일관성이 있고 예측 가능하게 되면 아기는 자신과 주변 세계에 대해서 신뢰성을 형성합니다. 그러니까 엄마가 나를 일관성 있게 보살펴주고 일관성 있게 돌봐준다면 아기는 '오, 우리 엄마, 믿을 만한 사람이네.'라고 생각하고, 또 자기 자신을 둘러싼 세상에 대해서도 '야, 이거, 믿을 만해.'라고 생각한다는 것이죠.

그렇지만 반대로 엄마의 양육과 보호에 일관성이 없어서 아기가 기본적인 욕구를 충족하지 못하는 부정적인 경험을 많이 하게 되면 아기는 엄마뿐만 아니라 다른 사람들의 존재에 대해 불신감을 형성하게 되죠. 그러니까 배고픈데 엄마가 젖을 안 주고, 똥 싸고 오줌 싸서 척척한데 기저귀도 안 갈아주고, 목욕도 안 시켜주고, 졸린데 재워주지도 않고 이러면 아기는 엄마에 대한 불신감을 갖게 된다라는 거죠. 그리고 이러한 불신감은 나중에는 다른 사람들에게로 확장이 되고, 주변 세계 전체에 대한 의심과 두려움으로 발전하게 됩니다.

제2단계: 자율성 vs. 수치심·회의감

심리사회적 성격발달의 두 번째 단계는 "자율성 대(對) 수치심·회의

감 형성"의 단계입니다. 만 2세에서 만 3세 정도까지의 유아(幼兒)의 시기에 해당하는데요. 피아제 인지발달이론에서는 전-조작기의 전-개념적 시기에 해당합니다. 이 시기에 유아는 생리적인 성숙에 따라 대소변 가리기를 할 줄 알게 되고, 이제 외부세계를 스스로 탐색하려고 적극적으로 노력하게 됩니다. 이 과정에서 겪는 심리사회적 위기는 부모가 유아에게 자율적인 활동을 어느 정도로 허용할 것인가에 의해서 발생합니다. 그러니까 부모가 유아의 행동을 어느 정도는 자율적으로 허용하는지 아니면 반대로 사사건건 하나하나 통제하는지에 따라서 자율성이라는 감정과 수치심 및 회의감이라는 감정이 대립되는 심리사회적 위기가 일어난다는 것이죠.

부모가 유아의 독자적인 활동을 격려하게 되면 유아는 자율성을 발달시키게 됩니다. 긍정적인 측면인 거죠. 반대로 부모가 유아를 과잉보호하거나 또는 유아의 행동을 지나치게 통제하고 간섭하면, 유아는 스스로에 대해서 수치심을 느끼게 되고 더 나아가서 자신의 능력을 의심하게 됩니다. 유아가 혼자서도 할 수 있는 일을 부모가 대신해주거나 또는 유아가 도저히 혼자서는 할 수 없는 일인데 이걸 자꾸 하라고 강요할 때에도 유아는 수치감과 회의감을 형성하게 되지요.

제3단계: 주도성 vs. 죄책감

심리사회적 성격발달의 세 번째 단계는 "주도성 대(對) 죄책감 형성"의 단계입니다. 일반적으로 만 4세에서 만 6세 정도의 시기입니다. 피아제의 인지발달이론에서 전-조작기의 개념적 시기에 해당합니다. 이 시기에 아동은 주도성이라고 하는 감정과 죄책감이라고 하는 감정이 서로 충돌하는 심리사회적 위기를 겪게 됩니다.

이 시기에 해당하는 유아는 이제 자기 스스로 모든 활동을 계획하고 목표를 세워서 이를 달성하려고 노력하기 시작합니다. 매사에 "(자기 이름을 넣어서) ○○이가 할 거야.", "내가 할래."라고 말하죠. 그러니까 자기주도적 행동 특성이 강하게 나타나는 거죠. 이때 어떤 심리적인 특성이 두드러지냐 하면 고집이 세집니다. 아이가 고집이 세져요. 엄마 말을 잘 안 듣죠.

그런데 이때 부모가 유아에게 자유롭게 활동하도록 허용해주면 유아에게는 주도성, 자발성, 목표지향성 등과 같은 긍정적인 성격 특성이 발달하게 됩니다. 하지만 반대로 부모가 아동의 주도적 활동을 제한하고 통제하면, 즉 "안 돼, 하지 마." 이렇게 제지해 나간다면, 아동에게는 주도성이 감소하고 대신에 죄책감이 발달하게 됩니다. 왜 죄책감이 발달합니까? 엄마 몰래 하거든요. 엄마 몰래 엄마가 하지 말라는 행동을 해놓고는 나중에 죄책감을 느끼게 되는 거죠. 죄책감이 발달한 아동은요, 어떤 행동 특성을 두드러지게 나타내냐면, 거짓말도 하게 되고요, 항상 어른들에게 의존하려고 합니다. 징징이가 된다는 거죠. 그리고 목표를 스스로 달성하려는 의지와 용기가 현저하게 부족하게 됩니다.

제4단계: 근면성 vs. 열등감

심리사회적 성격발달의 네 번째 단계는 "근면성 대(對) 열등감 형성"의 단계입니다. 시기적으로 보면 만 6세에서 만 11세 가량의 시기로, 아동기가 여기에 해당하는데요. 이 시기는 살아가는 데 필요한 기본적인 인지적·사회적 기술을 집중적으로 익히게 되는 시기입니다. 특히 이 시기에 아동은 학교에 들어가서 본격적인 학업을 수행하게 되며 중요한 인지적·사회적 기술들을 익히게 되지요. 아동이 학교공부와 그 밖의 여러 가지 과업을 성실하게 수행하면 근면성이 발달하게 됩니다. 아동에게 이러한 생활상의 근면성을 발달시켜주는 것이 초등학교에서 아주 중요한 교육목표라고 할 수 있습니다.

이때 근면성이 발달하게 되면 아동은 평생 동안 부지런하고 성실한 사람으로서 살아갈 수 있게 되지요. 반면에 이 시기에 아동이 학교공부와 여타의 과제들을 제대로 수행하지 못하고, 그 결과 성취감을 가지지 못하게 되면, 이 아동은 자기가 자신이 남들보다 못났다고 여기는 열등감에 빠지게 됩니다. 학업성취도 뒤처지고, 자신에게 부여된 여러 가지 사회적 과제도 제대로 수행하지 못하면 '나는 바보인가 봐, 못났나 봐, 나는 안 돼'라고 하는 열등감·무력감에 빠지게 된다는 것입니다.

제5단계: 자아정체성 vs. 역할혼미

심리사회적 성격발달의 다섯 번째 단계는 "자아정체성 대(對) 역할혼미 형성"의 단계입니다. 이 시기는 청소년기부터 시작해서 청년기에 이르는 시기이죠. 청소년기의 주된 발달과업은 자아정체성의 확립입니다. 자신이 누구인지 파악하고 아는 것이 청소년기 발달과업이라는 것이죠. 그런데 이 자아정체성 확립은 에릭슨이 보기에 성격의 발달에서 가장 중요한 부분이라고 할 수 있습니다. 특히 청소년기에는 자신의 다양한 모습들을 통합하여 일관성 있는 자아상을 확립해야 합니다. 그래야 어른이 되고서 그 이후 쭉 행복한 삶을 살 수 있는 중요한 토대를 갖는 것이죠. 달리 말하면 청소년기는 가치관과 인생관이 확립되는 중요한 시기인 것입니다.

그런데 이러한 자아상 확립의 과정에서 청소년은 자아 정체성 대(對) 역할 혼미(정체성 혼미)라는 심리사회적 위기를 집중적으로 경험하게 됩니다. 자기 자신에게 주어진 여러 가지 사회적 역할을 일관되고 의미 있게 통합해 나가면 우리는 자아 정체성이 형성되고 발달하게 됩니다. 반대로 주어진 여러 가지 역할들을 의미 있게 실행하고 통합해 나가는 데 실패하게 되면 정체성 내지 역할에 있어서 혼미 현상이 일어나게 됩니다. 혼미하다, 어지럽다, 앞이 보이지 않는다, 이런 정서를 경험한다는 의미죠. 특히 역할 혼미 내지 정체성 혼미를 심리학에서는 "정체성의 위기(identity crisis)"라고 합니다.

정체성의 위기란 정체성을 추구해 나가는 과정에서 자기 자신에 대한 긍정적인 평가와 부정적인 평가가 서로 충돌하면서 극심한 심리적 갈등을 일으키게 되는 것을 말합니다. 그러니까 내가 나를 파악할 때 긍정적으로 보는 평가요소와 부정적으로 보는 평가요소가 서로 갈등을 일으키는 거죠. '남들이 나를 바라볼 때 이런 비난을 하더라, 남들이 나를 볼 땐 이런 것은 좋게 봐주는데.'라는 이 두 가지 요소가 격렬히 충돌해서 자기 자신의 모습을 객관적으로 평가하는 데에 상당한 어려움을 초래한다라는 것이죠. 한마디로, 청소년기는 심리적 갈등이 극심해지는 시기라고 할 수 있습니다.

청소년기에는 제2차 성징으로 생리적 성숙이 완성되기 때문에, 이드의 힘이 강해지게 됩니다. 그런데 이에 맞서서 수퍼에고 역시 힘이 강해지게 되지요. 그래서 에고가 이드와 수퍼에고 사이에서 힘의 균형을 새롭게 달성하기 위해서, 내면의 정신세계를 재정립해 나가려고 열심히 노력하게 되죠. 그리고 이러한 과정을 거치면서 자아정체성이 탐색되기 시작합니다.

사회학적인 측면에서 보면 청소년의 시기는, 몸은 이미 어린아이가 아니고 어른이 되었지만 사회적으로는 아직 미성년이기 때문에, 성인으로서의 대접을 받지 못하는 시기입니다. 청소년으로서는 상당히 불만스러운 시기이지요. 그렇지만 또한 다른 한편으로는 성인으로서 수행해야 할 사회적 역할과 책임이 청소년 자신들에게는 커다란 부담과 두려움으로 다가오게 됩니다. 청소년기 아이들이 일탈을 하고 비행을 저지르고 술이나 담배 같은 것을 즐기게 되는 이유는 바로 이 부분에서 찾아볼 수 있습니다. 담배를 피고 술을 마실 만큼 나는 어른이야라는 걸 스스로 확인하고 상호 인정하고 인정받으려는 행동들이죠. 그러나 사실은 이들은 자율적인 판단과 자율적인 책임의식 속에서 자신의 미래를 책임 있게 설계하고 실행해 나가는 역량이 부족하기 때문에 스스로 극심한 심리적 갈등을 겪는 것입니다.

이처럼 아이도 아니고 어른도 아닌 애매한 상태에서 기존에 가지고 있던 자아가 붕괴되고 새로운 자아가 형성되는 고통의 시기가 바로 청소년기입니다. 요컨대, 기존의 자아가 해체되고 새로운 자아가 정립되는 과정이 자아정체성 확립인 것이죠. 이를 프랑스의 계몽주의 철학자 루소는 '제2의 탄생'이라고 이름한 바 있습니다. 그런데요, 객관적인 자아정체성을 획득하려면 자신의 모습을 놓고 고민하고 절망하고 방황하는 시간이 좀 필요합니다. 객관적인 자아정체성을 획득하려면 자신의 자아정체성을 놓고 고민하면서 절망하고 방황하는 '심리적 방황'을 반드시 경험해야 하지요. 이를 심리학에서는 "심리적 유예(心理的 猶豫 psychological moratorium)"라고 부릅니다.

모라토리엄은, 경제학 용어로서, 빚진 사람이 나 빚 안 갚아 하고 나자빠지는 걸 말하는데요. 심리학적으로 유예(猶豫)라는 건 "어떤 과제를 실행하지 않고 잠시 놔두고, 휴식을 취하면서 자기 자신을 성찰함으로써, 앞으로 자신이 나아가야 할 길을 모색하는 것"을 말합니다. 심리적 유예기간을 거쳐서 청소년이 긍정적인 자아정체성을 확립하게 되면 이제 청소년기와 청년기에 겪는 심리사회적 위기가 해소되는 것이죠. 자신의 장점을 발견하고 그 장점을 어떻게 개발하고 발전시켜야 나갈 것인지, 자신의 단점은 어떤 방법으로 극복할 것인지에 대해 성찰하고 결심하고 행동함으로써 자신의 앞날을 모색하는 시기가 청소년기와 청년기인 것입니다.

제6단계: 친밀성 vs. 고립감

심리사회적 성격발달의 여섯 번째 단계는 "친밀성 대(對) 고립감 형성"의 단계입니다. 이 시기는 성인기에 해당하죠. 성인기에는 '친밀성 대(對) 고립감'이라고 하는 심리사회적 위기를 집중적으로 경험하게 되는데요. 친밀성이라고 하는 것은 다른 사람들과 어울리고 교재를 나누면서 서로의 단점과 차이점을 이해하고 받아들이는 과정에서 형성되는 특성입니다. 타인과 어울리고 깊이 있게 교제를 하면서 형성하게 되는 특성이 친밀성입니다. 사회성의 측면에서 매우 긍정적인 정서지요.

이 친밀성이 발달하면 다른 사람들과의 성숙한 인간관계를 형성할 수 있게 되고, 그것을 통해서 행복감을 맛볼 수 있게 됩니다. 특히 사랑하는 사람을 만나고 그 사람과의 교제를 통해서 친밀성과 유대감이 형성되면, 그것은 앞으로의 행복한 삶을 일궈나가는 아주 중요한 과정이 되는 것이죠. 그렇지만 반대로 이 시기에 타인들과 친밀성을 형성하지 못하게 되면 대인관계를 기피하는 고립감이 형성됩니다. 그리고 이러한 고립감이 깊어지게 되면 자신이 부딪히게 되는 모든 인간관계에 대하여 거부감을 갖게 되고, 심지어는 적대감까지 가지게 될 수 있습니다.

제7단계: 생산성 vs. 침체감

심리사회적 성격발달의 일곱 번째 단계는 "생산성 대(對) 침체감 형성"의 단계입니다. 이 단계는 장년기에 해당하는 시기죠. 장년기 내지 중년기에는 생산성이라는 감정과 침체감이라는 감정이 충돌하는 심리사회적 위기를 경험하게 됩니다. 이 시기에는 자녀를 기르고 교육시키며 후진을 양성함으로써 사회문화의 발전에 기여하는 역할을 합니다. 그러니까 결혼을 하여 자녀를 양육하고 교육시키는 일을 하게 됩니다. 또한 직장생활을 하면서 직장에서 열심히 일하고 후배들을 양성해내는 일도 하게 됩니다. 장년기는 가족 부양과 사회의 경제적·문화적 발전에 있어서 아주 중요한 일을 해내는 시기라는 것이죠.

이처럼 다음세대를 양육하고 지도하는 과정을 통하여 자신의 삶의 가치를 확립하는 성격 특성을 에릭슨은 '생산성'이라고 이름하였습니다. 그렇지만 반대로 자녀양육을 제대로 하지 못하거나 직장과 사회생활에서 선배로서의 역할을 적절하게 수행하지 못하게 되면 '침체감'을 겪게 됩니다. 흔히 슬럼프라고 하는 것에 빠진다는 것이죠. 그리고 이러한 침체감을 오래도록 가지게 되면 부모로서의 역할, 선배로서의 역할, 리더로서의 역할을 점점 더 못하게 되는 것이죠.

장년기의 심리사회적 위기는, 흔히 중년의 위기라고 부르는, 두 번째로 맞는 정체성 위기로 이어지게 됩니다. 장년기에 침체감을 경험하게 되면 또다시 정체성의 위기를 겪게 되는 것이죠. 이때 나타나는 정체성의 위기는 주로 자신에게 주어진 사회적 역할과 과업을 실패한 데서 옵니다. 그러니까 내가 배우자로서의 역할을 제대로 못했다라든가, 부모의 역할을 제대로 못했다라든가, 직장에서 주어진 역할을 제대로 수행하지 못했다라든가 하는 이런 것들이 겹쳐서 정체성의 위기로 나타난다는 것이죠. 예를 들어, 사업에 실패하거나 또는 이혼을 하거나 자녀가 말을 안 듣고 가출하거나 이런 현상들이 연이어 나타나는 겁니다. 그리고 배우자와의 관계가 무척 소원해지는 겁니다. 특히 배우자와 자녀 또는 직장 내에서의 인간관계에서 소외감, 열패감을 갖게 되면 정체성의 위기가 매우 심각하게 나타나게 되죠.

이처럼 중년기에 나타나는 정체성의 위기를 극복한다는 것은 참 어려운 과제이기도 합니다. 이것 때문에 우울증을 겪게 되기도 하죠. 중년기에 맞는 정체성 위기를 극복하려면 상당한 심리적 노력이 수반되어야 하는데요. 적극적으로 자기 자신을 성찰하고 또 상대방을 이해하려는 성숙한 노력이 필요합니다. 원론적인 얘기를 할 수밖에 없어서 좀 그런데요. 이 수업을 듣는 여러분들에게 혹시 중년기에 있는 부모님이 있으시거나, 혹은 본인이 중년기다라고 하면 이러한 정체성의 위기를 잘 이해하고 대처하는 데 노력을 하셔야 합니다. 건전한 취미생활을 하고, 자신의 재능을 다시 한번 되살려보고, 자기가 젊을 때 하고 싶었는데 못했던 거 이런 것들을 찾아서 자기계발에 힘쓰는 것도 참 좋은 전략이라고 할 수 있습니다.

제8단계: 통합성 vs. 절망감

심리사회적 성격발달의 마지막인 여덟 번째 단계는 "통합성 대(對) 절망감 형성"의 단계입니다. 이것은 노년기에 해당하는 시기죠. 노년기는 자신이 지금까지 살아온 인생길을 되돌아보고 정리하는 시기입니다. 이때 자신의 인생을 의미 있는 삶으로 평가하는 것, 이것이 가장 중요한 일이죠. 자신의 삶을 의미 있는 삶으로 평가하게 되면 '통합성'이라고 하는 심리적 상태를 경험하게 됩니다. 반대로 자신의 삶을 부정적인 것으로 평가한다면 '절망감'이라고 하는 심리사회적 위기를 겪게 됩니다.

통합성은 자신이 살아온 삶을 긍정적으로 평가하고, 의미 있게 받아들일 때 형성됩니다. '내가 참 보람 있게 삶을 살았다, 가족을 잘

건사하고 부양했고, 사회적으로 경제활동을 하면서 정당하게 돈을 벌었고 그 돈을 가지고 뜻깊은 곳에 사용을 했다.' 이런 식으로 자신의 삶을 의미 있게 긍정적으로 평가하게 될 때, 자신의 인생 전체를 의미 있는 통합적 관점에서 받아들이게 되죠. 반대로 자신의 삶을 부정적으로 평가하고, 무의미하게 생각하게 되면 '아, 그동안 나는 헛살았어. 잘못 살았어.'라고 하는 절망감을 경험하게 된다는 것입니다.

여러분, 통합성을 형성한 노인은 어떤 성격을 갖겠습니까? 후세대에게 모범이 되면서 주변에 온화한 '선한 영향력'을 미치는 그러한 노인이 될 것입니다. 아름다운 노인인 것이죠. 반면에 절망감을 형성한 노인은 어떻게 되겠습니까? 주변 사람들에게 매사 화를 내거나 부정적인 말을 하는 겁니다. 남들한테 부정적인 영향을 미치는, 가까이 하고 싶지 않은, 하나도 존경하고 싶지 않은 그런 노인이 되겠죠. 사회적 고립이 더욱 더 강하게 되는 결과를 야기하는 것이지요.

지금까지 두 차례에 걸쳐서 프로이트의 정신분석이론을 토대로 성격의 발달 과정을 공부하였습니다. 지난 강의에서는 프로이트의 심리성적 성격발달이론을 공부했고요, 이번 강의에서는 프로이트 이론을 발전시킨 에릭슨의 심리사회적 성격발달이론을 공부했습니다. 다음 번 강의는 발달심리 시리즈의 마지막 주제인 도덕성의 발달에 관해서 공부하겠습니다.

일곱 번째 강의
콜버그의 인지적 도덕성 발달 이론

이번 강의에서는 도덕성의 발달에 대해서 같이 공부해보려고 합니다. 우리가 그동안 인지발달에 대해서 공부했고요, 성격발달에 대해서 공부했는데요. 성격발달은 학습지도와도 관련되지만 생활지도 영역과 매우 밀접한 관련성을 갖습니다. 아동이 좋은 성격으로 자라날 수 있도록 힘쓰는 게 인성교육의 핵심이니까요. 그런데, 여러분, 우리가 인성교육에 있어서 생활지도 영역으로서 가장 중요한 것은 뭐니 뭐니 해도 윤리적·도덕적 행동에 대한 지도 아니겠습니까? 이러한 점에서 아동의 도덕성이 어떤 형식으로 발달해 나가는지를 아는 것은 도덕성 지도에 아주 중요한 관건이 될 것입니다.

그래서 이번 강의에서는 도덕성의 발달 과정에 대해서 함께 공부해보도록 할 텐데요. 오늘 공부할 내용은 로렌스 콜버그(L. Kohlberg)라고 하는 심리학자가 제시한 "도덕성 발달이론"입니다. 콜버그의 도덕성 발달이론은 교육학 분야에서 상당한 중요도를 가지는 이론입니다. 열심히 공부하시기 바랍니다.

그림 12 L. 콜버그(L. Kohlberg)

로렌스 콜버그는 1927년에 태어나서 1987년에 돌아가신 미국의 심리학자입니다. 하버드대학교 심리학과 교수를 지내신 분인데요. 교직과목인 《교육과정》 시간에도 하버드대학교 심리학과 교수님이 한 분 나옵니다. 누구냐면, 학문중심 교육과정을 만든 브루너(J. S. Bruner) 교수님이 하버드대학교 심리학과 교수님이죠. 오늘 지금 이 시간에 공부하는 로렌스 콜버그 역시 하버드대학교 심리학과 교수님입니다. 미국에서는 하버드대학교가 심리학으로 아주 유명하죠. 심리학 연구를 아주 잘하는 대학입니다.

콜버그는요, 피아제의 인지발달이론에 영향을 받아서 도덕성 발달이론을 제시한 분입니다. 즉 피아제의 인지발달 과정에 대응하는 도덕성 발달 과정을 탐구한 것이 콜버그의 도덕성 발달이론입니다. 콜버그의 도덕성 발달이론은 '인지적'이라는 수식어를 붙여서 인지적 도덕성 발달이론이라고 부를 수가 있습니다. 인지발달의 스키마를 통한 도덕적 문제해결을 연구했기 때문입니다.

1 도덕성의 발달

도덕성이 발달하는 과정을 공부하려면 먼저 도덕성이 무엇인지 알아야 합니다. 일반적으로 도덕성(道德性 motality)이란 "도덕적인 상황에서 옳고 그름을 판단할 수 있는 능력"을 뜻합니다. 즉 무엇이 옳고, 무엇이 그른지를 올바르게 판단할 수 있는 능력을 우리는 도덕성이라고 해요. 이러한 도덕적 판단능력으로서 도덕성이라는 것도 우리의 지적·정의적 성장과 더불어 변화하고 발달한다는 특징을 갖고 있습니다. 즉 우리의 인지발달, 정서발달과 더불어서 도덕적 판단능력도 발달해 나간다는 것이죠. 우리는 성장 과정에서 도덕성을 배우고 습득함으로써 우리가 반사회적이고 비도덕적인 행동을 하지 못하도록 우리의 행동을 통제해 나가는 것입니다.

콜버그의 도덕성 발달이론은 성장 과정에서 아이들이 어떻게 도덕성을 배우고 습득하여 도덕적인 인간으로 형성되는지를 전 생애적인 관점에서 밝혀주는 아주 중요한 이론입니다. 콜버그의 도덕성 발달이론은 피아제의 인지발달이론에 근거하고 있습니다. 피아제는 도덕성 발달을 인지발달의 한 측면으로 보았습니다. 인지발달의 여러 측면 중에서 하나가 도덕성 발달이라고 본 것이죠. 이 말은 도덕성 발달이 인지발달의 한 요소로서 이루어진다는 것입니다.

일반적으로 도덕성이란 도덕적 판단을 뜻하는 것으로서, 도덕적 판단은 인지적 영역에서 이루어진다고 본 것이 피아제의 생각이었어요. 쉽게 말해서, 무엇이 옳고 그르냐에 대한 도덕적 판단은 지적인 측면, 즉 지식과 밀접하게 관련된 측면이라는 것이죠. 피아제는 도덕적인 인식능력 곧 도덕적인 행위에 대한 지식을 습득하는 과정이 도덕성의 발달 과정이라고 본 것입니다. 이러한 피아제의 견해는 콜버그에게 계승됩니다. 콜버그도 도덕성의 발달이 인지발달과 밀접하게 연관된다고 생각했어요. 이 점에서 콜버그의 도덕성 발달이론을 우리는 "인지주의적·합리주의적 도덕성 이론"이라고 평가합니다.

2 도덕성 발달의 세 수준과 여섯 단계

그렇다면 우리의 도덕성은, 한 인간이 성장하고 발달하는 과정에서, 어떠어떠한 단계를 거쳐서 발달하는 것일까요? 콜버그에 따르면 도덕성 발달은 크게 세 가지 수준에서 단계별로 이루어집니다. 콜버그는 도덕적 판단이 객관성·보편성을 기준으로 세 가지 수준으로 진행되고, 각각의 수준에서 단계별로 두 단계씩 도덕성 발달이 이루어진다고 보았습니다. 좀 복잡한 듯합니다만, 찬찬히 짚어서 따라오시면 쉽게 이해되실 겁니다.

먼저 우리가 어떤 일에 대해서 도덕적 판단을 하는데요, 도덕성 판단의 수준은 △낮은 수준 △중간 수준 △높은 수준으로 나뉩니다. 당연히 도덕성의 발달은 도덕적 판단이 낮은 수준에서, 중간 수준을 거쳐서, 높은 수준으로 발달하는 것을 말합니다. 콜버그는 도덕 판단이 낮은 수준을 "전-인습(前 因習) 수준", 도덕 판단이 중간인 수준을 "인습(因習) 수준", 그리고 도덕 판단이 높은 수준을 "후-인습(後 因習) 수준"이라고 불렀습니다.

여기서 인습(因習)이라고 하는 것은 '인습적 도덕(因習的 道德)' 즉 옛날부터 지켜오는 도덕규범을 말합니다. 그러니까 '전-인습 수준'이라는 건 아직까지는 사람들이 일반적·상식적으로 지켜오는 도덕규범을 익히지 못한 수준이라는 거구요. '인습 수준'은 일반적이고 상식적인 도덕규범은 지키는 수준을 말합니다. 그리고 '후-인습 수준'은 일반적·상식적 도덕규범을 뛰어넘어서 더 높은 수준으로, “보편타당한 도덕원리”에 입각해서 도덕적 판단과 도덕적 행위를 하는 수준을 의미합니다. 그러니까 도덕성의 발달은 전-인습 수준 ⇒ 인습 수준 ⇒ 후-인습 수준으로 발달하는 겁니다. 그런데 이것이 전 생애에 걸쳐서 쭉 진행되어 대부분의 사람들이 높은 수준으로 도덕성 발달을 하게 되면 좋겠지만, 보통 사람의 경우 중간 수준 정도로 발달하게 된다고 하죠. 물론 이 정도만 되어도 도덕적인 사람이라는 평을 듣습니다.

도덕 판단의 3가지 수준	도덕 판단의 6가지 단계
후 인습 수준	제6단계: 보편적인 도덕 원리
	제5단계: 사회계약
인습 수준	제4단계: 사회질서 및 권위 유지
	제3단계: 대인관계 조화
전 인습 수준	제2단계: 상대적 쾌락주의
	제1단계: 처벌 회피 및 복종 지향

그림 13 콜버그의 도덕발달단계

“전-인습 수준”은요, 개인의 욕구와 감정에 기초한 도덕판단의 단계입니다. 지극히 개인적이라는 특징을 갖지요. 그러다가 개인적인 측면을 넘어서 확장·심화되어 사회적 측면에서 객관적인 도덕을 수행하는 사회적 수준으로 도덕성이 발달합니다. 그것을 우리는 “인습 수준”이라고 불러요. 사회적 인습에 따라, 곧 다른 사람들이 다 행동하는 바에 따라서 도덕적인 행동을 하게 된다는 것이지요. 그런데 이 단계보다 더 높은 단계로 도덕 발달이 이루어지면요, 법이나 양심에 기초해서 도덕적인 판단과 행동을 하는 수준으로 올라가게 됩니다. 이게 "후-인습 수준"이에요.

콜버그는 이러한 세 가지 도덕 판단의 수준에 의거해서, 도덕성이 발달하는 과정을 크게 여섯 단계로 제시합니다. 전-인습 수준에서 제1단계와 제2단계의 도덕발달이 이루어지고요, 인습 수준에서 제3단계와 제4단계의 도덕발달이 이루어져요. 그리고 마지막으로 후-인습 수준에서 제5단계와 제6단계의 도덕발달이 이루어집니다. 즉 우리가 수행하는 도덕 판단은 전부 6가지 단계로 위계화되어 있어요.

전-인습 수준의 제1단계는 "처벌회피 및 복종지향의 단계"라고 하고요, 제2단계는 "상대적 쾌락주의의 단계"라고 합니다. 이것을 넘어서면 인습 수준의 도덕판단을 하게 되는데요. 인습 수준의 제3단계는 "대인관계 조화의 단계"이고, 제4단계는 "법과 사회질서 준수의 단계"입니다. 인습 수준을 넘어서면 이제 후-인습 수준의 도덕판단을 하게 되는데요. 이것 역시 다시 두 단계로 나뉩니다. 후-인습 수준의 제5단계는 "사회계약의 단계"이고, 제6단계는 "보편적 도덕원리의 단계"입니다.

전-인습(前 因習) 수준, "제1단계: 처벌회피 및 복종지향"

도덕 발달의 출발점은 전-인습 수준의 도덕 발달입니다. 전-인습 수준이란 인습 이전의 수준이라는 뜻이예요. 삐아제의 인지발달이론에서 전-조작기 기억나시죠? 조작 이전의 단계, 조작을 수행하지 못하는 단계라는 의미가 들어있잖아요. 전-인습 수준의 도덕판단은요, 인습에 의거한 도덕적인 판단은 아직까지 하지 못하는 단계라는 뜻입니다. 인습이라는 것은 사회적 풍속, 사회적 도덕과 규범을 말하죠. 그러니까 전-인습 수준은 사회의 도덕규범 이전의 단계라는 겁니다.

다른 사람들이 상식적으로 실행하는 도덕적 행동 이전의 단계예요. 그러니까 사회성·객관성 이런 것들이 아직 습득되지 못한 단계입니다. 즉 한 개인의 주관적인 수준에서의 도덕적인 판단과 행동이 이루어지는 그런 단계를 전-인습 수준이라고 불러요.

전-인습 수준의 첫 번째 단계는 "처벌 회피 및 복종 지향의 단계"입니다. 이 제1단계에서는요, 어떤 행위를 했을 때 그에 뒤따르는 결과를 가지고 옳고 그름을 판단하게 됩니다. 내가 어떤 행동을 했는데 그 행동에 뒤따라서 "보상"이 주어지면 '아, 나는 좋은 일을 했구나.'라고 생각을 한다라는 것이죠. 어떤 행위가 보상을 가져오면 그 행위는 좋은 것 곧 선(善)한 일이라고 생각하는 것입니다. 반대로 그 행위가 '처벌'을 가져오면 '아, 이건 내가 나쁜 짓을 한 거구나.'라고 생각한다는 거예요. 처벌이 뒤따라야 자신의 행위가 나쁜 짓이라고 인식된다 라는 것이죠.

또한 자신을 처벌할 수 있는 힘을 가진 사람에게 복종하는 것이 도덕적 행위라고 여기는 단계가 "제1단계: 처벌 회피 및 복종 지향의 단계"입니다. 이 단계의 아동들은 어떤 행동을 했을 때 벌을 받으면 '아 이거 나쁜 행위구나'라고 생각을 하지요. 반대로 벌을 받지 않으면 '아, 이거는 나쁜 행동이 아니구나. 올바른 행동이구나.'라고 생각을 한다는 것입니다.

예를 들어봅시다. 여러분, 도둑질은 나쁜 짓이죠. 악한 행동입니다. 우리는 아이들을 키울 때 보면 아이들이 남의 물건을 훔쳐 갖고 오는 경우가 있어요. 유치원에선 그런 일이 별로 없는 것 같은데요. 초등학교 다니다보면 친구의 물건이나 학용품 이런 게 참 좋아 보이거든요. 그러면 그거를 이제 슬쩍 가지고 오는 겁니다. 집에서 이제 보면 아이가 못 보던 필기구라던가 필통 이런 걸 갖고 있는 거예요. "너, 이거 어디서 났니?"라고 물어보면 대부분 이렇게 대답해요. "친구한테 빌렸어.", "친구가 줬어." 여러분, 친구가 줬을까요? 빌려줬을까요? 아닙니다. 훔쳐 갖고 온 거예요. 도둑질한 거예요.

그랬을 때 엄마나 아빠가 "너, 이거 도둑질했지? 훔친 거지?" 그러면서 아이를 처벌을 합니다. 혼을 냅니다. 그러면 아이는 '내가 나쁜 행동을 했구나.'라고 생각한다는 거예요. 벌을 줬을 때 나쁜 행동이라고 생각하는 겁니다. 그런데, "너, 이거 잘 훔쳐왔다. 잘 갖고 왔어." 라고 칭찬을 했다고 해봅시다. 그러면 이 아이는 '내가 옳은 행동을 했구나.' 이렇게 생각한다는 거예요. 그러니까 어떤 범죄집단이 아이에게 도둑질, 소매치기 같은 나쁜 짓을 가르치는데 도둑질 해가지고 온 아이에게 잘했다라고 칭찬을 한다면, 두목이 '너, 이거 잘 훔쳤어.' 라고 칭찬을 한다면, 이 아이는 '내가 옳은 일을 했구나.' 이렇게 생각을 한다라는 겁니다.

행위 자체에 대해서 객관적인 옳고 그름의 판단을 하지 못하고, 그 행위가 처벌을 가져다준다면 나쁜 행위로, 칭찬이 돌아오거나 그냥 받아들여진다면 바른 행위로 이렇게 생각한다는 거예요. 자신을 처벌할 수 있는 힘을 가진 사람에게 복종하는 것이 도덕적 행동의 기준이라고 생각하는 단계입니다. 이것은 무엇을 뜻하는 걸까요? 이것은 유아기·아동기에는 잘못된 행동을 하면 벌을 줘야, 아이들의 도덕성이 형성될 수 있다는 것을 의미합니다. 혼 나고 벌 받아야 도덕성 발달의 출발점에 서는 겁니다.

전-인습(前 因習) 수준, "제2단계: 상대적 쾌락주의"

전-인습 수준의 두 번째 단계는 "상대적 쾌락주의의 단계"입니다. 이것은요, 우리가 어떤 행동을 했을 때 그 행동의 결과가 나의 욕구 충족에 어떻게 관련되느냐를 기준으로 옳고 그름을 판단하는 것을 뜻합니다. 무슨 얘기냐면, 내가 어떤 행동을 했을 때 그 행동의 결과가 나의 욕구를 충족시켜준다면 옳은 행동을 했다고 판단하는 거고요, 어떤 행동을 했는데 그 행동의 결과가 오히려 나에게 불쾌감을 줬어요, 그러면 이건 나쁜 행동이구나 라고 생각한다는 것입니다. 욕구가 충족되면 옳은 행위이고, 욕구가 충족되지 않으면 나쁜 행위라고 보는 거죠. 이것을 우리는 '쾌락주의의 도덕원리'라고 부릅니다. 낮은 단계, 낮은 수준의 도덕판단이예요.

예를 들어봅시다. 담배를 피우고, 술을 마시고, 마약을 하는 사람들이 있죠. 담배를 피우고 술을 마시는 것까지는 그래도 좀 중립적인데요, 마약을 하는 것은 어때요? 도덕적으로 옳은 행동일까요? 나쁜 행동일까요? 당연히 나쁜 행동이라고 생각이 되죠. 그런데 전-인습 수준의 제2단계인 상대적 쾌락주의 단계라고 하면, 마약을 하는 것이 나쁜 행동이라고 생각되지 않는다는 겁니다. 왜냐? 마약을 하게 되면 나에게 쾌락을 가져다주기 때문이라는 것이죠. 마약을 했을 때 나에게 쾌락을 가져다준다면 내가 마약을 하는 게 나에게 이득을 주는 좋은 행위다, 이렇게 판단하게 된다는 것입니다.

공격성이 높은 아동이 다른 아이와 싸웁니다. 다른 아이를 막 때려요. 남을 때리는 행위는 법률용어로 폭행이죠. 폭행은 우리가 일반적으로 봐도 이거 나쁜 행동이잖아요. 그런데 자신의 공격성 욕구가 충족이 되는 폭행 행위라고 한다면, 즉 다른 사람을 때려줄 때 느끼는 쾌감이 기준이 되면 내가 다른 사람을 때려주는 건 옳은 행위가 된다라는 것입니다. 이렇게 특정 행위에 대해서 나의 욕구가 충족되느냐 아니면 그 반대로 나의 욕구가 좌절되느냐에 따라 도덕판단의 내용이 달라질 수가 있죠. '내가 너를 때려주는 것은 나에게 쾌락을 주니까 이거는 옳은 행동이야. 반대로 네가 나를 때리는 것은 나에게 불쾌감을 주지. 그건 잘못된 행동이야.' 이렇게 생각한다는 것이죠. 즉 도덕적 판단의 기준이 나의 욕구가 충족되느냐 아니면 다른 사람의 욕구가 충족되느냐에 따라서 달라질 수 있어요.

시험 볼 때, 여러분, 점수를 잘 받고 싶겠죠? 공부를 열심히는 못했지만, 점수는 잘 받고 싶은 게 인지상정 아니겠어요? 그래서 공부를 많이 못했지만, 시험 점수는 잘 받고 싶어가지고 컨닝을 해요. 다행히 감독 선생님에게 들키지 않고 내가 컨닝을 해서, 내 시험점수가 높아졌습니다. 나는 시험 잘 보고 싶은 욕구를 충족시켰잖아요. 점수를 잘 받고 싶은 욕구를 충족시켰죠. 그렇다면 컨닝은 나에게 이득을 줬습니다. 나에게 쾌락을 줬어요. 나쁜 행동이 아니고 오히려 합리화될 수 있는 행동입니다.

그런데 우리 반에서 내가 좀 싫어하는 아무개가 컨닝을 해요. 그래서 공부 제대로 안 하고 시험은 점수를 잘 받았어요. 그걸 보고, 그냥 '그럴 수 있지.'라고 생각하는 게 아니라 '쟤 컨닝했어. 아주 나쁜 행동을 했어.' 이렇게 판단해 버리는 거죠. 누구의 욕구 충족이냐에 따라서 도덕판단이 달라질 수 있기 때문에 이것을 상대적 관점에서의 쾌락주의라고 말합니다. 심리학에서는 "도구적 상대주의자 단계"라고도 불러요. 즉 나에게 쾌락을 가져다주는 도구냐 아니냐, 상대방에게 쾌락을 주는 도구냐 아니냐, 이런 걸 기준으로 도덕적 판단을 하는 단계라는 겁니다. 아주 쉽게 한마디로 정의하면, 상대주의적 관점에 따라 옳고 그름을 판단하는 거예요. 객관적인 도덕적 판단기준을 적용하지 않고, 상대적인 관점에 따라 그때그때 달라지는 고무줄 잣대로 도덕적 판단을 하게 된다는 겁니다.

그도 그럴 것이, 여러분, 쾌락이라고 하는 것이, 즐거움이라는 게 우리가 매번 똑같은 행동을 한다고 해서 즐겁진 않잖아요. 예를 들어 우리가 좋아하는 음식을 먹을 땐 참 즐겁습니다. 쾌락이죠. 라면을 먹을 때 쾌락이 있죠. 그런데 매번 라면만, 매 끼니를 라면만 먹는다면 즐거울까요? 그렇지 않겠죠? 똑같은 대상이어도 그 행위가 반복되면 쾌락을 주지는 못합니다. 그래서 그때그때 달라요 라고 판단할 수밖에 없는 수준이 전-인습 수준의 제2단계 상대적 쾌락주의의 단계가 되겠습니다.

인습(因習) 수준, 제3단계: 대인관계 조화

도덕발달의 첫 번째 수준이었던 전-인습 수준은 대체로 유아기의 도덕발달 단계라고 볼 수 있습니다. 그런데 아동이 전-조작기를 넘어서서 구체적 조작기로 인지발달을 이루게 되면요, 도덕발달에서도 전-인습 수준을 넘어서 인습 수준의 도덕발달을 이루게 됩니다. 인습 수준에서 첫 번째로 이루어지는 도덕성 발달은 제3단계인 "대인관계 조화의 단계"입니다. 이는 아동기에 본격적으로 들어서면서 형성되는 도덕발달의 단계입니다. 대인관계 조화의 단계는요, 다른 사람과의 관계를 조화롭게 형성하는 데에 도덕적 판단기준을 두는 단계입니다. 이것은 다른 사람과 좋은 관계를 유지하는 것을 기준으로 도덕적 판단을 한다는 것이죠.

대인관계 조화의 단계는 다른 사람을 도와주거나 기쁘게 해주는 것 또는 다른 사람들의 인정과 칭찬을 받는 것이 기준이 되어 도덕적인 행동의 판단을 하는 단계이죠. 다른 사람을 도와주거나 기쁘게 해준다면 나는 옳은 행위를 한 거야, 다른 사람들의 칭찬과 인정을 받으면 나는 올바른 행위를 한 거야 라고 생각하는 단계입니다. 반대로 다른 사람을 불쾌하게 하거나 다른 사람들에게 비난을 받으면 내가 나쁜 행동을 했구나 라고 생각하는 단계라는 것이죠.

일반적으로 우리는 다른 사람과 나쁜 관계를 형성하지 않고 좋은 관계를 형성하기를 원합니다. 그리고 다른 사람들에게 인정을 받기를 원합니다. 인습 수준의 제3단계, 요때가 아동기인데요, 아동기에는 주로 부모님이나 선생님에게 인정받기를 원하고 칭찬받기를 원하죠. 그게 집중적으로 나타나는 도덕발달의 단계가 바로 이 대인관계 조화의 단계입니다. 대인관계 조화의 단계에서는 다른 사람들에게 칭찬을 받고 인정을 받아야 도덕적인 행위라고 여기게 됩니다. 이것을 "착한 소년, 착한 소녀 지향의 단계"라고도 부릅니다. 영어로는 'Good boy & Nice girl Orientation'이라고 부르는데요. 다른 사람들에게 칭찬을 듣는 것, 다른 사람들의 기대에 부응하는 것을 중요하게 여기는 단계인 거죠. 언제 이런 성향이 잘 나타납니까? 바로 아동기 때 잘 나타납니다.

그러다가 청소년이 되면요, 다른 사람들에게 칭찬과 인정을 받는 것에 있어서 '다른 사람'이 부모님이나 선생님이 아니라 동료, 또래친구들로 바뀌게 됩니다. 또래친구들에게 칭찬받고 인정받는 걸 굉장히 중요하게 여기게 되는데요. 그렇게 친구들의 평판을 소중하게 생각하는 단계도 다른 사람과의 대인관계를 조화롭게 이끌어가고자 하는 욕구가 크게 강조되는 "인습 수준 제3단계: 대인관계 조화"의 단계라고 할 수 있겠습니다.

인습(因習) 수준, 제4단계: 법과 사회질서의 준수

인습 수준의 두 번째 도덕발달은 제4단계인 "법과 사회질서 준수의 단계"입니다. 주로 아동기에서 청소년기까지 대인관계 조화를 기준으로 도덕적 판단을 하는 발달을 이뤘다면, 이 인습 수준의 제4단계인

법·사회질서 준수의 단계는 성인기에 들어서 나타나는 도덕발달의 단계입니다. 이 제4단계는 "법과 사회질서를 잘 지키느냐"를 기준으로 도덕판단을 내리는 시기입니다. 법을 잘 지키고, 사회적 도덕규범을 잘 지키고, 사회질서를 잘 지키는 것을 도덕적 판단, 도덕적 행동의 기준으로 삼는 단계이지요. 바람직한 도덕발달의 단계라고 하겠습니다.

제가 대학 시절에 재미있게 봤던 영화로 〈로보캅〉이라는 영화가 있었습니다. 여러분들도 잘 아시는 영화일 텐데요. 이 영화에서 범죄자들이 막 범죄행위를 할 때 로보캅이 범죄자들을 체포하는 장면에서 로보캅의 두뇌회로에 경찰 행동수칙이 나오는데요, 그 중에 법 준수(uphold the law)와 공공질서 유지(protect public order)가 나옵니다. 로보캅은 범과 사회질서를 지킨다는 걸 원칙과 기준으로 행동을 합니다. 로보캅은 콜버그의 도덕발달이론에 비춰보면 최소한 인습 수준의 제4단계인 법과 사회질서 준수의 단계까지는 도덕적인 발달을 이룬 사람이라고 하겠습니다.

인습 수준의 제4단계인 법과 사회질서 준수의 단계는 매우 사회적인 도덕판단을 하는 단계입니다. 사람들은 청소년기와 성인기를 거치면서 이렇게 제4단계 법과 사회질서 준수의 단계로 도덕발달을 이루게 됩니다. 물론 사람들이 다 그런 건 아니에요. 어떤 사람들은 사회질서나 법을 지키는 데까지 나아가지 못하고 대인관계 조화의 수준까지 도덕발달을 하고 멈춰버리는 이들도 있습니다. 그런데 법과 사회질서를 지키는 수준보다 더 높은 수준으로 도덕적 판단과 행위를 하는 사람들도 있어요. 매우 바람직한, 이상적인 도덕성을 형성했다 라고 볼 수 있는 사람들도 존재합니다. 그것은, 콜버그에 따르면, 후-인습 수준 즉 사회적 관습을 넘어서는 보편타당한 윤리규범의 수준으로 올라가는 것이 되겠죠.

후-인습(後 因習) 수준, 제5단계: 사회계약

도덕발달의 세 번째 수준은 후-인습 수준입니다. 사회적 인습, 사회적 관습을 넘어서는 수준이죠. 후-인습 수준의 첫째 단계는 제5단계인 "사회계약(social contract)의 단계"입니다. 사회계약이라는 것은 "개인이 모여서 사회적인 계약을 맺음으로써 사회나 국가를 이루어 일정한 질서와 규율 밑에 서로 협력하고 이익을 추구하는 행위"를 뜻하는 용어입니다. 법률이나 정치학, 사회학에서 사용하는 용어죠. 우리가 어떤 단체를 만들 때요, 단체에 대한 규약을 만들고 서로 지켜가기로 맹세하면서, 조직에 가입하고 함께 협동하고 조직의 발전을 위해서 노력하죠. 국가와 사회도 마찬가지입니다.

헌법을 만들고, 헌법이 정한 규약에 따라서 우리가 선거나 투표를 하고, 법률을 통해서 정부를 구성하고, 합법적인 정부의 지도 아래 온 국민이 협력하여서 사회의 민주적 발전을 위해 노력하는 온 과정, 이러한 민주주의 사회의 구성 과정을 우리는 "사회계약(social contract)"라고 부릅니다. 사회계약의 단계에서는 사회계약 곧 민주적인 사회적 합의를 기준으로 도덕적 판단을 합니다.

민주적인 사회적 합의란 무엇입니까? 어떤 문제가 주어지면 그 문제에 대해서 합리적인 대안을 마련하기 위하여 자유롭게 토론하고, 무엇이 옳고 그른지, 어떤 점이 장점이고 어떤 점이 단점인지, 이것은 누구에게 해가 되고 이것은 누구에게 이익이 되는지 두루두루 객관적으로 토론하고 가장 좋은 합의를 이룰 수 있도록 노력함으로써, 그 합의 과정을 모든 사람이 함께 공동으로 지켜나감으로써 전체적으로 사회에 이익과 발전을 도모하려는 과정이 민주적인 사회적 합의입니다. 당연히 이 과정은 법과 사회질서를 준수하는 것에서 출발하지요.

법과 질서에 기반한 민주적 합의는 바로 사회계약의 중요한 도덕적 판단기준이 됩니다. 또한 이 과정에서는 개인의 권리를 무시하는 것이 아니라, 다수결의 원리에 의하여 투표하고 선거를 하여 행동을 결정하더라도, 개인의 권리를 존중할 뿐만 아니라 사회 전체가 합의한 규범을 지켜나가는 것을 도덕적인 행위라고 봅니다. 그리고 우리가 사회에서 정한 규칙과 법률을 헌법의 가치를 기준으로 해석·판단하여 합헌적(合憲的)인 행동을 하는 것, 더 나아가서 국민 모두의 민주적 총의(總意)를 담아 더 나은 헌법을 만드는 것도 제5단계 사회계약의 단계에서의 도덕적 판단, 도덕적 행위가 되겠습니다.

후-인습(後 因習) 수준 제6단계: 양심과 보편타당한 도덕원리

후-인습-수준의 둘째 단계는 제6단계인 "양심과 보편타당한 도덕원리의 단계"입니다. 이 단계에서의 도덕판단은 "자율적이고 보편적인 도덕원리에 기반을 둔 양심"에 의거하여 이루어지게 됩니다. 여기서 '자율적'이라는 말은 남이 강제로 시킨 것이 아니라 자신이 자발적으로 선택했다는 의미이고요, '보편적'이라는 말은 상황이나 형편 또는 상대방에 따라서 도덕판단의 내용이 달라지는 것이 아니라 누구에게나 똑같이 공평하게 적용이 되는 절대적인 것을 뜻하는 용어입니다. 즉 자신이 스스로 선택한 절대적인 도덕원리를 바탕으로 도덕적인 판단을 하는 단계가 보편적인 도덕원리입니다.

독일의 철학자 임마누엘 칸트(I. Kant)가 "네 의지의 준칙(準則)이 합법적인 입법(立法)의 내용이 되도록 행동하라."는 유명한 말을 했지요. 이게 무슨 말이냐면, "네가 하는 행동이 법으로 제정됐을 때 모든 사람이 다 그 법이 옳다고 찬성하고 행동할 수 있는 도덕적 수준으로,

너는 행동해라." 이런 얘기거든요. 칸트의 말처럼, 보편적이고 절대적인 도덕원리를 스스로 선택해서 행동하는 단계, 양심에 따른 올바른 행동을 스스로 판단해서 행하는 단계가 바로 이 제6단계인 "양심과 보편타당한 도덕원리의 단계"가 되겠습니다. 인간의 존엄성, 정의, 자유, 평등 등과 같이 추상적이고 보편적인 원리에 기반하여 도덕적인 판단과 행동을 하는 단계를 말하지요. 매우 수준 높은 도덕성 발달의 단계입니다.

대부분의 평범한 사람들은 인습 수준인 제4단계까지는 도덕발달을 이룹니다. 후-인습 수준인 5단계까지 도덕발달을 이룬다면 그 사람은 존경할 만한 사람이라고 할 수 있겠습니다. 그리고 제6단계의 양심과 보편적인 도덕원리에 따른 행동을 추구하는 수준으로 도덕성이 발달·발휘된다면 우리는 그 사람을 위인(偉人)이라고 말할 수 있을 것입니다. 루리들 같은 평범한 사람들이 6단계까지 도덕발달을 못한다고 하더라도, 포기하지 말고 양심에 따라 보편적인 도덕원리에 입각한 행동을 할 수 있도록 열심히 노력해 봅시다.

자, 지금까지 배운 것을 간단히 정리해 봅시다.

가장 낮은 수준의 도덕성 발달은 부모님이나 선생님께 벌 받는 것이 무서워서 나쁜 짓을 안 하는 단계입니다. 벌 받는 게 무서워서 나쁜 짓을 안 하는 단계, 이것은 전-인습 수준에 해당이 됩니다.

그러다가 차츰 부모님이나 선생님의 처벌이 없어도, 법을 지키는 것이 마땅하고 당연하다는 생각을 하게 되어 나쁜 짓을 안 하는 단계로 발달하게 됩니다. 이것이 중간 수준의 도덕성 발달, 인습 수준의 도덕성 발달입니다. 대부분의 사람들은 이 정도쯤에서 도덕성 발달이 멈추지만 더 높은 수준의 도덕성 발달이 있습니다.

법과 사회규범을 넘어서서 양심을 지키는 것이 무엇보다 절대적으로 중요하므로, 남이 안 보더라도 나쁜 짓을 결단코 안 하는 단계가 바로 그 단계가 되겠습니다. 이것을 후-인습 수준의 도덕발달이라고 합니다. 사회계약의 단계와 양심 및 보편도덕의 단계, 이 두 가지가 가장 수준 높은 후-인습 수준의 도덕발달이 되겠습니다.

여덟 번째 강의
지능

《교육심리 강의》의 여덟 번째 강의는 지능이론에 대해서 공부하겠습니다. 지능은 학업에 영향을 주는 제1의 심리요인입니다. 지능에 대한 초기의 연구는 지능을 인지적 관점에서 접근한 것이 특징입니다. 요즘은 인지적 관점에서 지능을 설명하는 데서 나아가서 지능을 좀더 확장되고 심화된, 다양한 관점에서 연구하고 있습니다.

먼저 지능이란 무엇이고, 어떤 특성을 가지고 있는지 살펴보겠습니다.

1 지능이란 무엇인가

일반적으로 심리학에서는 지능을 인지적 능력으로 봅니다. '지능(知能)'이라는 말은 '지적 능력(知的 能力)'을 줄여서 부르는 거죠. 여기서 '지적(知的)'이라는 단어는 '인지적(認知的)'이라는 뜻입니다. 인지적 능력으로서 지능은 다음과 같은 세 가지 능력을 가리킵니다.

첫 번째로, 지능은 "추상적 사고능력"입니다. 지능이란 추상적인 기호와 상징을 가지고 사고를 전개하여 문제를 해결해 나가는 능력이라고 본 것이죠. 추상적인 기호와 상징, 이것은 문자와 숫자가 가장 대표적인 것이죠. 문자와 숫자를 가지고, 여러 가지 기호를 사용해서,

논리적 사고를 전개하고 문제를 해결해 나가는 능력을 지능이라고 보았습니다. 이것은 지능을 심리학, 특히 인지심리학의 관점에서 정의한 것입니다.

여러분, 우리가 네 번째 강의에서 비고츠키를 공부할 때, 비고츠키가 '인간의 인지능력은 추상적인 기호와 상징 즉 언어체계를 가지고 사고를 전개하는 능력이다.'라고 말했던 거 기억나시죠? 인지심리학의 관점에서 지능을 바라보는 가장 대표적인 정의가, '지능은 추상적인 기호와 상징을 가지고 논리적인 사고를 전개하는 능력이다.'라고 하는 개념 정의입니다.

두 번째로, 지능은 "학습능력"입니다. 지능은 학습과 밀접하게 관련되어 있는 능력이죠. 광범위한 사실과 개념 및 원리들을 학습해 나가는 인지능력이 지능이예요. 이는 교육학적 관점에서 지능을 정의한 것입니다. 우리가 유치원에서부터 지금 대학에 이르기까지 다양한 지식과 개념들을 학습할 수 있는 것은 우리에게 학습능력이 있기 때문이잖아요. 이러한 학습능력을 지능의 본질로 본 것입니다.

세 번째로, 지능은 "환경에 대한 적응능력"입니다. 지능이 높은 고등동물일수록 주변 환경의 변화에 적응을 잘 합니다. 이것은 생물학적 관점에서 지능을, 환경의 변화에 의식적으로 적응하는 인지적(認知的)·정의적(情意的)·운동기능적(運動機能的) 능력이라고 본 것이죠. 그래서 유기체가 생존을 해나가는 것이죠. 지능이란 환경의 변화에 능동적으로 적응하는 능력이며, 그 안에는 인지적인 것, 정의적인 것, 그리고 기능적인 것들이 요소로 들어있습니다.

정리하면, 지능은 "추상적 사고능력, 학습능력, 환경적응능력을 모두 포괄하는 종합적인 정신능력"이라고 말할 수 있습니다. 여기서 중요한 것은 이것입니다. 지능이란 게 어떤 단일한 한 가지 측면의 특성만을 가리키는 게 아니라, 여러 가지 다양한 능력이 종합적으로 발현되는 것을 의미한다는 것입니다.

2 가드너의 다중지능이론(多重 知能 理論)

지능을 다양한 능력의 종합으로 보는 관점은 심리학자 하워드 가드너(H. Gardner)의 "다중지능이론(多重 知能 理論 theory of multiple intelligence)"이 대표적입니다. 다중지능이론이란 무엇일까요? 가드너는 우리의 지능이 상호 독립적인 여러 개의 능력으로 구성되어 있다고 보았습니다. 지능은 다양한 능력들이 함께 모여있는 다중적 특성을 지닌 것이라고 본 것이죠. 이것을 우리는 다중지능이론이라고 불러요.

이에 따르면 우리 인간에게는 여러 가지 영역에서 상호 독립적으로 작용하는 다양한 정보처리의 체계가 있다고 합니다. 그리고 이러한 다양한 정보처리 능력들이 모두 다 지능에 해당한다는 것이죠. 쉽게 말하면, 우리에게는 독립적인 여러 가지 능력이 존재하고 있고요, 각각의 독립적인 능력들 하나하나가 다 지능이라는 것입니다.

다중지능이론에서 지능은 여러 가지 영역에서 표현되는 다양한 지적 활동을 이끌어내는 정신능력이라고 정의할 수 있습니다. 그렇다면 우리의 다양한 지적 능력은 모두 몇 가지나 될까요? 가드너에 따르면 다중지능의 형태는 모두 10가지라고 합니다. △언어지능(言語 知能) △논리·수학지능(論理 數學 知能) △공간지능(空間 知能) △신체운동지능(身體 運動 知能) △음악지능(音樂 知能) △대인관계지능(對人 關係 知能) △개인내적 지능(個人 內的 知能) △자연관찰지능(自然 觀察 知能)

△실존지능(實存 知能) △영적 지능(靈的 知能) 이렇게 모두 10가지라고 해요.

이러한 10가지 중에서 언어지능, 논리·수학지능, 공간지능은 고전적인 형태에서 지능에 대해서 논의할 때 들어가는 요소들입니다. 가드너 이전에는 언어능력, 논리·수학능력, 공간지각능력 이 세 가지가 지능의 영역이라고 보았죠. 그런데 더 확장되어 신체운동지능, 음악지능, 그리고 다른 사람과 어떻게 관계를 맺느냐 하는 대인관계지능, 한 개인이 자신의 내면을 어떻게 통찰하느냐 하는 개인내적 지능, 자연세계를 관찰하는 자연관찰지능까지 지능의 범위를 넓히고요. 한 사람의 인간으로서 자신의 삶을 성찰·조망하는 실존지능과 영적 지능까지 포함하게 됩니다. 지능이 인지적 기능에서 대인관계의 사회적 지능으로 확장되고 더 나아가서 자신의 존재의 의미에 대한 성찰까지 아우르는 고등정신기능으로 심화되는 것이죠. 그러면 다중지능이론에 대해서 하나씩 살펴보겠습니다.

언어지능(言語 知能 linguistic intelligence)

언어지능은 말하기, 듣기, 읽기, 쓰기에 관련된 지능입니다. 언어지능은 단어의 의미와 소리에 대한 민감성이 높은 걸 의미합니다. 언어지능이 높은 사람은 문장을 숙련되게 구성할 수 있고, 언어사용법에 대한 이해력이 높습니다. 문장을 읽고 이해하는 분석력이 높죠. 복잡한 어문자료나 시에 등장하는 은유를 잘 이해하는 것이 특징입니다. 언어지능과 관련이 높은 직업유형은 시인, 교사, 정치가 등이 되겠네요.

논리·수학지능(論理 數學 知能 logical·mathematical intelligence)

논리·수학지능은 논리적 사고와 수학적인 추상적 사고에 관련된 지능입니다. 피아제가 우리의 인지발달을 분석하고 설명할 때는 바로 이 논리·수학적 지능이 어떤 순서로 발달하느냐를 기준으로 설명을 하고 있어요. 우리의 지능은 논리적 사고와 추상적 사고를 이해하고 실행하는 방향으로 발달해 간다는 것이 피아제의 설명입니다. 논리·수학지능이 높으면 당연히 복잡한 수학문제를 잘 풀 수 있고요, 과학문제를 잘 해결할 수가 있습니다.

논리·수학지능이 높은 사람들은 대상과 상징을 잘 이해하지요. 쉽게 말하면, 수학에서 개념과 공식을 잘 이해한다는 뜻입니다. 또한 대상과 상징의 용법 및 각 용법 간의 관계를 잘 이해합니다. 수학공식을 이해할 뿐만 아니라 수학공식을 가지고 문제를 풀 수 있는 것이죠. 또한 이들은 추상적 사고능력이 높다는 특징을 갖고 있습니다. 그렇죠? 구체적인 사물이 아니라 기호와 공식을 가지고 문제를 푼다는 것은 수학적 사고능력이 높다는 뜻이 되겠습니다. 당연히 수학적 문제를 이해하는 능력이 높은 것이죠. 논리·수학지능과 관련이 높은 직업은 수학자, 과학자가 되겠습니다.

공간지능(空間 知能 spatial intelligence)

공간지능은 가드너 이전에는 '공간지각능력(空間 知覺 能力)'이라고 표현되었던 영역입니다. 이것은 물리적 공간의 세계를 정확하게 인식하는 데 필요한 지능입니다. 물리공간을 정확하게 인식한다는 것은 사물의 형체나 공간상의 방향 이런 것들을 잘 파악한다는 뜻인데요. 기본적으로 시각정보를 정확하게 지각할 수 있다는 특징을 갖습니다. 시각으로 경험한 것을 정확하게 재생할 수 있죠. 그러니까 눈으로 한

번 본 것을 정확하게 그린다거나 잘 표현한다는 것이죠. 또한 눈으로 지각한 내용을 다른 모양으로 잘 변형시킬 수가 있습니다. 공간지능이 높은 사람은 균형감각, 구성감각, 방향감각 이런 것들이 높습니다. 우리 친구들 중에는 길 잘 찾는 친구들 있죠. 한번 갔던 길도, 모르는 길이지만 잘 찾아가고 다시 되돌아오고 하는 방향감각이 높은 친구들이 있는데요. 공간지능이 뛰어난 것이죠.

공간지능이 뛰어난 사람들은 비슷한 그림이나 형체를 잘 파악하는 능력이 높습니다. 즉, 유사한 양식을 감지하는 능력이 높은 것인데요. 닮은 그림을 잘 찾는다거나 혹은 틀린 그림 찾기 같은 거 할 때 잘 찾는 친구들이 여기에 해당이 됩니다. 공간지능과 관련이 높은 직업유형은 예술가(특히 미술가), 건축가, 항해사, 조종사, 외과의사 등이 있습니다.

신체운동지능(身體 運動 知能 bodily kinesthetic intelligence)

신체운동지능은 우리가 흔히 운동감각, 운동신경이라고 부는 건데요, 자신의 신체를 인식하고 조절하는 데 필요한 지능을 말합니다. 자신의 감정이나 의도를 표현하기 위하여 신체를 숙련되게 사용하는 능력이지요. 신체운동지능이 높으면 운동신경이 당연히 높으니까 운동을 잘하지요. 또한 사물이나 도구를 능숙하게 다루는 능력이 높습니다. 여러분, 우리가 물건이나 도구를 능숙하게 다루는 손을 뭐라 그럽니까? '금손' 이렇게 표현하죠. 물건을 다루거나 도구를 다루는 데 매우 서툰 사람은 '똥손' 이렇게 부릅니다. 여기서 '금손'이라는 표현은 신체운동지능이 높다는 걸 뜻하는 의미가 되겠습니다. 신체운동지능과 관련이 높은 직업은 당연히 운동선수이고요, 무용가, 배우, 외과의사가 해당이 되겠습니다.

음악지능(音樂 知能 musical intelligence)

음악지능은 노래를 하거나, 악기를 연주하거나, 작곡 또는 지휘를 하는 데 필요한 지능입니다. 이 부분은 매우 전문화된 영역의 지능인데요, 음악지능이 높은 사람은요, 낱낱의 음(音)과 음절(音節)에 대한 민감성이 높습니다. 흔히 '절대음감'을 가지고 있다고 표현하죠, 음악지능이 높다는 걸 나타내는 거예요. 또한 음악지능이 높다는 것은 여러 가지 형태의 음악적 표현력이 높다는 겁니다. 여러 가지 음과 음절들을 음악적 리듬이나 음악적 구조로 결합하는 방법을 잘 이해할 수가 있는 것이죠. 그래서 기능 측면에서의 악기 연주뿐만 아니라 악기를 사용해서 자신의 감정과 정서를 표현하는 능력도 당연히 높게 됩니다. 그리고 음악을 듣고 이해하는 측면에서도 음악의 정서적 측면에 대한 이해력이 높습니다. 음악지능과 관련이 높은 직업유형은 음악가, 작곡가, 가수 등이 되겠습니다.

대인관계지능(對人 關係 知能 inter-personal intelligence)

대인관계지능은 다른 사람들과 관계를 맺는 데 필요한 사회적 지능입니다. 다른 사람들의 기분, 의도, 동기, 기질, 성격 등을 잘 파악하고 이에 맞추어 적절하게 대응할 수 있는 능력이 높을 때 우리는 '대인관계지능이 높다' 이렇게 이야기합니다. 대인관계지능이 높은 사람은 다른 사람에 대한 지식을 바탕으로 적절하게 대응하고 행동할 수 있는 잠재능력이 높지요. 한마디로, 다른 사람들에 대한 대응능력이 대인관계지능입니다. 대인지능과 관련성이 높은 직업유형은 정치가, 종교인, 교사, 사업가 등이죠. 주로 사람들을 대면하여 상대하는 직업유형이 대인지능과 밀접하게 관련성이 있습니다.

개인내적 지능(個人 內的 知能 intra-personal intelligence)

개인내적 지능은 영어로 'intra-personal intelligence'라고 합니다. intra라는 말은 접두사인데, '어디 어디 속으로'라는 뜻입니다. person이 사람이라는 뜻이니까, '사람 속으로' 즉 '사람의 마음속으로'라는 뜻입니다. 쉽게 말해서, 개인내적 지능은 사람의 마음속을 살펴보는 지능이예요. 그런데 누구를 살펴봅니까? 다른 사람을 살펴보는 게 아니라 자기 자신을 살펴보는 거예요. 개인내적 지능은 대인관계지능에 상반되는 개념입니다. 개인내적 지능은, 타인이 아니라 바로 자기 자신을 인식하고 이해하는 지능입니다. 자신의 감정을 잘 이해하고, 자신의 감정의 폭을 조절할 줄 아는 능력이 높을 때 우리는 개인내적 지능이 높다고 이야기합니다.

개인내적 지능이 높으면 사물이나 사건에 대해서 자신이 어떻게 느끼는지, 자신의 느낌을 정확하게 인식할 수 있게 됩니다. 또한 자신의 행동을 되돌아보고 반성하는 성찰능력이 높게 됩니다. 개인내적 지능이 높으면 자신의 목표, 욕구, 역량에 맞추어서 적합하게 행동하는 능력도 높아지게 됩니다. 요컨대, 개인내적 지능이란 자신의 상태를 되돌아보고 자신의 상태에 맞게 행동하는 능력이라고 할 수 있습니다.

개인내적 지능과 관련이 높은 직업유형은 소설가, 임상심리학자가 되겠는데요. 소설가는 언어지능이 높으면 될 줄 알았는데 개인내적 지능이 높은 사람도 소설가로서의 지능적 요인이 높네요. 왜 그렇습니까? 소설이라는 것 자체가 자신의 경험을 되돌아보고, 그로부터 이야깃거리를 끄집어내서 어떤 스토리를 만들어서 펼쳐나가는 세계이기 때문에, 소설을 쓰려면 작가가 자신의 삶의 과정, 자신의 내면적인 감정의 깊이, 이런 것들을 잘 성찰하는 능력이 기본적으로 필요하기 때문입니다. 물론 이러한 능력은 소설가에게만 필요한 게 아니고 모든 사람에게 반드시 필요한 것이지요.

자연관찰지능(自然 觀察 知能 natural intelligence)

자연관찰지능은 natural intelligence라고 하는데, 사실 '관찰'이라는 행동특성이 들어있는 거니까 natural observation intelligence라고 부르는 게 더 적절할 것 같습니다. 자연관찰지능은 자연에 대한 관찰을 통하여 자연물과 자연현상의 형태 및 구조 등을 발견해내는 지능입니다. 자연관찰을 통해서 자연현상을 발견해내는 지능이지요. 이것은 동·식물이나 주변 사물들을 관찰하여 공통점·차이점을 찾아내고 분석하는 능력을 말합니다. 자연관찰지능과 관련이 높은 직업은 생물학자, 지리학자, 탐험가 등이 되겠습니다.

실존지능(實存 知能 existential intelligence)

실존지능은 한 개인이 자신의 삶에서 인생의 목적과 의미에 대해 깊이 있게 들여다보고 성찰하는 지능영역입니다. 즉 자신의 인생의 목적과 의미에 대하여 깊은 관심을 갖게 되는 지능을 말합니다. 다른 말로는 철학적 지능(philosophical intelligence)이라고 부르기도 해요. 실존지능이 높은 사람은 인간의 존재, 삶과 죽음의 문제, 인간의 본성, 인간과 삶의 가치 등에 대하여 철학적 사고를 하는 능력이 뛰어납니다. 실존지능과 관련이 높은 직업유형은 철학자, 신학자, 종교인이 되겠습니다.

영적 지능(靈的 知能 spiritual intelligence)

영적 지능은 신(神)의 본성, 신성(神聖)함, 영혼이나 내세 등과 같은 영적인 문제에 관심을 갖는 지능입니다. 영적 지능은 일반인들보다는 주로 종교인이나 성직자들에게서 나타나는 지능의 형태입니다. 그러니까 일반 사람들에게는 잘 나타나지 않고 종교인 혹은 성직자, 신부님이나 목사님, 스님 이런 분들에게서 나타나는 지능의 형태이죠. 흔히 과학을 추구하는 심리학의 특성상 이 영적인 측면, 영적·종교적 현상 이런 것들은 종교심리학이라는 분야가 있어서, 신앙이라는 개인적·집단적 행동을 심리학적으로 분석하기는 합니다. 심리 현상으로서 신앙과 종교의 행태를 분석하는 것이죠. 그런데 이러한 측면을 개인의 지적 능력, 지능의 고유영역으로 받아들이는 것은 가드너 이론의 독특한 특징이라고 할 수 있습니다.

영적 지능이 높다는 것은 우주와 인간 존재의 신적 본질에 대한 민감성이 높은 것이라고 할 수 있겠습니다. 신이 존재하느냐, 신의 본성은 어떠하냐에 대해서 깊은 관심을 가지고 있고, 영혼과 내세에 대하여 종교적인 사고와 실천을 깊게 하는 특징을 갖고 있다는 것이지요. 이는 성직자만 해당되는 게 아니라 종교를 믿고 있는 사람들, 종교의 믿음이 깊은 사람들이 보여주는 특징이기도 합니다. 영적 지능과 관련이 높은 직업유형은 특정 종교에 대한 신앙을 깊이 가지고 있는 성직자와 종교인들이 해당되겠습니다.

지금까지 살펴본 가드너의 다중지능이론은 우리 인간이 이러한 10가지 지능 가운데 적어도 네 다섯 개 이상의 다양한 지능을 함께 가지고 있다고 보는 관점입니다. 다중지능이론에서 지능은 여러 가지 능력으로 구분되어 구성돼 있는데요. 이 각각의 지능들이 우열이 있는 것이 아니라 서로 동등하게 똑같이 중요하다고 보는 관점입니다. 과거에는 인지적 기능을 지능의 핵심으로 보았기 때문에 지능이 높다, 지능이 낮다라고 얘기할 땐 인지적 능력이 높다, 인지적 능력이 낮다 이렇게 표현하는 것과 동일한 의미를 가졌습니다. 그런데 가드너의 다중지능이론에 따르면, 지능이 높다는 것은 인지적 지능이 높다, 인지적 기능이 높다만을 의미하는 게 아니라 운동지능이 높거나, 대인관계지능이 높거나, 혹은 자기 자신을 들여다보는 개인내적 지능이 높거나 한 걸 다 똑같이 지능이 높다고 말하는 것입니다. 요컨대, 다양한 형태의 지능이 동등하게 공존한다고 보는 관점인 것입니다.

특기할 만한 것은 한 사람이 이러한 다중지능이론의 능력들을 전부 다 골고루 높은 수준으로 지니고 있지는 못하다는 점을 들 수 있겠습니다. 즉 사람에 따라서는 특정 지능이 다른 지능들보다 더 잘 발달할 수 있고요, 어떤 영역은 잘 발달하지 않을 수도 있습니다. 그래서 자신에게 어떤 지능의 영역이 잘 발달되어 있는가를 파악하고 그 부분에 대한 계발을 힘써 노력한다면 성공적인 삶을 펼칠 수 있는 중요한 토대가 될 것입니다. 여기에 가드너 다중지능이론의 의미가 있습니다.

우리가 특정 영역에서 지능이 두드러지게 발달한 것을 '재능(talent)'이라고 하죠. 자신의 재능을 잘 찾아서, 잘 계발하는 것이 중요한 교육목표 아니겠습니까? 그런 점에서 가드너의 다중지능이론은 우리에게 어떤 능력들이 다양하게 갖추어져 있느냐를 살펴보고, 특정 영역에서 더 발달한 지능으로서의 재능을 잘 찾아내어 그것을 더욱더 심화시켜 나가는 데에 교육의 목적, 교육의 책무가 있다는 것을 시사하는 것입니다. 가드너의 다중지능이론을 보면 우리에게 여러 가지의 지능이 있다는 걸 알 수 있습니다. 그리고 우리에게 있는 뛰어난 지능을 더 집중적으로 계발하는 것이 우리가 성공하는 비결이다, 이렇게 결론지어 볼 수 있겠습니다.

3 스턴버그의 삼원지능이론(三元 知能 理論)

지능을 열 가지나 되는 능력으로 구분한 가드너의 다중지능이론은 지능의 종류를 보여줄 뿐, 학습능력이라거나 문제해결능력이라거나 환경적응능력이라거나 하는, 지능이 가지고 있는 절차적(節次的)·과정적(過程的)·방법적(方法的) 특성을 자세히 말해주지는 않습니다. 사실 지능이라는 것은 어느 영역에서든 공통적으로 발휘되는 두뇌작용의 절차적·과정적·방법적 조작(操作)이거든요. 이제부터 공부할 스턴버그(R. J. Sternberg)의 삼원지능이론(三元 知能 理論)은, 지능이란 "일상생활에서 부딪히는 문제를 해결하는 능력으로서, 세 가지 차원의 능력요소들이 통합적으로 연관되어 있는 역량"을 뜻한다고 보는 이론입니다.

스턴버그의 삼원지능이론은 특히 학습과 관련해서 아주 중요한 시사점을 주는 지능이론이라고 할 수 있습니다. 우리가 교육을 하고 학습을 하는 이유는 일상생활에서의 부딪치는 여러 가지 문제를 해결하는 능력을 기르기 위한 것입니다. 문제를 해결하는 과정과 능력을 일반적으로 지능이라고 정의해요. 그러면 우리가 문제를 풀어나가는 데 있어서는 구체적으로 어떤 어떤 능력들이 작용하느냐가 중요하게 규명되어야 할 탐구과제가 됩니다. 바로 이 점을 중심으로 지능에 대한 설명을 시도한 것이 스턴버그의 삼원지능이론이 되겠습니다.

지능의 세 가지 하위능력: 분석력, 창의력, 실행력

지능은 3차원적인 특성을 가지고 있다, 혹은 지능은 세 가지 차원의 능력들이 한데 묶여있는 것이다 이렇게 보는 관점이 스턴버그의 삼원지능이론입니다. 스턴버그는 지능이 서로 밀접하게 관련되어 있는 세 가지 하위능력으로 구성되어 있다고 보았습니다. 즉, 지능은 △분석력(analytical ability) △창의력(creative ability) △실행력(practical ability)이라는 세 가지 하위능력이 통합되어 있는 역량입니다.

지능은 일종의 능력입니다. 지능은 세 가지 하위능력으로 나뉩니다. 분석력, 창의력, 실행력으로 나뉩니다. '분석력'은 사물이나 개념을 그것의 구성요소로 나누어서 파악하는 능력입니다. 분석이라는 말은 사물을 구성요소로 나누어 본다, 쪼개어 본다라는 뜻이죠. '창의력'은 새로운 사물이나 개념 또는 아이디어를 내놓는 능력입니다. 새로운 생각, 새로운 답을 제시하는 능력이예요. '실행력'은 현실의 실제적인 문제들을 처리하고 해결하는 능력입니다.

스턴버그에 따르면 우리의 지능은 내용이나 문제를 분석하는 능력, 새로운 아이디어를 만들어내는 능력, 그리고 그러한 아이디어를 가지고 실제 문제를 해결하고 처리하는 능력으로 구성되어 있다는 겁니다. "지능 = 분석력 + 창의력 + 실행력"입니다. 이것을 스턴버그의 삼원지능이론(三元 知能 理論 theory of triad intelligence)이라고 부릅니다.

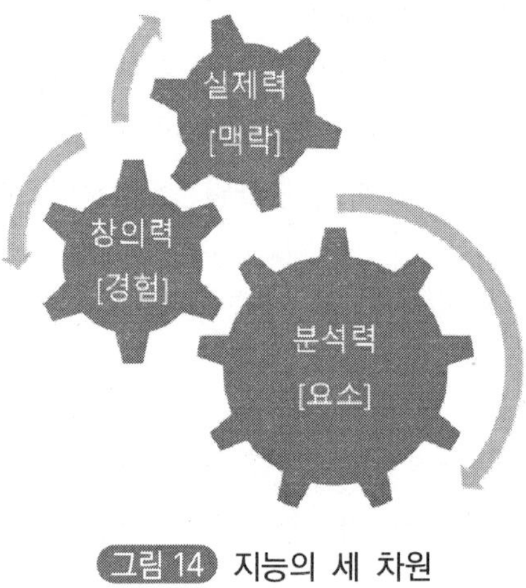

그림 14 지능의 세 차원

분석력, 창의력, 실행력의 밑바탕: 요소, 경험, 맥락

스턴버그에 따르면, 지능의 세 가지 능력인 분석력, 창의력, 실행력은 각각 그것이 발휘되는 영역 내지 지점이 있습니다. 분석력, 창의력, 실행력은 각각 요소(要素), 경험(經驗), 맥락(脈絡)을 바탕으로 발휘된다는 것입니다. 무슨 말이예요? 우리가 사물이나 대상을 분석하는 능력은 요소를 대상으로 발휘가 되고요, 새로운 아이디어를 만들어내는 창의력은 경험을 바탕으로 발휘가 되고요, 문제를 해결하는 실행력은 현실의 맥락 속에서 발휘가 되는 것이죠.

분석이라는 말 자체가 대상을 요소로 나눈다, 쪼갠다는 뜻입니다. 당연히 분석력은 '요소'를 끄집어내는 능력을 의미하는 겁니다. 분석력은 요소를 바탕으로 발휘됩니다.

창의력은 새로운 아이디어를 만들어내는 능력을 말하지요. 분석력을 발휘해서 분석한 내용으로 새로운 아이디어나 지식을 만들어내는 능력이 창의력입니다. 그런데 창의력이 발휘되려면 꼭 필요한 게 있습니다. 그것은 바로 '경험'입니다. 쉽게 말해서, 경험을 많이 쌓아야 새로운 걸 만들어낼 수 있습니다. 창의력은 경험을 바탕으로 발휘됩니다.

실행력은 현실에서 부딪치는 실제적인 문제들을 잘 처리하고 해결하는 능력입니다. 창의력으로써 새롭게 만든 아이디어를 실제에 적용해보는 단계라고 하겠습니다. 실제에 대한 적용에서 가장 중요한 것은 '맥락'입니다. 맥락이 맞아야 적용·응용이 성공할 수 있습니다. 맥락이 들어맞아야 문제해결이 성공할 수가 있는 거죠. 실행력은 맥락을 바탕으로 발휘됩니다.

정리해 보겠습니다. 우리의 지능은 분석하는 능력[분석력], 답을 만들어내는 창의적인 능력[창의력], 그리고 그 답을 실제 생활에 적용해

보는 실제적인 능력[실행력] 세 가지로 구성되어 있습니다. 그런데 우리가 분석력을 발휘하려면 대상의 요소들을 집중적으로 들여다보아야 할 필요가 있습니다. 요소를 들여다봄으로써 분석력을 발휘하게 된다는 것입니다. 문제에 새로운 답을 내놓는 창의력은 경험을 바탕으로 해서 형성되는 것이지요. 경험 속에서 창의력이 형성된다는 의미입니다. 실제 문제를 해결하는 실제적 능력 곧 실행력은 반드시 현실세계의 맥락 속에서 발현되고 적용됩니다. 맥락을 벗어나면 효력이 없어진달까요. 그래서 맥락을 바탕으로 실행력이 발휘되는 거예요.

요컨대, 우리의 지능은 분석력과 창의력과 실행력으로 이루어져 있어요. 분석력은 요소를 들여다보는 능력을 말하는 거고요. 창의력은 경험을 얼마나 많이 하느냐에 의해서 형성되는 게 창의력이고요. 실행력은 실제 삶의 맥락, 실제 문제의 맥락 속에서 적용되는 능력이예요. 그래서 요소와 경험과 맥락의 바탕 위에서 분석, 창의, 실행의 능력이 발현된다는 것이 스턴버그의 삼원지능이론입니다. 이제 지능의 세 가지 하위능력을 좀더 상세하게 살펴보겠습니다.

지능		
분석적 능력	**창의적 능력**	**실제적 능력**
요소 하위 이론	경험 하위 이론	맥락 하위 이론
-메타 요소	-새로운 경험을 과거의 경험에 연결	-환경 적응
-수행 요소	-새로운 문제를 해결	-환경 선택
-지식 획득 요소	-정보처리 과정의 자동화	-환경 조성
분석 판단 평가 비교 대비	창안 발견 발명 상상 탐색	응용 적용 활용 실행

그림 15 스턴버그의 삼원지능이론 개념도

분석력(analytical ability) = 메타요소 + 수행요소 + 지식획득요소

삼원지능의 첫 번째 차원인 분석력은 "새로운 지식을 습득하고, 이를 바탕으로 논리적으로 문제를 해결하는 데에 지식을 적용하는 능력"입니다. 그러니까 새로운 지식을 습득하는 것 즉 공부 내지 학습에서 가장 많이 작용하는 능력이 분석력이지요. 분석이란 인지적 행동의 기반이 되는, 기본적인 정보처리 기능입니다. 분석은 "요소하위이론"으로 뒷받침된다고 스턴버그는 이야기하고 있어요.

분석력은 요소하위이론으로 뒷받침된다는 말은, 분석을 수행하는 데에 있어 다음 세 가지 요소에 대한 정보처리가 집중적으로 수행된다는 뜻입니다. 즉 우리가 학습을 함에 있어서는 어떤 내용을 분석해서 이해하는 게 필요한데요. 내용을 분석해서 이해하려면 다음의 세 가지 요소를 잘 살펴봐야 된다는 겁니다. 첫 번째는 '메타요소', 두 번째는 '수행요소', 세 번째는 '지식획득요소'가 그것입니다.

메타요소

분석력을 뒷받침하는 첫 번째 요소는 "메타요소"입니다. 메타요소는 우리가 인지적 행동을 할 때 그 행동에 대한 계획을 세우고, 행동을 수행하는 과정을 관리·조직하는 기능을 말합니다. 예컨대, 우리가 어떤 과목에 대해서 학습을 한다고 해보면, 먼저 학습계획을 수립하고 그 계획을 구체화해서 스케쥴로 짠 다음에 계획대로 실행해 나가는 데 있어서 토대가 되는 능력이 메타요소예요. 내가 언제 이 일을 수행할 것인지, 그리고 지식을 획득하는 과정 자체를 언제 어떻게 적용할 것인지에 대해서 결정을 내리는 능력이 메타요소입니다. 정리하면, 메타요소는 계획을 세우고, 계획을 관리하고, 언제 어떻게 내가 활동을 수행할 것인지를 결정하는 능력이예요.

메타요소에는 다음과 같은 것들이 해당합니다.

첫 번째로, "문제를 인식하는 능력"입니다. 이게 제일 중요해요. 여러분, 우리가 학습을 할 때는 문제를 정확하게 인식하는 게 출발점입니다. 시험문제를 풀 때도 문제를 정확하게 파악하는 게 제일 중요하겠죠. 문제를 인식하는 능력은 어떤 것이 문제가 되느냐를 파악하는 능력이에요. 공부를 하는 것과 비교한다면, '내가 이 내용은 잘 이해하는데 저거는 이해를 잘 못하고 있구나' 이런 것들을 파악하는 겁니다.

두 번째는 "문제의 요건, 문제를 해결하기 위해서 달성해야 될 목표, 문제를 해결하는 데 있어서 장애요인 이런 것들을 정의하고 파악하는 능력"이에요.

세 번째는 "문제를 해결하는 데 필요한 하위 과정을 선택하는 능력"입니다. 문제를 해결하려면 어떤 하위 과정들을 수행해야 되느냐를 살펴보고 가장 효과적인, 가장 효율적인 것을 선택하는 능력입니다. 예를 든다면 여러분 이제 〈교육심리〉 중간고사가 다가오지 않습니까? 그러면 교육심리학 과목은 언제 중간고사 시험을 보는가? 그러면 그 시험 보는 날짜 이전에 내가 어느 정도 공부할 수 있는 시간이 나오는가? 그리고 나는 어느 정도의 학습목표를 세워서 공부를 할 것인가? 공부를 하기 위해서 내가 해야 할 구체적인 행동들은 어떤 것들이 있는가? 각 요일마다 내가 공부할 수 있는 시간은 어느 정도 확보할 수 있는가? 이런 것들을 쭉 살펴보는 것이 문제해결에 필요한 하위 과정들을 찾아보고 선택하는 것에 해당됩니다.

네 번째는 "문제를 해결하는 데 적절한 전략을 선택하는 능력"이에요. 문제해결을 위한 전략을 선택하는 능력이란, 예를 들면, 앞에서 시험공부 스케쥴을 짰다고 해봐요, 그러면 이제 공부할 때 구체적인 공부법, 학습전략 이런 것들을 정하는 것도 중요한 메타요소에 해당이 되는 것이죠.

다섯 번째는 "문제의 요건, 요건들 사이의 관계, 달성해야 할 목표들을 정신적으로 표상하는 능력"입니다. 그러니까 머릿속에서 '아, 이것은 어떤 것을 풀어야 되는 문제야.', '이 문제를 풀려면 이러이러한 요건들을 서로 관련 지어서 생각해야 돼.', '문제해결의 최종 목표는 이러이러한 거야.'라는 걸 전체적으로 머릿속에서 그려낼 수 있는 능력입니다. 사실 이 부분이 학습과 관련되어 제일 중요한 메타요소라고 할 수 있습니다. 이 과정을 잘 해야 정답을 만들어낼 수가 있거든요.

여섯 번째는 "문제해결에 주의력·집중력 등의 정신적 에너지를 할당하는 능력"입니다. 우리는 주의력과 집중력을 발휘해야 학습을 할 수 있습니다. 그런데요, 여러분, 우리의 주의력과 집중력은 한계가 있어요. 다른 곳에 주의력과 집중력을 발휘해 버리면 주의력과 집중력이 떨어집니다. 고갈돼요. 그러면 학습에 주의력과 집중력을 투입할 수가 없어요. 내가 가지고 있는 주의력과 집중력은 무한대가 아니고 하루 동안에 쓸 수 있는 주의력과 집중력이 정해져 있거든요. 그 정해져 있는 주의력과 집중력을 학습에 투입하는 데 있어서 적절한 시간 안배, 에너지의 안배를 해야 된다는 것이죠.

일곱 번째는 "문제해결 과정을 점검하는 능력"입니다. 문제를 풀어나가는 과정이 논리적인지, 순서에 맞게 진행되었는지, 효과적이고 효율적인 풀이 과정인지를 짚어나가는 것이 여기에 해당합니다.

여덟 번째는 "문제를 해결한 후 그 결과를 평가하는 능력"입니다. 특히 틀린 답을 만들어낸 풀이 과정을 되짚어보고 어디가 잘못되었는지를 하나하나 따져보고 점검을 해서 어디가 틀렸는지 알아내는 능력이 이에 해당합니다. 또한 문제해결을 통하여 소기의 목표를 어느 정도나 달성했는지를 파악하는 것을 가리킵니다

수행요소

분석력을 뒷받침하는 두 번째 요소는 "수행요소"입니다. 수행요소는 메타요소의 지휘와 감독을 받아서 문제해결기능을 수행하는 정신적 과정입니다. 쉽게 말씀드리면, 메타요소가 학습에 대한 관리와 감독의 영역이라면, 수행요소는 직접 학습행동을 수행하는 과정에 대한 영역입니다. 우리가 학습활동을 실제로 수행할 때나 또는 실제 문제해결에서 지능을 직접적으로 사용할 때는 어떤 행동들을 합니까? 첫 번째, 정보에 대해서 반응을 합니다. 두 번째, 정보를 지각하고 기억합니다. 세 번째, 정보들 사이의 관계를 파악하고 연결 지어봅니다. 네 번째, 추론해낸 법칙을 다른 상황에 대입하여 적용해 봅니다. 다섯 번째, 다양한 해결책 즉 다양하게 내놓은 해답을 서로 비교해서 그중에서 가장 좋은 최선의 해결책을 선택합니다.

그러니까 우리가 공부를 한다고 치면, 책을 열심히 읽고 수업을 열심히 듣고 내용을 필기하면서 기억하는 것까지 반응·지각·기억이라는 기초활동이 될 겁니다. 그 다음에 내가 공부한 내용들이 서로 어떻게 연관되는지 관계를 파악하고, 내가 공부해서 습득한 교과의 핵심내용, 핵심법칙을 적용하는 장면·상황을 살펴보는 겁니다. 마지막으로는 문제에 대해서 가장 적절한 답을 작성해 보는 것이죠. 이러한 것들은 관계 파악, 원리 적용, 해답 제시는 모두 심화활동이 되겠습니다.

지식획득요소

분석력을 뒷받침하는 세 번째 요소는 "지식획득요소"입니다. 이 말

은 우리가 어떤 내용을 분석하는 활동을 수행할 때는 지식획득이라고 하는 정신적 과정을 거쳐야 된다는 얘기입니다. 지식획득요소는 문제 해결에 필요한 정보와 지식을 학습하는 조작적인 정신 과정입니다. 한마디로, 학습의 수행이 지식획득요소의 본질이에요. 학습의 수행은 세 가지 단계로 이루어지는데요. 첫 번째는 선택적 부호화, 두 번째는 선택적 조합, 세 번째는 선택적 비교입니다.

첫 번째, "선택적 부호화"는요, 다양한 정보 가운데서 가장 적절한 정보를 추출해내는 과정입니다. 부호화한다는 것은 학습한 내용을 내가 이해하는 나의 언어로 다시 표현해 본다는 뜻입니다. 공부한 내용을 그림이나 도표로 그려본다든가 공부한 내용의 핵심을 문장으로 요약·정리해본다거나 하는 것이 선택적 부호화입니다. 여러분들이 수업시간에 노트필기를 하는 것이 선택적 부호화의 가장 대표적인 예시가 되겠습니다.

두 번째는 "선택적 조합"인데요, 이것은 선택적으로 부호화된 여러 정보들을 하나의 통합된 형식으로 종합·통합하는 것을 말합니다. 그러니까 산발적으로 노트필기한 내용을 하나로 엮어서 더 큰 덩어리의 일관성 있는 정보체계가 되도록 정리하는 과정이 선택적 조합입니다.

세 번째, "선택적 비교"는요, 조합된 새로운 정보와 내 머릿속에서 알고 있는 기존의 정보 사이의 관계를 비교하고 연결지어서 정보에 대한 심층적인 이해를 가져오는 단계를 말합니다. 여러분들이 지금 스턴버그의 삼원지능이론을 공부하고 있는데요, 지능에 대해서 수업을 들을 때, 앞의 강의에서 공부했던 인지발달이론에 대한 지식을 바탕으로 이번 강의의 앞 부분에서 다루었던 지능의 개념과 특성을 이해해 보고, 체계가 비교적 복잡한 삼원지능이론을 지능의 기본 특성과 연결지어 여러 가지 정보 사이의 관계를 비교·분석하면서 더 커다란 정보를 여러분들의 머릿속에서 만들어가고 있죠. 이게 지식획득요소의 발휘입니다.

창의력(creative ability) = 새로운 문제해결 + 정보처리 자동화

삼원지능의 두 번째 차원인 창의력은 "새롭게 답을 만들어내는 능력"을 말합니다. 분석력이 내용을 습득하는 데 초점을 뒀다면, 창의력은 답을 산출해내는 능력에 해당한다고 할 수 있습니다. 창의력은 "새로운 아이디어나 새로운 사물을 생각하고 만들어내는 능력"을 뜻합니다. 스턴버그에 따르면, 창의력은 "경험하위이론"으로 뒷받침됩니다. 무슨 말이냐면요, 경험을 많이 습득해야 창의적 능력이 계발된다는 뜻입니다. 일반적으로 창의력은 두 가지 능력으로 구성됩니다. 하나는 "새로운 문제를 해결하는 능력, 즉 어떤 문제에 대해서 새로운 답을 제시하는 능력"입니다. 또 하나는 "정보처리 과정을 자동화하는 능력"입니다. 즉 정보처리의 일련의 프로세스를 내가 무의식적으로도 수행할 수 있도록 자동화하는 것입니다.

새로운 문제의 해결

창의력의 첫 번째 요소는 "새로운 문제의 해결"인데요, 우리는 경험을 통하여 생소한 과제를 효과적으로 처리하는 능력을 증진시킬 수 있습니다. 경험이라는 말은 그 자체가 학습이 누적된 상태를 뜻하는 용어입니다. 경험이 있어야 새로운 과제를 풀 수가 있습니다. 창의력을 잘 발휘하는 사람들은 경험을 많이 습득해서 새로운 것을 잘 만들어낼 수 있는 사람들이라는 뜻이죠.

창의력을 잘 발휘하는 사람들은 특히 지식획득요소(선택적 부호화, 선택적 조합, 선택적 비교)를 능숙하게 활용한다는 특징이 있습니다.

창의력이 높은 사람은요, 첫 번째로, 새로운 장면에서 적절한 정보에 주의를 잘 기울입니다. 주의를 잘 기울인다는 건 주의집중을 잘한다는 뜻이죠. 그리고 그렇게 주의를 집중한 것을 그림이나 문장으로 표현하는 일을 잘합니다. 이걸 "선택적 부호화"라고 하지요.

두 번째로, 서로 아무런 연관이 없는 것들을 관련시켜서 새로운 것을 잘 만들어냅니다. 일견 서로 관련성이 없는 것처럼 생각되는 것을 묶어 가지고 새로운 사물을 결합시키는 아이디어가 뛰어나지요. 카메라와 전화기를 결합할 생각을 누가 했겠습니까? 오늘날 우리가 사용하는 휴대폰은 다 카메라 기능이 있지 않습니까? 전화기에 카메라가 달린 것인지 카메라에 전화기가 달린 것인지 알 수 없을 정도로 카메라 기능이 아주 좋아지고 있습니다. 서로 연관이 없는 것들을 관련시켜서 한데 합쳐서 새로운 것을 잘 만들어내는 능력이 "선택적 조합"입니다.

이런 선택적 조합을 잘 하려면요. 세 번째로, 기존의 사물과 생각을 다른 각도에서 파악하고 새로운 것을 유추해내는 능력이 필요합니다. 창의력이 높은 사람은 사물을 새로운 시각에서 바라보는 능력이 뛰어나요. 이것을 우리는 "선택적 비교"라고 부릅니다.

정보처리의 자동화

창의력의 두 번째 요소는 "정보처리의 자동화"입니다. 창의력이 잘 발휘될수록 정보처리 과정을 자동적으로 수행하는 능력이 높아진다는 것이죠. 우리는 경험을 쌓으면 쌓을수록 정보처리를 자동적으로 할 수 있는 능력을 증진시킬 수 있습니다. 예를 들어서 운전을 처음 배운 사람들은 운전에 필요한 동작들을 수행하는 데 아주아주 애를 먹습니다. 그러다가 운전을 많이 할수록, 운전경험이 늘어날수록, 운전할 때 사용하는 여러 가지 동작의 수행을 의식하지 않고도 자동적으로 수행할 수 있게 됩니다.

외국어도 마찬가지죠. 영어를 사용하는 외국인을 만나서 영어로 얘기할 때, 처음에는 우리말로 먼저 생각을 했다가 그 우리말을 영어로 어떻게 표현하면 좋을까 한 단어 한 단어 떠올린 다음에, 그걸 문장의 형태로 조합을 해서 상대방에게 말을 합니다. 상대방이 대답을 하면 그 대답을 듣고, 단어 하나가 무슨 뜻인가 하나하나 생각해 보고, 그거 전체를 문장으로 만들어서 우리말로는 이런 뜻인가 보다라고 이해한 다음에, 또다시 내가 무슨 말을 할까 생각을 합니다. 이걸 또다시 영어로는 어떻게 말하나 생각하고요. 그러다 보면 말을 유창하게 할 수가 없죠. 그러나 영어를 공부하고, 영어를 자꾸 사용하는 경험이 쌓이면, 우리는 이제 의식적으로 문장을 굳이 우리 말로 하나하나 바꾸고 우리 말 어순으로 표현하고 하지 않아도, 영어 문장을 듣고 그대로 이해해서 그대로 영어로 말하는 경지에 올라서게 됩니다. 즉 영어로 듣고 영어로 말하는 단계가 되죠. 이러한 단계가 정보처리의 자동화 단계입니다.

지능이 높은 사람, 창의적 능력이 높은 사람은 문제해결 과정에서 이렇게 정보를 자동적으로 처리하는 능력이 매우 뛰어납니다. 이것을 우리는 뭐라 그러냐면, 흔히 루틴(routine)의 형성, 습관의 형성이라고 해요. 운동에서도 중요한 게 루틴이죠. 공부에서도 중요한 게 루틴입니다. 일정한 동작의 패턴을 반복적으로 수행해서 거의 자동적으로 실행하게 하는 것이 루친의 형성입니다.

정보처리의 자동화는 문제를 신속하게 처리하는 데 큰 도움을 줍니다. 즉 문제를 해결하는 속도, 문제를 처리하는 속도가 빨라지게 된다는 것이죠. 그래서 정보처리를 자동으로 하는 능력이 생기면 우리는 새로운 정보를 처리할 때 우리의 한정된 인지적 자원을 매우 효율적으로 활용할 수 있게 됩니다.

실행력(practical ability) = 환경적응 + 환경조성 + 환경선택

삼원지능의 세 번째 차원인 실행력이란 "현실의 환경·상황에 적응하고, 환경을 선택·조성하는 능력"입니다. 즉 실행력은 문제해결 과정에서 맞부딪힌 환경과 상황을 잘 파악해서 그에 잘 적응하는 능력이예요. 또 다른 표현을 한다면, 분석력과 창의력을 일상적인 실생활에 실천하는 능력입니다. 여러분, 내용분석을 잘했어요. 그래서 새로운 답변, 새로운 대답도 산출해 냈어요. 그런데 그걸 실생활에 적용·실행하지 못하면 아무런 소용이 없는 거죠. 분석한 내용과, 그것으로부터 얻어낸 창의적인 답변을 실생활에 적용하고 실천하는 것, 이거 아주 중요한 지능입니다. 실행력은 "맥락하위이론"에 의해서 뒷받침되는데, 맥락하위이론에 따르면 우리의 실행력은 "환경에 대한 적응", "환경에 대한 조성", "환경에 대한 선택"의 세 가지 기능으로 구성되어 있습니다.

환경 적응

환경에 대한 적응이란 "환경과 조화를 이루는 것"을 말합니다. 즉 환경과 조화관계를 유지해 나가는 거예요. 피아제 식으로 말한다면, 나의 기능과 환경의 특징이 서로 평형관계를 이루는 겁니다. 그러니까 내가 어떤 환경에 처했을 때 그 환경에 불편함이 없는 상태가 되는 게 환경의 적응이에요. 생물학적 항상성(biological homeostasis)을 유지하는 거지요.

환경 조성

그런데 만약 내가 환경에 적응하지 못하면 "나의 요구나 능력에 맞게 환경을 새로 만들어내야" 됩니다. 이것을 환경 조성이라 그래요. 자, 내가 공부하려고 하는데요, 너무 시끄러운 환경이에요. 너무 주위가 산만하고 지저분해요. 그러면 문을 닫고, 창문도 닫고, 소리도 안 들리게 하고, 휴대폰이나 텔레비전 다 끄고, 책상이 너무 지저분하다면 책상을 깨끗하게 정리해서, 공부할 수 있는 환경을 만드는 거죠. 이게 환경 조성에 해당되는 행위인 겁니다.

환경 선택

그런데 자신에게 맞는 환경을 조성할 수 없거나 혹은 조성하는 데 실패하면 새로운 환경을 찾아서 선택해야 되겠죠. '깨끗한 환경, 공부할 수 있는 조용한 환경으로 가야 되겠다, 학교 도서관을 가자.' 이렇게 결정하는 겁니다. 이 경우는 환경을 새롭게 찾아서 선택하는 과정이 되겠어요.

환경선택, 환경적응, 환경조성은 대상과 상황에 따라서 상대적으로 진행되는 것입니다. 우리의 실행이 '대상과 상황에 따라 상대적으로 진행된다'는 것은 '맥락에 따라 진행된다'는 말입니다. 불가피하게 장소를 이동할 수 없다면 장소를 새롭게 조성해야겠죠. 선택도 조성도 할 수 없다면 그냥 적응해야죠. 그래서 귀마개를 하고 공부를 하는 것이나 칸막이를 치고 공부를 하는 것도 생각해 볼 수 있겠죠. 요컨대, 지능이란, 지능의 실행력이란, 어떤 행동이 이루어지는 맥락을 잘 찾아서 그 맥락에 맞게 행동하는 능력인 것입니다. 맥락을 잘 파악하고 맥락에 잘 적응하는 것은, 우리에게 주어진 환경을 잘 파악하고 그에 적응하는 것을 뜻하는 것이라고 하겠습니다.

지금까지 공부한 것을 정리해 보겠습니다. 지능은 언어능력(言語 能力), 수리능력(數理 能力), 공간지각능력(空間 知覺 能力)의 조합에서 더 나아가 문제를 해결해나가는 인지 과정(認知 過程)을 포괄하고, 점점 더 확장되어 정서적·사회적 측면의 심리기능까지도 포함하는, 인간의 총체적 심리역량입니다. 현대의 지능이론에서는 단순한 인지적 기능으로서의 정보처리만이 아니라, 정보처리를 위하여 우리가 발휘하는 메타인지(meta-cognition), 정서조절(emotional regulation), 사회과정(social-relationa process) 등의 비인지적 활동도 지능의 영역에 포함됩니다. 교육 역시도 인지적 활동의 영역과 비인지적 활동의 영역이 상호 연관되면서 아동의 성장을 이끌어내는 것이라는 점에서 현대의 지능이론은 교육과 학습의 과정(過程)에 많은 시사점을 줍니다. 다음 시간에는 스턴버그의 삼원지능이론에서 창의력과 관련되는 영역을 "창의성"이라는 제목으로 좀 더 공부해보도록 하겠습니다. 감사합니다.

아홉 번째 강의
창의성

오늘은 아홉 번째 강의로서 '창의성'을 공부하고자 합니다. 새로운 아이디어나 새로운 사물을 만들어내는 능력을 창의성이라고 하지요. 교육에서 창의성이 중요하게 부각된 시기는 1950~1960년대부터입니다. 1950~60년대는 미국을 기준으로 볼 때 컴퓨터를 가지고 지식을 통해서 새로운 아이디어, 이론, 물건 이런 것들을 만들어내는 지식·기술사회가 되었던 시대입니다. 그때 과학지식 혹은 과학이론을 가지고 새로운 것을 탐구하고 새로운 사물을 만들어내는 능력이 국가 사회적으로 산업에서 아주 중요한 게 되었는데요. 그러한 취지로 교육에서 학생들에게 가르치려고 힘썼던 능력이 창의적 사고, 창의성이었습니다. 오늘날에는 지식기반사회를 넘어 4차 산업혁명의 시대, AI의 시대가 되었죠. AI 시대의 학교 교육 역시 상상력을 기반으로 하는 창의성을 개발해 나가는 교육을 지향하고 있습니다. 창의성이 이전보다 훨씬 더 중요하게 부각되었죠. 오늘은 창의성이 무엇인지 창의성의 본질과 창의성의 특성 그리고 창의성을 개발하는 대표적인 방법 등을 함께 공부해 보겠습니다.

1 창의성이란 무엇인가

창의성(creativity)이란 무엇일까요? 우리는 같은 의미로 창의력(creative talent)이라는 말을 쓰기도 하고, 창의적 사고(creative thinking)라고 하기도 합니다. 국어사전에서 '창의력'이라는 낱말을 찾아보았습니다. 창의력이란 "새로운 착상이나 의견을 생각해내는 능력"이라고 정의되어 있어요. 창의성을 국어사전에서 찾아보니까 "새로운 착상이나 의견을 생각해내는 특성"이라고 정의되어 있습니다. 결국 창의력 또는 창의성에서 핵심은 새로운 아이디어를 산출해내는 데 있지요. 창의성의 핵심은 새로운 아이디어를 생각해내는 데 있습니다. 요컨대, 남들이 하지 않은, 남들이 내어놓지 않은, 새로운 생각을 제시하는 능력을 우리는 창의성이라고 합니다.

심리학에서는 지능을 연구했던 학자들이 창의성을 많이 연구하였습니다. 지능의 여러 측면을 연구하다 보니까 창의성이라고 하는 정신의 특성을 찾아냈고 그것을 좀 더 집중적으로 연구하게 된 것이죠. 길포드(Guilford)라는 심리학자는 창의성을 "새롭고 신기한 것을 창출해내는 힘"이라고 정의하고 있습니다. 길포드 역시 새로운 것을 제안하는 정신의 능력을 창의성이라고 보았다는 거죠. 영재학자인 갤러거(Gallagher)는 창의성을 "새로운 아이디어나 산물을 독창적으로 재생산해내는 정신 과정"이라고 정의하였습니다. 새로운 아이디어를 제시하는데요, 남들과 다른 방식으로 독창적으로 재생산한다는 거죠. 여기서 '재생산(reproduction)'이라는 용어는 '새롭게 다시 만들어낸다'는 뜻이예요. 어떤 낯선 사물이나 아이디어를 남들과 다른 방식으로 새롭게 내놓는 것을 창의성이라고 보았던 것입니다.

1960년대까지는 심리학에서는요, 창의성을 개인의 인지적 능력과 결부해서 이해했습니다. 무슨 말이냐면, 창의성은 지능과 밀접하게 관련된 능력이라고 생각했다는 겁니다. 그래서 지능이 높은 사람이 창의성도 높다 이렇게 생각했던 것이죠. 그러다가 연구를 더 해보니까 창의성은 개인의 인지적 능력만 관여되는 게 아니었어요. 1980년대 이후에는 창의성을 개인의 기질이나 성격과 같은 정서적인 요소와 결부지어서 연구하게 됩니다. 더 나아가서 창의성을 개인이 살고 있는 가정환경, 사회의 문화환경에까지 폭넓게 관련시켜서 창의성을 연구하게 됩니다. 그러니까 가정의 문화 그리고 한 사회의 문화가 얼마나 사람들에게 자유로운 사고, 자유로운 상상을 허용하느냐 이런 것들에 의해서도 창의성이 발현된다고 연구하게 된 것이죠.

2 창의적 사고

우리는 앞에서 창의성의 개념을 "새로운 아이디어를 산출하는 정신적 능력"이라고 정의했습니다. 그런데 여러분, 우리가 새로운 아이디어를 내놓는 건 뭘 통해서입니까? 생각이라는 걸 통해서 하는 거죠. 사고 과정을 통하여 새로운 아이디어를 내놓는 겁니다. 그래서 심리학자들은 창의성을 곧바로 창의적 사고와 결부짓기 시작했습니다. 한마디로 창의성의 본질은 창의적 사고력이라고 본 것이죠. 창의성을 사고력과 관련지어서 연구를 하다 보니까 아주 중요한 사실을 심리학자들이 발견하게 됩니다. 인간의 사고패턴, 사고유형을 쭉 연구해 보니까요, 인간의 사고패턴은 두 가지 형태로 이루어지더라는 거예요. 하나는 "수렴적 사고(convergent thinking)"이구요, 다른 하나는 "발산적 사고(divergent thinking)"라는 것입니다. 그리고 창의성은 후자인 발산적 사고와 직결된다는 걸 발견하게 됩니다.

이것을 말한 사람은 길포드였습니다. 길포드의 연구에 따르면, 창의성의 본질은 사고력에 있는데, 사고력을 연구해 보니까 사고유형이 수렴적 사고와 발산적 사고의 형태로 나타나더라 라는 거죠. 수렴적 사고와 발산적 사고라는 용어는 사실 우리에게 매우 익숙한 용어죠. 수렴과 발산, 고등학교 수학시간에 들어보셨을 겁니다. 우리가 미적분 방정식을 공부할 때 수렴과 발산의 개념이 등장하잖아요. 그걸 떠올리시면 수렴적 사고와 발산적 사고를 쉽게 이해하실 수 있을 거예요.

수렴적 사고(convergent thinking)

먼저 수렴적 사고(收斂的 思考)가 뭔지 살펴보겠습니다. 수렴이라는 건 '어떤 한 지점으로 다른 사물들이 쭉 모여 들어간다'는 의미를 갖는 용어입니다. 수렴적 사고란 '지금까지 습득한 지식과 정보의 체계 안에서 주어진 문제에 대한 해답, 즉 주어진 문제에 대해서 단 하나의 올바른 정답을 찾아나가는 정신적 사고능력'을 말합니다. '여러 가지 지식과 정보 중에서 특정한 문제를 해결하는 데 필요한 단 하나의 정답을 찾아나가는 능력'을 수렴적 사고라고 불러요.

예를 들면 여러분들이 중간고사나 기말고사를 볼 때, 지금까지 여러 과목에서 배운 지식을 총동원해서, 그 지식의 범위 내에서 출제된 문제를 읽어보고, 그 문제를 해결하는 정답 하나를 딱 찾아서 선택하는, 이러한 방향의 사고, 이러한 유형의 사고가 수렴적 사고입니다.

발산적 사고(divergent thinking)

이에 비해서 수렴적 사고의 반대방향으로 펼쳐지는 사고가 발산적 사고(發散的 思考)인데요. 발산은 '어떤 한 지점에서 여러 방향으로 사물이 퍼져나가는 것'을 뜻하는 용어죠. 발산적 사고라고 하는 것은 '주어진 문제에 대하여 기존의 지식과 정보를 바탕으로 생각하되 그러한 내용들을 뛰어넘어서 좀 더 새롭고 다양한 해답을 두루두루 생각해보는 정신능력'이라고 할 수 있습니다. 즉, '단 하나의 정답을 찾는 게 아니라 이 문제에 해당하는 여러 가지 다양한 해답을 두루두루 끄집어내는 사고유형'이 발산적 사고라고 할 수 있습니다.

예전에 MBC 텔레비전에서 방송했던 〈무한도전〉이라는 예능 프로그램 기억하십니까? 이 무한도전 프로그램의 한 꼭지에 '무한상사(無限商社)'라는 꼭지가 있었죠. 무역회사인 무한상사의 영업부서 이야기인데요. 이 무한상사 코너에서 유재석 부장이 팀원들에게 신제품을 만들어내는 오더를 내리고, 이에 신제품을 개발하기 위해서 다양한 아이디어를 쏟아놓는 아이디어 회의를 하죠. 이때 이 아이디어 회의에서 이루어지는 사고패턴이 발산적 사고입니다. 여러 팀원들이 이 물건 만들어 봅시다, 저 물건 만들어 봅시다, 여러 가지 다양한 생각을 막 쏟아놓잖아요. 〈개그콘서트〉라는 KBS의 코미디 프로그램도 있지요. 이 개콘의 개그맨들이 꽁트의 코너를 위해서 아이디어 회의를 할 때도 역시 발산적 사고의 과정이 진행됩니다. 개그맨들은 개그의 주제를 먼저 정하고, 그 주제에 맞춰서 다양한 소재를 찾아내고, 그 소재를 어떻게 시나리오화할 것인가 아이디어 회의를 엽니다. 이때 여러 가지 생각들을 함께 하게 되는데, 이러한 사고는 발산적 사고인 거죠. 수렴적 사고와 발산적 사고 가운데 창의성과 직결되는 것은 발산적 사고입니다.

창의성을 연구하는 심리학자들이 사고의 패턴을 창의성과 결부지어서 살펴보다 보니까 인간의 사고유형, 사고패턴을 또 다른 방식으로 구별해 보게 되는데요. 이것 역시 두 가지 형태로 나뉩니다. 하나는 "수직적 사고(vertical thinking)"라고 하는 것과 다른 하나는 "측면적 사고(lateral thinking)"라고 하는 것입니다. 창의성 연구에서 아주 뚜렷한 족적을 남긴 드 보노(De Bono)라고 하는 학자가 있는데요. 이 드 보노에 따르면, 인간의 사고패턴은 수직적 방향과 수평적 방향 두 방향으로 이루어집니다. 이때 수직적 방향으로 이루어지는 사고를 수직적 사고, 수평적 방향으로 이루어지는 사고를 측면적 사고라고 불렀습니다. 그리고 창의성에 직결되는 사고는 측면적 사고라는 걸 밝혀내죠.

수직적 사고(vertical thinking)

수직적 사고란 '어떤 아이디어의 진위(眞僞) 여부를 밝혀내기 위한 논리적 사고 과정'을 말합니다. 어떤 아이디어가 제시됐을 때 이게 맞는 거냐, 틀리는 거냐 판단해야 돼요. 이때 적용하는 사고가 수직적 사고라는 거예요. 수직적 사고의 가장 대표적인 특징은 논리적 사고라는 겁니다. 즉, '논리학의 규칙에 따라서 하나하나 순서대로 따져봐서 맞는 건지 틀리는 건지 찾아내는 사고'가 수직적 사고라는 거예요.

수직적 사고는 계열적(系列的)·선형적(線型的) 문제풀이 과정을 본질로 합니다. 계열적·선형적 문제풀이라는 건, 특정한 순서대로 하나하나씩, 차례차례 문제의 요소들을 다루어 나가는 과정을 계열적·선형적 문제풀이라고 불러요. 계열에 따라서 쭉, 선에 따라서 일렬로 이어지는 활동을 통해서 문제를 푼다라는 뜻이에요.

계열적·선형적 문제풀이의 가장 대표적인 유형이 어떤 거겠어요? 그렇죠, 수학문제 푸는 거예요. 수학문제는요, 공식을 적용해서 순서에 맞게 풀어야 돼요. 사칙 연산의 순서, 인수분해의 순서, 방정식을 풀어나가는 순서가 있어요. 그 순서를 잘못 적용하면 잘못된 답, 오답(誤答)을 내놓게 되는 거죠. 논리적인 규칙에 따라 올바른 순서대로 문제를 풀어나감으로써 정답을 찾아내게 되는데, 바로 이때 사용하는 사고가 수직적 사고입니다.

측면적 사고(lateral thinking)

수직적 사고와 달리, 측면적 사고라는 것은 '여러 가지 측면을 두루두루 살펴보는 사고'라고 쉽게 생각해 볼 수가 있는데요. 측면적 사고는 '새로운 아이디어, 새로운 방법, 새로운 관점 등을 다양하게 모색하는 사고'라고 정의할 수 있습니다. 다른 말로는 수평적 사고(horizontal thinking)라고 할 수 있어요. 측면적 사고에서는요, 특정한 지식과 정보를 직접 적용하기보다는 주로 간접적이고 창의적인 형태로 '지식을 구성적으로 변환시켜서 적용'하는 것이 특징입니다. 무슨 말입니까? 여러 가지 지식을 다 섞어서 새로운 형태로 만들어서 사고를 펼쳐나간다는 것이죠. 그래서 이 측면적 사고라고 하는 것에는 지식을 논리적으로 꼼꼼하게 따져나가는 지점 즉 논리적인 사고의 특징과 함께, 감정이나 정서나 분위기 이런 것들도 함께 두루두루 살펴보는 비논리적인 특성까지 모두 다 포함된다고 할 수 있습니다.

특히 측면적 사고는 '어떤 사물의 정형화된 측면을 보는 것을 넘어서서 남들이 보지 않는 다양한 측면을 두루두루 주목하는 것'이 아주 중요한 면이라고 할 수 있겠습니다. 측면적 사고를 이렇게 생각해 볼 수도 있겠네요. 여러분들이 장사를 하려고 해요. 사업을 하려고 해요. 음식점을 하나 차린다고 해봅시다. 그러면 어떤 음식을 만들어서 팔까? 그 음식을 만들어서 파는 과정, 음식을 조리하고 그걸 먹을 수 있는 식품으로 내놓는 과정에 집중하는 건 아마 수직적 사고가 작용해야 할 거예요.

그런데 음식을 만들어서 판다고 할 때, 예컨대 점포를 낸다고 합시다. 점포를 어디 어느 지역에 낼 거냐, 어떤 주변 환경요소 속에서 가게를 낼 거냐, 그리고 그 주변 환경요소에서 어떤 점들을 고려해서 가격을 책정하고, 판매전략을 짜고, 주 소비층의 타겟을 정할 것이냐 이런 것들을 두루두루 생각하지 않으면 우리가 가게를 열어서 사업하는 게 힘들겠죠. 여러 가지 측면을 두루두루 생각해서 문제를 해결하려고 할 때 우리는 측면적 사고를 활용하게 되는 것입니다. 바로 이 측면적 사고가 창의성과 직결되는 사고유형입니다.

정리하자면 우리 인간의 사고패턴은 크게 두 가지 유형으로 나타난다는 겁니다. 수렴적 사고와 발산적 사고, 또는 수직적 사고와 측면적 사고 이렇게 두 가지 대립되는 패턴으로 등장하는 거죠. 그런데 창의적 사고라고 하는 것은 발산적 사고와 측면적 사고를 본질로 삼는다라는 겁니다. 어떤 면에서 보면 발산적 사고와 측면적 사고는 동일한 사고 형태를 명칭만 다르게 부른 거라고 할 수 있죠. 여러 가지 측면을 두루두루 살펴보는 거는 당연히 사고의 방향이 발산적 방향으로 펼쳐지는 거잖아요. 발산적 사고와 측면적 사고는 둘 다 창의성의 핵심요인입니다. 발산적 사고와 측면적 사고에서는 여러 가지 해답을 두루두루 찾아보는 탐색 능력을 강조하고 있지요.

3 창의성의 구성요소

창의성을 구성하는 요소에는 어떤 것들이 있을까요? 적어도 창의적 사고라고 할 때에는 여타의 사고력과 달리 어떤 요소들을 갖추어야 창의적 사고라고 말할 수 있을까요? 길포드에 따르면, 창의성의 핵심이 되는 발산적 사고는 ①민감성(敏感性) ②유창성(流暢性) ③융통성(融通性) ④독창성(獨創性) ⑤정교성(精巧性) ⑥재조직(再組織)의 여섯 가지 요소로 구성되어 있습니다. 그렇다면 우리는 창의성 또한 적어도 이 여섯 가지 요소로써 구성되는 것이라고 볼 수 있겠습니다.

민감성

창의성을 구성하는 첫 번째 요소는 "민감성(敏感性 sensitivity)"입니다. 민감성은 어떤 대상을 받아들이는 정도를 뜻하는 용어인데요. 창의적 사고에서 민감성이라고 하는 건 "주어진 문제를 민감하게, 있는 그대로 지각할 수 있는 능력"을 말합니다. 문제를 민감하게 받아들이고 지각하는 능력, 달리 말하면 문제를 읽고 그 문제가 뭐를 요구하는 건지 이걸 즉각적으로 파악할 수 있는 능력이 민감성이예요. 또한, 문제와 상관없는 여러 가지 자극을 다 걸러내고 문제에만 딱 집중할 수 있는 능력이기도 합니다.

사고력의 측면에서 민감성이 높은 사람들은 자신이 어떤 문제에 초점을 두고 사고를 전개해야 되는지 즉각적으로 파악해낼 수가 있다고 해요. 이것을 인지심리학에서는 "장-독립적 지각(場-獨立的 知覺 field-independent perception)"이라고 합니다. 장-독립적 지각은 문제를 살펴볼 때 주변부의 부차적인 요소들은 다 걷어내고 문제의 핵심을 딱 집어서 파악하는 인지능력을 말합니다. 문제의 핵심을 딱 집어서 파악하는 능력이 민감성이고요, 민감성이 높은 사람이 창의성이 높다는 것이죠.

유창성

창의성을 구성하는 두 번째 요소는 "유창성(流暢性 fluency)"입니다. 유창성은요, 수돗물을 틀어놓으면 수돗물이 콸콸 쏟아지잖아요. 이게 유창성이예요. 사고력에서 유창성이라고 하는 것은요, "제한된 시간 안에 주어진 자극에 얼마나 많은 반응을 보일 수 있느냐에 관한 능력"을 말해요. 즉 제한된 시간 안에 어떤 자극에 대해서 얼마나 많은 답을 쏟아낼 수 있느냐 하는 게 유창성입니다.

그래서 유창성은요, 생각, 아이디어, 반응을 얼마나 많이 쏟아내느냐 하는, 반응의 양적 측면이 제일 중요해요. 발산적 사고에서의 유창성은 반응의 질이 중요한 게 아니고 반응의 양이 중요합니다. 얼마나 많이 아이디어를 내어놓느냐 하는 것이 유창성의 핵심이예요.

융통성

창의성을 구성하는 세 번째 요소는 "융통성(融通性 flexibility)"입니다. 융통성을 뜻하는 영어 단어 flexible은 어떤 사물이 잘 구부러지느냐, 유연하냐 이것을 표현하는 용어예요. 우리 흔히 이런 말 하잖아요. "이 사람은 참 융통성이 없어." 언제 사용하는 표현입니까? 어떤 일을 할 때 원칙을 정해놓고 그 원칙만 밀고 나가면, 다른 사람들한테 '융통성이 없다.'는 소리를 좀 듣게 마련이죠. 융통성이라는 것은 "한 가지 문제에 얼마나 다양한 방식으로 접근하느냐 하는 능력"을 말합니다. 융통성이 높다는 건 특정 문제에 대해서 다양한 방식으로 접근한다는 걸 뜻하는 거예요.

주어진 문제에 대하여 정형화된 단 한 가지의 해결방법을 고집하지 않고, 다양하게 여러 가지 접근방법을 모색해서 해결하려고 하는 것이 융통성의 핵심입니다. 그러고 보면 우리가 어떤 규칙을 벗어나서 어기는 것을 합리화하려고 '융통성 어쩌고'하는 표현을 사용하게도 되는데요, 이건 좀 잘못된 거라는 점을 기억해 주면 좋겠어요. 아무튼, 융통성이라고 하는 것은 "문제를 해결할 때 여러 가지 다양한 접근방법을 살펴보는 측면"을 뜻하는 건데요. 발산적 사고에서 융통성이 제대로 발휘되려면 문제해결을 위한 시간적 여유와, 해답이 틀려도 크게 개의치 않는 대범함이 필요합니다.

독창성

창의성을 구성하는 네 번째 요소는 "독창성(獨創性 originality)"입니다. 독창성이란 "기존 지식을 반복하는 것을 넘어서서 이를 통합하거나 재구성하여 남들과는 다른 새롭고 특이한 반응을 만들어내는 능력"을 말합니다. 즉 나만의 그 무엇을 만들어내는 능력, 이걸 독창성이라고 하죠. 창의성을 연구하는 학자들은 독창성을 창의성에서 가장 중요한 부분이라고 봅니다. 왜냐하면, 어떤 아이디어 혹은 사물의 창출에서 독창성이 결여되면 '이건 창의적인 게 아니야'라고 본다는 것이죠.

여러분, 옷이나 가방을 만드는 패션회사 디자이너가 어디에 제일 집중하는지 아십니까? 독창성에 집중해요. 드레스를 만들거나 구두를 만들거나 가방을 만들거나 할 때요, 가방, 구두, 드레스, 양복 이런 것들이 사실은 형태들이 다 똑같지 않습니까? 같은 형태인데요. 그 같은 형태에서도 우리 회사 제품만의 고유한 아이덴티티가 들어가는 독창적인 디자인, 이걸 강조하잖아요. 그리고 그 디자인의 독창성 때문에 상품의 가격에 0이 하나 붙고, 두 개 붙고, 더 붙고 막 이러는 거잖아요. 결국 독창성이라고 하는 것은 다른 사람의 것을 베낀 게 아니고 "나만의 새로운 아이디어, 나만의 특이한 아이디어를 제시하는 능력"을 말합니다. 이 점에서 본다면 독창성의 핵심은 "남과 다른 시각으로 사물을 바라본다"는 데에 있는 것이죠. 그리고 독창성이란 한 개인의 성격, 즉 개성이라고 부르는 영역과 매우 밀접하게 관련되는 요인입니다. 개성이 흘러넘치는 사람들이 사실은 독창성이 높아요. '아, 이 사람 아주 독특한데.'라는 평을 듣는 사람들일수록 번뜩이는 독창성, 창의성을 보여주는 경우가 많습니다.

정교성

창의성을 구성하는 다섯 번째 요소는 "정교성(精巧性 elaboration)"입니다. 정교성은 "사물이나 대상을 점점 더 복잡한 형태로 완성시켜 나간다"는 의미를 가지고 있어요. 정교성이란 "문제를 다룰 때 좀더 완전한 정보체계를 만들어서 문제를 다뤄나가는 능력"을 말합니다. 사고력의 측면에서 문제풀이 과정은 다음과 같이 진행됩니다. 먼저 주어진 문제의 구조를 파악하고, 문제에 들어있는 요소를 세분화해서, 문제에 담긴 의미와 해결해야 하는 과제를 명확하게 파악합니다. 이렇게 한 후에 이 문제를 풀어나가려면 어떤 요소들이 더 필요한지를 찾아내서 보완함으로써 문제에 대한 해답을 점점 더 완성된 형태로 발전시키게 되지요. 이러한 과정을 정교성이라고 합니다.

문제가 주어졌을 때 문제가 뭘 요구하는지를 파악하고, 그 문제를 해결하는 데 필요한 지식들을 끌어모아서, 그 지식들을 가지고 문제를 해결하는 순차적인 논리구조를 찾아나가고, 부족한 논리구조나 부족한 지식의 영역이 있으면 그것을 찾아서 보완함으로써, 문제를 해결해 나가는 지식체계를 더 크게 완성시켜 나가는 게 정교성이예요. 이게 흡사 뭐하고 비슷하냐면 조각퍼즐을 맞추는 것과 유사해요. 50피스짜리, 100피스짜리, 1000피스짜리 퍼즐 맞춰보신 적 있을 거예요. 퍼즐을 맞추는 건요, 각각의 퍼즐조각의 관련성을 파악해서 그걸 구조화하고 시각화하는 능력이 필요해요. 이럴 때 발휘되어야 하는 능력이 정교성이에요. 하나의 퍼즐조각이 어떤 퍼즐조각과 연결될 것이냐, 그리고 이것이 쭉 연결될 때는 좀더 큰 덩치에서 어떤 형태로 나타날 것이냐, 이런 것들을 조형감각에 의해서 폭넓게 확장시켜 나가는 것이 정교성이에요. 확장된다고 해서 형태가 엉성해지는 게 아니라 형태가 점점 더 완성되고 정교해져 간다는 의미죠.

정교성은요, 전문적인 지식이 있어야만 발휘될 수 있는 능력입니다. 정교성을 발휘하려면 상당 수준의 전문적인 지식이 요구돼요. 우리가 흔히 창의성을 강조하고 창의성을 교육한다라고 할 때, 그냥 단순히 이것저것을 막 떠올려보는 수준, 상상력의 수준 이런 것만 요구하는 걸로 착각하는데요. 창의성을 발휘하려면 기본적으로 전문적인 지식이 있어야 돼요. 정교성을 발휘하려면 기본적으로 상당한 기간의 지식습득 과정, 지적 수련의 기간이 필요하다고 할 수 있겠습니다.

재조직

창의성을 구성하는 여섯 번째 요소는 "재조직(再組織 reorganization)"입니다. 재조직이라고 하는 것은 앞에서 본 정교성 개념과는 상반되는 특성입니다. 정교성 개념이라는 게 여러 개를 쭉 펼쳐나감으로써 점점 확장하는 것이라고 한다면, 이 재조직이라는 것은 반대로 쭉 늘어서 있는 사물들을 한데 모아 가지고 단순화시켜 나가는 것을 말하는 것입니다. 재조직이란 "주어진 문제상황이 복합적일 경우, 역으로 이 복잡한 문제상황을 단순화시켜서 도식화해보고, 그렇게 도식화된 형태 아래 관련되는 지식이나 사물을 구조적·기능적으로 관련시키고 통합시켜나가는 사고방식"을 가리킵니다. 여러 가지 사물을 구조적으로 기능적으로 연관시킴으로써 한데 합쳐서 더 나은 새로운 사물을 만드는 게 재조직이예요. 다른 말로는 '재편성(再編成)'이라고 합니다. 사물이나 조직을 재편성하는 이유는 기능상·구조상으로 더 나은 상태를 만들려고 하는 거죠. 그래서 재조직을 '개편(改編)'이라고도 하죠.

예를 들면 이런 겁니다. 지구 온난화, 기후변화, 이것 때문에 여름이 점점 더 무서워지고 있죠. 여름이 점점 폭염이 심해지고 있는데요, 여름에는 아예 냉장고 옆에 붙어서 사는 거 아니겠어요? 냉장고에 시원하게 마실 물을 넣어두고, 그 물을 수시로 꺼내서 마시는 겁니다. 그런데 냉장고에 넣고 마실 물은 어디서 가져오게 되나요? 생수를 사서 넣어둘 수도 있고, 수돗물을 끓여서 넣어둘 수도 있고, 정수기에서 물을 받아서 넣어둘 수도 있죠. 요즘은 정수기를 많이들 쓰더라구요.

아무튼, 그런데, 냉장고 만드는 LG나 삼성 같은 가전기업에서는 사람들이 편리하게 이용하게끔 냉장고와 정수기를 한 데 결합한 복합가전제품을 만들어요. 냉장고 안에 정수기가 있어서 찬물을 딱 컵만 들이대면 쏟아내는 그런 냉장고를 출시해서 파는 거죠. 아주 비싸게 팝니다. 게다가 정수기 만드는 회사도 분발하죠. 정수기 자체도, 전에는 그냥 일반 상온수가 쭉 나오던 걸 이제 냉각장치를 붙여서 정수기에서 시원한 물이 나오는 정수기도 출시를 하죠. 뭐 요즘은 얼음까지 쏟아져 나오는 정수기까지 있더라고요. 이런 것들은 냉장고, 정수기, 얼음 만드는 냉동고의 기능을 모두 다 한데 합쳐서 재조직·재구성한 창의적 사고의 산물인 것이죠.

4 창의성이 높은 사람, 창의성이 높은 사회

창의성이 높은 사람들의 특성

초창기에 창의성을 연구한 학자들은 창의성을 성격적인 특성이라고 생각했습니다. 사고나 행동에서 성격적으로 창의적인 사람들이 있다 라는 것이죠. 삼원지능이론을 연구한 스턴버그의 연구에 의하면, 창의성이 높은 사람들은 다음과 같은 특성을 두드러지게 보인다고 합니다.

첫 번째로, 창의성이 높은 사람은 문제를 바라볼 때 전형적인 시각으로 문제를 바라보지 않고 늘 새로운 방법으로 문제를 보려고 노력하더라는 거예요. 그러니까 정서적으로 새로운 것, 신기한 것, 혹은 이전에 보지 않았던 것을 찾고 들여다보려고 하는 특성을 가지는 사람들이 창의성이 높았다라는 거죠.

두 번째는, 전문지식을 갖고 있다는 점인데요. 자신의 분야에서 얕지만 폭넓은 지식을 갖기보다는 깊이 있는 전문지식을 갖고 있는 사람들이 창의성이 높더라 라는 거예요. 깊이 있는 전문지식을 갖는다는 건 인지적인 요소겠지만, 사실은 사람이 어떤 분야에 깊이 있는 전문지식을 가지려면요, 정서적으로 인내심, 끈기, 호기심, 집중력 이런 요소들이 다 갖춰져 있어야 하거든요.

세 번째 요소는요, 새로운 아이디어나 사물을 창안해내는 것을 좋아한다는 것입니다. 특성적·기질적으로 새로운 아이디어를 내놓는 걸 즐거워하고 좋아하는 거예요. 이것저것 새로운 사물을 만들어내거나 새로운 아이디어를 만들어 보거나 하는 것에서 즐거움을 느끼는 사람들이 창의성이 높아요.

네 번째는요, 장애물이나 어려움에 직면했을 때 이를 잘 견뎌낸다는 겁니다. 인내심이 높을 때 창의성이 높을 수 있다 라는 거예요. 장애물을 만나고 어려움에 직면했을 때 쉽게 포기한다면 그 사람은 창의성이 높지 않다는 증거인 거죠.

다섯 번째로, 새로운 경험에 대해서 개방적인 태도를 가지고 있다는 점입니다. 새로운 사물들, 새로운 경험들, 새로운 사람들에 대해서 개방적인 태도를 가지고 있으면 창의성이 잘 형성되고 발현될 수가 있어요.

여섯 번째로, 모험을 좋아한다는 것입니다. 어딜 갈 때 안 가본 데를 간다거나, 남들이 잘 가지 않는 장소만 찾아서 가본다거나 하는 것처럼 모험을 즐기는 것 역시 창의성을 구성하는 중요한 심리적 특성이 됩니다.

일곱 번째로는, 내적 동기화(內的 動機化)라고 하는 요소가 잘 활성화되어 있는 점도 들 수 있습니다. 내적으로 동기화되어 있다는 말은요, 어떤 일을 할 때 좋아서 스스로 한다는 의미예요. 자기가 스스로, 좋아서, 즐거워서, 과제를 수행한다는 것입니다. 여러분 흔히 우리가 '오타쿠'라는 말 쓰잖아요. 이 오타쿠 친구들이 창의성이 높은 친구들이 많아요. 이들의 특징이 뭡니까? 남이 시켜가지고 하는 게 아니고, 자기가 스스로, 좋아서, 즐거워서 집중적으로 그 과제를 수행하는 거예요. 예를 들면, 여러분, 공부하는 게 좋고 즐겁고 재미있고 좋아서 막 집중적으로 공부를 하는 걸 상상해 보세요. 이 역시 창의성이 높다는 증거죠.

여덟 번째로, 자신이 수행하는 창의적 작업을 응원하고 지지해주는 주변 사람들을 잘 찾아냅니다. 즉 주변에서 창의적인 작업을 지지해주는 사람들이 있을 때 창의성에 대한 자신감이 뿜뿜 형성된다는 것이죠.

창의성이 높은 성격

창의성이 높은 사람들의 성격을 보면 공통적으로 다음과 같은 다섯 가지 특성이 매우 두드러지게 나타나는 걸 볼 수 있습니다.

첫 번째로, 창의성이 높은 사람들은 남들보다 새롭고 복잡하고 어려운 문제를 선호하는 경향이 있습니다. 쉬운 문제 푸는 걸 별로 좋아하지 않아요. 해답이 명백하게, 쉽게 찾아지는 단순한 문제는 별로 안 좋아하죠. 쉽고 단순한 문제를 만나더라도 아주 희한하고 참신한 대답을 내놓으려고 하는 경향이 높은 게 창의성을 가진 사람들의 특징입니다.

두 번째로, 창의성이 높은 사람들은 애매하고 모호한 상황을 잘 견뎌냅니다. 아직 이게 답이 뭔지 뚜렷하게 나오지 않고, 문제가 아주 애매모호해서 골머리를 썩는 상황이 등장하더라도, 이러한 상황을 참고 견디면서 계속 과제를 풀어나가려고 노력을 한다는 거죠. 자기 자신이 지각하고 느끼는 것을 금방 이해하지 못해도 인내하면서 쉽게 좌절하지 않는다는 특징을 갖고 있어요.

세 번째로, 창의성이 높은 사람들은 실패하는 걸 두려워하지 않습니다. 실패를 두려워하지 않으면서, 위험을 무릅쓰고 도전하는 특성이 매우 높아요.

네 번째로, 성공과 실패에 대해서 남탓이나 환경 탓을 하기보다는 내적 귀인(內的 歸因)으로써 자신이 수행한 과정을 되짚어보는 경향이 매우 높습니다. 내적 귀인이란 어떤 일의 결과를 자기 자신에게 돌려서 성찰하는 심리특성을 말합니다. '내가 이러이러하게 행동했기 때문에 그거그러한 결과가 나온 거야.'라고 생각하는 것이죠. 한마디로 '내 탓이야'라고 하는 태도가 내적 귀인이예요.

다섯 번째로, 정형화된 해답이나 관습적인 해결방법을 거부하는 경향이 있습니다. 무슨 얘기입니까? 남들이 한 걸 똑같이 따라 하기 싫어한다는 거예요. 사실, 우리들 대부분은 앞사람이 어떻게 대답했는지, 앞사람이 어떻게 행동했는지 보고, 그걸 그냥 따라 하는 걸 쉽게 선택하는 편이지 않습니까? 그런데 창의성이 높은 사람들은요, 빤한 정형화된 행동, 정형화된 해답, 관행적이고 습관적인 해결방법을 싫어한다는 거예요. 남들이 하는 걸 그대로 따라 하지는 않는다는 것이지요.

여섯 번째로, 창의성이 높은 사람들은 자신의 경험이나 지식을 고집하지 않는다는 점을 들 수 있습니다. '내가 한 게 맞아'라고 고집하는 게 아니라 자기가 했던 방식, 자기가 겪은 경험에서 잘못된 점을 찾아내서 반성하고, 새롭게 고쳐나가려고 하는 태도가 매우 높아요. 그래서 자신이 그동안 접해보지 않았던 지식, 방법, 새로운 경험 이런 것들을 적극적으로 받아들이는 거죠. 개방성이 높은 거예요. 자신의 방법만을 고집하지 않고 새로운 걸 받아들이고 배우려는 개방적인 성향이 매우 높은 게 창의성이 높은 사람들의 성격특성입니다.

창의성이 높은 사회, 창의성이 높은 교육

창의성은 한 사회가 가지고 있는 사회문화적 환경요인에도 영향을 받습니다. 한 사회가 어떤 사회문화적 환경을 가지고 있느냐에 따라 그 집단 자체가 창의성이 높을 수도 있고 창의성이 떨어질 수도 있다는 거예요.

창의성을 높이는 사회문화적 환경은 어떤 게 있을까요? 가장 먼저, 구성원들 사이에 상호 존중하는 수평적 사회관계를 강조하게 되면 이건 창의성을 높일 수 있는 사회문화적 바탕이 됩니다. 규율과 상명하복(上命 下腹)을 강조하는 위계적 사회는 전반적으로 창의성을 떨어뜨

려요. 가장 대표적인 조직이 군대 혹은 공무원 조직이죠. 위에서 시키는 대로 일을 하는, 그런 규칙의 체계에 있는 조직은요, 사실은 창의성이 매우 낮아요. 반대로 구성원들이 서로 동등하게 상호작용하는 수평적 사회가 창의성이 높지요.

이것은 국가 단위로 생각해 봐도 좋은데요. 어떤 나라가 규율과 상명하복, 연장자와 하급자 간의 위계질서를 강조하는 그런 국가일수록 창의성의 정도가 떨어져요. 가장 대표적인 게요, 이란이나 이라크, 사우디 같이 이슬람교의 율법으로 국가가 경영되는 나라들, 중앙아시아나 중동지역에 있는 아랍권 국가들이 대체로 창의성이 전반적으로 떨어집니다. 이유가 뭐냐면요, 율법과 위계질서를 엄청나게 강조하거든요.

반대로 민주주의를 통하여 구성원들이 서로 동등하게 수평적으로 상호작용하는 민주주의 사회, 자유주의 사회일수록 사회구성원들의 창의성이 높아요. 국가나 기업도 마찬가지이구요.

그 다음에 창의성의 정도는 학교 교육과도 관련지어서 살펴볼 수 있는데요. 자기 생각과 해답을 다양하게 만들어내도록 하는 형태의 교육문화가 이루어져 있으면 전반적으로 구성원들의 창의성의 정도를 높여나갈 수가 있어요. 교과서에서 정답을 찾아서 문제를 푸는 방식의 전통적인 교육은 창의성을 떨어뜨리는 요소가 되죠. 반대로 자신의 생각을 자유롭게 표현하고 발표하고 서로 나누면서, 발전적인 사고를 찾아나가는 교육은 창의성을 높이는 방향으로 작용을 합니다. 그래서 교과서에서 정답만 찾아서 외워가지고 시험 보는 걸 잘하는 사회는 별로 창의성을 발휘하는 사회가 되기 힘든 거에요. 우리가 이른바 구성주의적 학습을 강조하는 것, 열린교육이라고 부르는 교육방식을 추구하는 것, 민주적인 교실을 운영하기 위해 힘쓰는 것, 이런 것들은 전부 창의성을 높이기 위한 교육적 노력이라고 할 수 있겠습니다.

5 창의성을 계발하는 기법

창의성을 계발하는 기법에는 여러 가지가 있지만, 여기서는 가장 기본이 되는 세 가지의 기법을 소개하겠습니다. 그것은 △브레인 스토밍 기법 △여섯 색깔 생각모자 기법 △스캠퍼 기법 세 가지인데요. 이것들은 일상적인 회의나 교육에서 쉽게 접근해서 적용·활용해 볼 수 있는 방법들입니다.

브레인 스토밍 기법

브레인 스토밍 기법(brain storming)은 오스본(A. Osborn)이라는 심리학자가 개발한 창의적 아이디어 산출기법입니다. 브레인 스토밍의 핵심은 여러 사람의 아이디어를 종합해서 합리적인 해결책을 모색해보는 데 있습니다. 브레인 스토밍은, 글자 그대로, 아이디어 회의에 참석한 모든 참여자들이 “머릿속에서 폭풍이 일 정도로 수많은 아이디어를 왕창 쏟아내는 토의법”이라고 정의해 볼 수 있습니다. 브레인 스토밍이 성공적으로 이루어지려면 다음과 같은 네 가지 원칙을 꼭 지켜줘야 합니다.

브레인 스토밍의 첫 번째 원칙은, “가능한 한 다양한 아이디어를 창출한다”는 것입니다. 아이디어의 질보다는 아이디어의 양에 초점을 맞추는 것이죠. 아이디어가 많으면 많을수록 그 중에 좋은 아이디어가 나올 가능성이 높아지겠죠. 따라서 브레인 스토밍에서는 질적 수준과 관계없이 일단 무조건 아이디어를 많이 내놓도록 하는 것이 관건입니다. 그런데요. 가능한 다양한 아이디어를 많이 내놓으려면 다음의 두 번째 원칙이 지켜져야 됩니다.

브레인 스토밍의 두 번째 원칙은, "자유로운 회의 분위기를 조성한다"는 것입니다. 어떤 아이디어라도 거리낌 없이 내놓을 수 있도록 자유분방한 회의 분위기를 조성해야 합니다.

브레인 스토밍의 세 번째 원칙은, "제시된 아이디어에 대하여 비판하지 않는다"는 원칙입니다. 브레인 스토밍에서 가장 중요한 원칙이 바로 이 세 번째 원칙이라고 할 수 있습니다. 제시된 아이디어를 서로 비판하게 되면 어떤 결과가 나타납니까? 참여자들이 아이디어를 내어놓지 않게 됩니다. 왜요? 남들한테 욕먹기 싫거든요. 그래서 주어진 아이디어, 내놓은 아이디어에 대해서 비판을 하지 않도록 해야 합니다.

브레인 스토밍의 네 번째 원칙은, "제시된 여러 가지 아이디어들을 한데 모아서 더 좋은 아이디어로 발전시킨다"는 것입니다. 제시된 여러 가지 아이디어들을 한데 모아서 한번 쭉 검토합니다. 그리고 수정할 게 있으면 수정해요. 그래서 좀 더 새롭고 참신한 아이디어로 발전시켜 나가는 것입니다.

여섯 색깔 생각모자 기법

여섯 색깔 생각모자 기법(six colors thinking hats)은 드 보노(De Bono)라는 심리학자가 개발한 창의적 사고의 기법인데요. 여섯 가지 색깔의 모자를 쓰고 그 색깔이 지정한 사고활동을 전개한다는 개념이 담긴 회의기법입니다. 드 보노는 일반적으로 사람들이 회의나 토론을 할 때 한 번에 여러 가지 사항을 동시에 고려해서 사고하는 것을 매우 어려워한다는 점을 알게 되었습니다. 쉽게 말씀드리면, 사고 과정에서는 멀티태스킹(multi-tasking)이 어렵다는 겁니다. 한 번에 한 가지씩, 한 가지 측면에 대한 사고가 진행되는 게 인간의 사고 방식의 기본절차라는 거죠.

드보너는 이 점에 착안하여, 아이디어 회의 때 참가자들이 여섯 가지 색깔의 모자를 쓰고, 각각 자기가 맡은 한 가지 측면만을 사고하도록 하는 방법을 제안하였습니다. 여러 사람이 특정한 색깔의 모자를 쓰고, 그 모자에 해당하는 활동만 사고활동을 하도록 지정한다는 거예요. 이렇게 하면 사고를 단순화하여 명료하게 전개할 수 있고요. 전체적으로는 여러 사람들이 모여서 한 가지 측면에서 벗어난 다양한 사고활동을 실행할 수 있게 됩니다.

여섯 가지 색깔의 모자에 부과된 사고의 각 측면은 다음과 같습니다.

첫 번째, 흰색 모자가 있습니다. 흰색 모자를 쓴 사람은요, 중립적이고 객관적인 사실, 자료, 정보를 담당합니다. 팩트체크만 한다라는 거죠.

두 번째, 빨간색 모자가 있어요. 빨간색 모자를 쓴 사람은 주어진 정보가 어떤 느낌을 주는지 주어진 정보에 담긴 감정이나 느낌, 직관을 서술하는 일을 합니다.

세 번째, 검은색 모자가 있습니다. 검은색 모자를 쓴 사람은 제시된 아이디어에서 어떤 부정적 느낌, 부정적 판단이 나타날 수 있는지를 살펴봅니다. 즉 대상이나 아이디어의 단점이나 약점, 비판점을 찾아서 그것만 제시하는 거예요.

네 번째, 노란색 모자가 있습니다. 노란색 모자를 쓴 사람은 주어진 대상과 아이디어가 어떤 강점을 가지고 있는지 찾아내는 거예요. 대상물의 낙관적·긍정적 측면을 서술하는 일을 맡습니다.

다섯 번째, 초록색 모자가 있는데요. 초록색 모자를 쓴 사람은 창의적 사고와 다양한 해결방안을 제시하는 일을 합니다. 사실 초록색 모자를 쓴 사람이 대부분의 일을 하게 되어 있죠.

여섯 번째, 파란색 모자가 있어요. 이 파란색 모자를 쓴 사람은 지금까지 제시된 아이디어의 핵심을 요약하고, 결론을 내리고, 정리해 나가는 일을 담당합니다.

그러니까 여섯 색깔 생각모자 기법은 최소한 팀원이 6명이 돼야 되고요, 이 6명이 각자 맡은 역할을 충실히 담당함으로써, 아이디어가 정교해질 수 있도록 팀력·협동력을 발휘하는 창의성 계발기법이라고 하겠습니다.

스캠퍼 기법

스캠퍼 기법(S.C.A.M.P.E.R)은 에버를(Eberle)이라고 하는 심리학자가 개발한 창의적 사고기법입니다. '스캠퍼'라는 명칭은 아이디어를 이끌어내는 7가지 질문, 7가지 활동의 첫 머릿글자 7개를 따서 제시한 명칭입니다. S, C, A, M, P, E, R를 합친 단어예요. 각각 다음과 같은 단어입니다.

[S] substitute
[C] combine
[A] adapt
[M] magnify, minify
[P] put to other use
[E] eliminate
[R] rearrange, reverse

[S] substitute

첫 번째로, S는 substitute(대체하기)라는 질문활동입니다. 어떤 대상물이 있어요. 그 대상물을 뭘로 대체해 볼 수 있느냐, 뭘로 바꿔볼 수 있느냐, 이것을 질문으로 던지는 거예요. 대상이 사람일 때, 재료일 때, 어떤 특정한 성분이나 과정, 에너지 등을 갖고 있다고 할 때 그걸 뭘로 대체해 볼 수 있느냐를 생각해 보는 겁니다.

칼을 예로 들면요, 옛날에는 쇠로 칼을 만들었죠. 그 이전에는 청동이라는 금속으로 칼을 만들었구요, 그다음에 철로 칼을 만들었습니다. 그런데 철로 만든 칼은 녹이 잘 슬었어요. 그래서 만든 게 스테인리스, 녹슬지 않는 철, 그걸 가지고 만든 게 스테인리스 칼입니다. 그런데 스테인리스 칼은 기본적으로 쇠로 된 칼이기 때문에 부러져요. 또 스테인리스는 녹이 안 슨다고 하지만 오래되면 스테인리스 칼도 녹이 좀 슬고 그러거든요. 그리고 칼날이 점점 무뎌진다는 단점이 있어요. 그래서 요즘은 어떤 성분을 가지고 칼을 만듭니까? 세라믹 소재, 그러니까 도자기 굽는 흙을 가지고 고온으로 가열하면 그게 세라믹이 되잖아요. 도자기가 되잖아요. 그런 세라믹 공법을 가지고 칼을 만들어요. 이게 세라믹 칼이예요. 이 세라믹 칼은 강도도 높고, 경도도 높고, 그 다음에 살짝 휘어졌다가 복원되는 유연성·탄력성 이런 것도 있기 때문에 칼이 잘 부러지지도 않습니다. 칼날이 잘 나가지도 않아요. 이런 형태로 칼의 성분을 대체해보는 게 substitute(대체하기)의 예가 될 수 있겠죠.

요즘에는 substitute의 가장 대표적인 사례가 AI, 인공지능입니다. 인공지능이 사람이 하는 활동의 대부분을 대체해서 실행하고 있잖아요.

[C] combine

두 번째로, C는 combine(결합하기)라는 질문활동입니다. A와 B라는 기능들이 있어요. 이 둘을 한번 결합해 봐라, 이런 거죠. 특정한 기능이나 단위를 결합하는 것이예요. 어떤 예를 들 수 있습니까? 여러분, 전화기가 있어요. 그리고 카메라가 있어요. 그런데 이 두 가지를 결합해서 우리는 뭘 만들었습니까? 카메라 기능이 붙어 있는 휴대폰을 만들지 않았습니까? 휴대폰인데 그 안에 카메라가 있어서, 요즘은 카메라보다 휴대폰으로 사진을 더 많이 찍잖아요. 이것은 사물의 기능들을 결합한 대표적인 사례입니다.

[A] adapt

세 번째로, A는 adapt(적용하기)라는 질문활동입니다. 적용하기는 A라는 사물을 유사한 상황·맥락에 새롭게 채택하여 사용해 보자는 것입니다. 기본적으로 대상을 그대로 두되, 그 대상물의 용도를 확장해 보자 라는 것이죠. 번안 내지 각색이라고 개념화해 볼 수 있는데요. 어떤 사물을 보고 그것과 유사한 사물을 만들어서 다른 데 사용을 해 보는 거죠.

예를 들어, 여러분, 벨크로테이프 이른바 찍찍이라고 하는 게 있어요. 가장 대표적으로 전기코드를 벨크로 테이프로 돌돌 감아가지고 보관하기도 하잖아요. 그런데 이 찍찍이를 가만 보면요. 한쪽 면이 오톨도톨하게 돼 있고요, 또 한쪽 면은 약간 스펀지나 솜처럼 푹신푹신하게 되어 있어서요, 오톨도톨하게 생긴 면이 이 푹신하게 생긴 면에 맞닿으면 딱 결합이 돼서 고정돼요. 물론 아주 완전하게 고정되는 건 아니고 좀 유격이 있고 붙였다 뗐다도 할 수 있죠. 이 벨크로테이프가 어떻게 발명된 거냐면요. 야생초 중에 엉겅퀴풀이 있어요. 뾰족뾰

족한 가시가 조그맣게 붙어있는 이 엉겅퀴라는 식물이 있는데, 이 엉겅퀴 꼭지를 따가지고 보풀보풀한 천이나 양모로 된 옷에 탁 집어던지면 붙습니다. 바로 이 엉겅퀴 같은 야생초의 모양과 기능을 보고 이걸 적용시킨 게 벨크로 테이프인 거죠. 이 경우가 어댑트, 적용의 사례입니다.

그런데 사실 대부분의 창의성의 산물들, 대부분의 아이디어 산출물들은 바로 이 어댑트(적용하기)가 적용된 산물인 거죠. 비행기, 이건 새를 본떠 갖고 만든 거고요. 헬리콥터는 잠자리를 본떠서 만든 거죠. 이렇게 사물을 본떠 가지고 만든 게 한두 개가 아니잖아요. 이런 것들이 적용하기의 사례입니다.

[M] magnify, minify

네 번째로, M은 magnify(확대하기)와 minify(축소하기)라는 질문 활동입니다. 대상물을 크게 확대해 보거나 아니면 작게 축소해 봐라라는 질문을 던지는 거예요. 크기, 빈도, 밀도 등을 변화시키는 거죠. 간소화해 보거나 아예 확대를 해보거나 이런 걸 생각해 볼 수 있어요. 여러분, 초콜릿을 샀더니, 카카오 성분이 30%네요. 나머지는 설탕 덩어리예요. 그런데 설탕 덩어리 초콜릿은 별로다 해서 요새는 어떤 걸 먹어요? 카카오 성분이 많은 걸 찾죠. 심지어는 카카오 90% 초콜릿을 먹어요. 여러분, 카카오 90%면 이건 완전히 쓰디 쓴 고무덩어리입니다. 이건 카카오 성분을 확대시킨 사례예요.

반면에 축소된 사례도 있죠. 여러분 PC(퍼스널 컴퓨터) 보세요. 책상 위 대부분의 자리를 차지하는 모니터와 자판 그리고 컴퓨터 본체로 이루어져 있는 퍼스널 컴퓨터. 그런데 이걸 아주 작게 압축해 놓은, 축소해 놓은 게 뭡니까? 랩탑 컴퓨터라고 부르는 노트북 컴퓨터예요. 이 노트북 컴퓨터를 더 축소해 봤습니다. 더 미니파이 해봤어요. 그래서 등장한 게 뭡니까? 태블릿이잖아요. 태블릿을 더 미니파이, 축소하면 뭐가 됩니까? 여러분들이 손에 들고 있는 스마트폰, 이게 바로 가장 극소화된 컴퓨터라고 할 수 있는 거죠.

[P] put to other use

다섯 번째로, P는 put to other use(변경하기)라는 질문활동입니다. put to other use는 이미 확정되어서 용도가 있는 사물을 다른 용도로 사용하는 겁니다. 대상물을 다른 용도로 사용한다고 하니까 떠오르는 기억이 있네요. 제가 어린 시절에 잘못을 저질러서 우리 어머니에게 회초리를 맞을 때, 우리 어머니가 회초리로서 가장 많이 사용하신 사물이 뭐였냐면 빗자루였어요. 여러분, 빗자루라는 건 뭡니까? 바닥에 있는 쓰레기를 쓸어 모으는 작대기인 거잖아요. 끝에 쭉 브러쉬가 달려있는 청소도구요. 그런데 이 빗자루가 어떤 용도로 사용됩니까? 청소하는 용도가 아니라 잘못한 아들을 훈육하는, 맴매하는 도구로 사용되는 거죠. 이게 put to other use입니다.

예를 들어 볼게요. 접착력이 약해져서 붙여도 자꾸만 떨어지는 풀이 있었습니다. 종이에다 풀을 발랐는데 그 풀이 오래돼 가지고 접착력이 약해져서 종이가 금방금방 떨어져요. 그러면 그런 풀은 어떻습니까? 이제 버려야 되겠다라고 버리잖아요. 그런데 그 풀을 가지고 메모지에 풀을 발라서 메모를 해놓고 붙였다 뗐다 사용해 보는 거예요. 포스트잇이 발명된 겁니다. put to other use의 대표적인 예입니다.

여러분, 이 포스트잇이 발명된 얘기를 들으면 참 재밌어요. 처음에는 접착용 풀을 만들었는데요, 풀이 이게 제조가 잘못돼 가지고 자꾸 떨어져 나가는 거예요. 불량품을 전량 폐기해야 되는데 버리긴 아깝잖아요. 그런데 이걸 메모지를 이용해 가지고 붙였다 뗐다 하는 용도로 바꿔보니까 이게 요즘 말로 대박을 쳤다는 거죠. 그래서 3M이라는 회사가 아예 풀 제조법을 저작권으로 사가지고 메모지를 만들어서 포스트잇(post it)이라고 이름을 붙여요. 포스트라는 게 붙인다라는 의미를 갖는데, 포스트잇 그걸 한 단어로 압축해서 붙였다 뗐다 하는 메모지를 만들었어요. 3M이 떼돈을 벌었다지 뭡니까?

[E] eliminate

여섯 번째로, E는 eliminate(제거하기)라는 질문활동입니다. eliminate는 아예 형태나 부품수를 줄여버리는 겁니다. 부품 수를 줄이면 당연히 덩치도 사이즈가 작아지겠죠. 눈이 나쁜 분들은 대부분 안경을 끼고 있을 겁니다. 저도 안경을 끼고 있는데요. 안경에서 불편한 부분이 어떤 부분인가요? 대부분 귀나 코가 닿는 부분이 불편들 하실 거예요. 코가 닿는 부분 불편하고요. 귀를 거는 부분 불편하지요. 이걸 없애버리는 겁니다. 그리고 렌즈만 남겨두는 거예요. 어떻게 해야 할까요? 콘택트렌즈를 발명하는 거죠. 콘택트렌즈는 안경이라고 하는 대상물의 다양한 여러 가지 부품들을 제거해 버리고, 눈으로 보는 렌즈 부분만 축소해서 완성시킨 창의성의 산물이죠. 요소를 줄이고 가장 중요한 하나에만 집중하는 것도 창의성이예요.

[R] rearrange, reverse

일곱 번째로, R은 rearrange(재배열하다), reverse(뒤집다)라는 질문활동입니다. rearrange는 재배열한다는 거구요, reverse는 위치를 역으로 맞바꾼다는 의미를 가져요. 역할이나 위치를 바꾼다거나, 원인과 결과를 맞바꾼다거나 하는 것이죠. 어떤 예를 들어볼 수 있습니까? 전통적인 수업은 교사가 학습자에게 내용을 전달하는 교사중심 수업이었습니다. 요즘은 어때요? 바꿉니다. 역할을 바꿔요. 학습자가 내용을 살펴보고 내용을 스스로 자기 자신에게 전달하는 활동을 강조하는 학습자중심 수업이 강조되고 있죠. 교사는 학습자의 학습 과정을 안내해 주고 모니터링해 주는 역할을 하죠. 이게 수업에서의 rearrange, reverse의 사례가 될 수 있을 것입니다.

열 번째 강의
요구(要求), 동기(動機), 귀인(歸因)

이번 열 번째 강의에서는 '요구(要求'와 '동기(動機)'와 '귀인(歸因)'에 대해서 공부하고자 합니다. 심리학은 인간의 행동에 대해서 연구하는 학문입니다. 행동이 발생하는 조건과 원인에 대해서 연구 하지요. 행동의 발생조건에 초점을 맞춰서 연구하는 건 행동주의 심리학입니다. 외부환경의 특정자극이 조건으로 주어지면 특정의 행동이 일어난다고 보는 것이지요. 그런데 인간의 행동은 외부의 자극에도 영향을 받겠지마는 그보다 먼저 인간 자신의 내적 심리에 의해서도 촉발되지요. 인본주의 심리학은 인간의 행동을 촉발하는 인간심리의 내적 요인들을 탐구하고 있습니다.

오늘은 인본주의 심리학의 관점에서, 우리의 행동을 촉발시키는 요인을 공부하겠습니다. 심리학에서는 행동을 이끌어내는 심리적 요인을 "행동의 동인(動因)"이라고 합니다. 이번 강의에서는 학습이라는 행동을 이끌어내는 심리적 동인(動因)을 공부할 겁니다. 학습행동의 심리적 동인(動因)으로서 가장 중요한 것은 '요구(要求)'와 '동기(動機)'와 '귀인(歸因)'입니다.

다시 말씀 드리지만, 심리학은 인간의 행동을 이해하기 위한 학문입니다. 특히 인간의 행동을 이해하기 위하여 마음을 탐구하는 학문이죠. 심리학이 탐구하고자 하는 것은 결국 누군가가 어떤 행동을 했을 때 그 행동의 원인이 무엇인지를 밝혀내고자 하는 것이라고 할 수 있습니다. 인본주의 심리학에서는 마음이 행동을 이끌어낸다고 봅니다. 이렇게 행동을 이끌어내는 우리의 마음의 힘을 인본주의 심리학에서는 '동인(動因 drive)'이라고 부릅니다. '사람이 어떤 행동을 하도록 하게 하는 원인'이라는 뜻입니다.

행동의 심리적 원인은 직접적인 것과 간접적인 것 두 가지로 나눌 수 있습니다. 직접적인 동인(動因)은 '요구(要求 need)'와 '동기(動機 motive)'입니다. 간접적인 동인(動因)에는 '귀인(歸因 attribution)'이 있습니다. 인본주의 심리학에서 볼 때, 인간의 행동은 △마음 속에서 '심리적 요구'가 생길 때, △마음 속에서 '동기'가 생길 때, △마음 속에서 '귀인'이라는, 행동의 결과에 대한 정의적(情意的) 피드백을 행할 때 강력한 힘을 갖습니다. 행동에 힘이 있다는 것은 행동의 정도(程度) 내지 강도(强度)가 높다, 즉 특정 행동의 수행이 강하게 표출되고, 오랫동안 지속된다는 의미입니다.

1 요구(need)

행동의 심리적 동인(動因)으로서, 제일 먼저 살펴볼 것은 요구(要求 need)입니다. 요구(要求)는 '어떤 일을 하도록 청하거나 구한다'는 뜻을 갖습니다. 요구를 영어로는 need라고 하는데, '요구'보다는 '필요'라고 더 많이 번역합니다. 그런데 '요구'와 '필요'는 사전적인 의미가 좀 다릅니다. '필요'는 '무엇에 꼭 쓰이는 바가 있다'는 뜻입니다. 요구라는 단어보다는 좀더 긴박함, 절박함이 묻어나는 느낌이죠. 그러니까 요구 내지 필요라는 건, "꼭 써야할 데가 있어서 내놓아 주기를 강력히 바란다"는 뜻이 되겠습니다. 심리적으로 꼭 필요한 것을 바라고 구하는 것이 요구입니다.

요구를 다른 말로는 '욕구(慾求)'라고 번역하기도 합니다. 욕구는 영어로는 need가 아니라 desire를 씁니다. 욕구, 욕구불만 이런 용어 들어보셨죠? 욕구라는 말을 사용할 때는 '우리 몸과 마음이 억지로가 아니라 자연스럽게 필요로 하는 것'이라는 의미가 들어있습니다. 즉 어떤 것을 우리가 욕구한다라고 하면 우리의 몸과 마음이 자연스럽게 그것을 필요로 한다는 의미인 것이죠.

인본주의 심리학에서 행동의 원인이 되는 요구(need)를 분석한 대표적인 학자는 마슬로우(A. Maslow)라는 심리학자입니다. 요구위계이론(need hierarchy theory)을 만든 유명한 사람이예요. 마슬로우의 요구위계이론은 피아제의 인지발달이론, 에릭슨의 심리사회적 성격발달이론과 함께 이 동네에서 꼭 마스터해야 하는, '교육심리 3대장' 이론입니다. 이 세 가지 이론은 졸업할 때까지, 어떤 과목에서든, 계속해서 '출몰'하는 이론들입니다.

그림 16 A. 마슬로우(A. Maslow)

자, 그러면 마슬로우의 요구위계이론에 대하여 본격적으로 공부하겠습니다. 마슬로우는 심리학의 유파 가운데 인본주의 심리학자에 해당합니다. 인본주의 심리학은요, 프로이트의 정신분석학을 출발점으로 하면서 프로이트 심리학이 가지고 있는 좁은 시각, 그러니까 리비도가 인간 행동의 원천이다라고 하는 좁은 시각을 탈피해서, 인간의 행동의 원천을 좀더 폭넓은 정신적 요소들의 결합체로 바라보는 입장의 심리학입니다. 주로 인간의 자아, 인간의 마음 이런 것을 중요한 대상으로 보고 있는 입장이죠.

마슬로우는 인간의 심리적 요구가 인간을 어떻게 성장하고 발달시키는지를 집중적으로 연구하였습니다. 마슬로우에 따르면요, 인간은 살아가면서 자신의 삶을 좀더 나은 상태로 유지하기 위하여 여러 가지 다양한 심리적 요구를 충족하려는 노력을 하는 존재입니다. 즉, 인간은 더 나은 삶을 살기 위하여 여러 가지 심리적인 요구를 이루어 나가려고 부지런히 노력한다는 것이죠. 인간은 자신이 살아가는 데 있어서 부족하고 모자란 것이 무엇인가를 늘 끊임없이 생각하고 이를 충족해 나감으로써, 자신의 삶이 좀더 나아지도록 하는 노력을 일생동안 기울입니다. 달리 말하면, 우리 모두는 행복을 위해서 힘쓰고 애쓰는 존재이고요, 그러한 행복은 내가 오늘보다 더 나은 내일의 모습을 이룸으로써 달성 가능하다 라고 보는 입장인 것이죠.

마슬로우는 인간이 이처럼 심리적인 요구를 충족함으로써 더 나은 존재로 발전하려고 노력하는 과정을 이론화했는데요, 이를 "요구위계이론(theory of hierarchy of needs)"이라고 부릅니다. 마슬로우는 인간을 성장시키는 심리적 요구를 다섯 단계로 위계화하였습니다. 밑에서부터 위로 올라가면서 ① 생리적 요구, ② 안전과 보호의 요구, ③ 소속과 애정의 요구, ④ 존경과 인정의 요구, ⑤ 자아실현의 요구가 위계적으로 나타납니다. 맨 위의 자아실현의 요구는 ⑤-①지식에 대한 요구, ⑤-②심미적인 요구로 위계화되어 나뉩니다. 지적인 요구와 미적인 요구가 충족이 되면 자아실현을 이룬다는 의미죠.

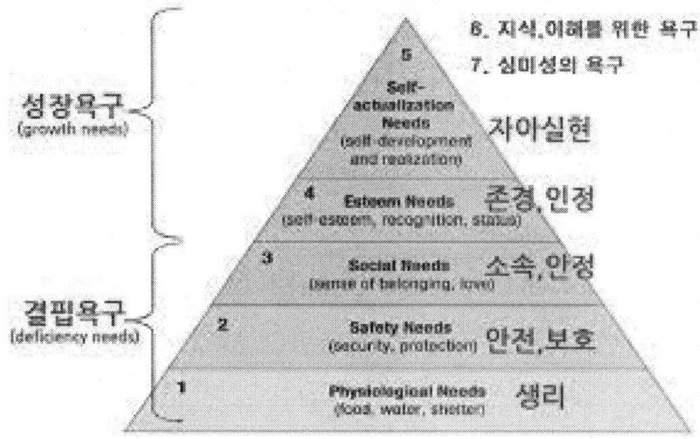

그림 17 마슬로우의 요구위계이론 개념도

생리적 요구

맨 아래에, 피라미드의 맨 밑에 있는 첫 번째 단계의 요구는 "생리적 요구"입니다. 생리적 요구는 인간이 가지는 가장 기본적인 요구입니다. 우리가 흔히 '필요'라는 용어로 표현할 때 더 적절한 의미를 갖게 되는 요구에 해당하는 건데요, 이것은 먹고 자고 싸는 생리적 과정을 통해서 유기체로서의 생존을 유지해 나가고자 노력하는 요구입니다. 배가 고프면 먹어야 하고요, 졸리면 잠을 자야 하고요, 소화가 다 되면 똥이나 오줌을 싸야하는, 생리적인 과정의 기본적인 욕구가 생리적 요구에 해당이 되겠습니다. 이러한 생리적 요구가 충족되지 않으면 인간은 기본적으로 생명을 유지할 수가 없습니다. 생존을 유지할 수가 없습니다. 이와 관련되어, 어른이 되어 나타나는 성(性)에 대한 요구도 기본적인 생리적 요구에 해당이 됩니다.

안전의 요구

마슬로우의 요구위계이론에서 두 번째 단계로 등장하는 요구는 “안전의 요구”입니다. 이 안전의 요구는 1단계의 생리적 요구가 충족되면 그 다음단계로 출현되는 요구라고 할 수 있습니다. 안전의 요구는 여러 가지 심리적·환경적 위험요인으로부터 자신의 몸과 마음을 안전하게 보호받으려고 노력하는 것입니다. 즉 나를 둘러싼 환경에 위험이 발생했을 때 그 위험에서 벗어나서 안전해지고자 하는 요구인 것이죠. 이러한 안전의 요구는 생리적 요구와 더불어 본능적으로 느끼는 요구입니다. 위험에서 벗어나서 안전해지려고 하는 요구, 이게 두 번째 단계의 요구입니다.

소속감과 애정의 요구

안전의 요구가 충족되면요, 세 번째 단계로 “소속감과 애정의 요구”가 등장합니다. 이것은 공동체 내에서 소속감을 확립하고 그 공동체의 구성원들에게 사랑을 받음으로써 자신의 존재가치를 확인받으려고 노력하는 것을 말합니다. 달리 말하면, 자신이 속한 울타리 내에서 다른 사람들에게서 인정을 받고 사랑을 받고싶어하는 요구에 해당하는 것이죠. 특히 아무한테나 인정받는 것이 아니라 자신에게 중요한 존재인 사람들에게서 인정을 받고 사랑을 받고싶어하는 것이죠.

우리가 자라날 땐 우리에게 중요한 다른 존재는 누구일까요? 가족, 부모님이나 형제자매가 되겠죠. 가족 가운데 어머니나 아버지에게 인정받고 사랑받고 싶어하는 것, 이것은 기본적인 소속감과 애정의 욕구의 대표적인 예입니다. 또한 자신에게 의미가 있는 집단에 소속되어 소속감을 갖고싶어하는 것도 여기에 해당이 됩니다. 예를 든다면 여러분들이 학교에 다니면서 친구들이나 선생님에게 인정과 사랑을 받고싶어하는 마음, 이것은 마슬로우 요구위계이론 가운데 3단계에 등장하는 기본적인 요구라고 할 수 있겠습니다. 남들에게 사랑받고 싶은 것, 이것은 우리가 인간으로서 가지는 아주아주 중요한 요구인 것이죠.

자아존중감의 요구

네 번째 단계의 요구는, "자아존중감의 요구"입니다. '자존감의 요구'라고 부르기도 합니다. 자존감의 요구는 남들에게 인정받고 사랑받은 다음에 등장하는 요구입니다. 자아존중감의 요구는 자신의 존재를 긍정하고 존중함으로써 긍정적인 자기정체성을 확립하고자 노력하는 것을 의미합니다. 한마디로, 자존감을 가지려고 하는 노력을 뜻하는 것입니다. 어떤 사람이 자존감을 갖게 되면 다른 사람들이나 또는 바깥 환경에서 오는 충격을 적절하게 해소하는 힘을 갖게 됩니다. 이것을 심리학에서는 '회복탄력성'이라고 불러요.

바깥에서 충격이 와서 나의 몸과 마음이 흔들려요. 그러나 자존감이 있다면 그러한 충격을 흡수해서, 금방 해소시켜서, 다시 원래의 상태로 돌아갈 수 있어요. 자존감을 갖게 되면요, 한 개인은 자신의 행동과 말과 선택에 책임감과 자긍심을 갖게 됩니다. 책임감과 자긍심을 갖게 되면 자신의 행동을 좀더 자신감 있게 표현하게 되고요. 그러한 행동이 가져오는 과정과 결과에 성실함을 더하게 될 수 있죠. 달리 말하면 자존감이 높은 사람은 자신에게 맡겨진 일을 성실하게 최선을 다해서 처리해 나갈 수 있게 됩니다.

지적 요구

자존감의 요구 다음에 다섯 번째 단계로 등장하는 요구는 "지적 요구", "지식에 대한 요구"입니다. 이것은 다른 말로는 '학습의 요구'라고도 할 수 있어요. 우리가 가지는 공부해야겠다는 마음 또는 공부해야겠다는 결심이 여기에 해당이 됩니다. 지적 요구의 대표적인 요소는 호기심이죠, 지적 호기심. 자신의 지적 호기심을 충족하고, 세상과 삶에 대하여 지식과 지혜를 습득함으로써, 좀더 나은 존재가 되고자 노력하는 것이 지적 요구에 해당됩니다. 새로운 기술·기능을 배우고 싶다는 마음도 여기에 해당이 되지요. 요컨대, 새로운 지식과 기술과 기능을 배움으로써 내가 더 나은 존재로 발전하고 싶은 욕구가 지적 요구에 해당이 되겠습니다.

심미적 요구

지적 요구가 충족되면 사람은 여섯 번째로 "심미적(審美的) 요구"를 발현시키게 됩니다. 심미적 요구의 '심미(審美)'라는 건 '아름다움을 추구한다'는 뜻입니다. 이것은 우리가 예뻐지려고 하는 마음과 노력을 말하는 거예요. 특히 외모뿐만이 아니라 마음을 예쁘게 하려는 노력이 여기에 해당이 됩니다. 외모나 마음뿐만이 아니라 더 나아가서 자기 주변을 정리정돈하고 아름답게 꾸미려는 노력도 포함이 됩니다.

요컨대, 자신이 사는 환경과 자신의 삶의 과정을 좀 더 멋지고 아름답게 만드려고 노력하는 것이 심미적 요구에 해당이 되겠습니다. 지저분한 공부방을 깨끗하게 정리하는 것, 정리하는 정도만이 아니라 아름답게 꾸며보려고 꽃을 사서 꽃병에 꽂아 놔둔다든가 혹은 벽에 그림 한 점을 걸어둔다든가 하는 이런 노력들도 심미적 요구의 중요한 예가 되지요.

자아실현의 요구

인간의 심리적 요구의 최종 단계는 "자아실현의 요구"입니다. 앞에서 본 지적 요구와 심미적 요구 자체가 자아실현의 요구의 내용에 해당합니다. 자아실현의 요구는요, 한 개인이 자신이 마음속에 품고 있는 이상적인 자아상, 여기에 초점을 두는 요구입니다. 즉 자신이 되고 싶었던 이상형의 사람이 되려고 노력하는 것을 자아실현의 요구라고 해요. 이것은 구체적으로 자신이 하고 싶은 일을 찾아서 이루려고 노력하는 것, 자신이 되고 싶은 사람이 되려고 노력하는 것으로 나타납니다. 하고 싶은 일을 하기 위해서 열심히 공부하고 그 일을 이루어 나가는 것, 되고 싶은 사람이 되려고 자기 발전을 위하여 노력함으로써 자신이 되고 싶은 사람이 되어 나가는 것, 이게 자아실현의 요구예요.

이러한 자아실현의 요구는 특히 자존감이 확립되어 있고, 자아정체성이 형성되어 있어야 실현이 가능한 것입니다. 자기 자신을 존귀하게 생각하고, 자기 자신이 어떤 사명을 갖고 있고 어떤 사람이 되어야 하는지에 대한 정체성이 뚜렷하게 형성되었을 때, 우리는 자아실현을 위하여 노력하고, 자기 자신의 아름다운 모습을 실현하고 완성하는 결과를 얻어낼 수 있다는 것이죠.

마슬로우의 요구위계이론이 가진 대표적인 특징은 다음과 같습니다.

첫째, "하위의 요구가 반드시 먼저 충족된 다음에야 그다음의 상위의 요구가 충족될 수 있습니다."

피라미드에서 아래단계가 이루어져야 그다음 윗단계로 올라갈 수 있는 거예요. 생리적 요구가 충족되면 안전의 요구가 출현하고요. 안전의 요구가 충족돼야 소속감과 애정의 요구가 출현합니다. 무슨 말입니까? 밥도 못 먹고 배고파서 쫄쫄 굶을 때는요, 위험한 상황이어도 먹을 것을 구하러 나가게 되지요. 안전한 것보단 먹는 게 더 중요한 거예요. 왜요? 죽느냐 사느냐가 달려 있으니까요. 물론 위험한 상황에서도 죽을 수는 있죠. 그러나 배고파서 죽는 것보단 먹을 걸 찾아서 노력해보겠다, 이렇게 행동하게 되는 거죠. 그 다음에 자기 주위 환경에 위험이 닥쳤을 때 그 위험이 제거돼야만 소속감과 애정의 요구가 등장해요.

예를 들어 볼게요. 여러분, 용인예술과학대학교 유아교육과가 여러분들에게 소속감을 주는 장소가 되겠죠. 당연히 소속감을 줘야 되는 겁니다. 그런데 유아교육과가 있는 조화관 건물이 붕괴 위험에 처해 있어요. 이 교실에서 공부하다가는 깔려 죽을지도 몰라요. 매우 위험해요. 그러면 여러분들은 용인예술과학대학교 유아교육과에 와서 공부하고 싶어 하지를 않겠죠? 용인예술과학대학교 유아교육과에 소속되고 싶어 하지 않을 거예요. 안전의 요구가 먼저 충족돼야 그다음에 비로소 그 집단에 소속되고 애정을 요구해도 되겠다는 생각이 나오는 거라서 그래요. 그러니까 가정에서도 먼저 안전의 요구가 충족되어야 "엄마 아빠, 사랑해요."라는 애정의 요구가 출현할 수 있는 거겠죠. 이런 식으로 모든 요구는 아래단계의 요구가 충족되면 그 다음단계의 요구가 출현하고, 요걸 충족해줘야 또 그 다음단계의 요구를 충족할 수 있게 됩니다.

둘째, "1단계인 생리적 요구에서부터 4단계인 자아존중감의 요구까지는 '결핍요구'입니다."

결핍요구라는 건요, 없는 걸 채우려고 하는 욕구예요. '내가 가지고 있지 않으니까 이게 필요해. 그래서 나는 이걸 채워야 되겠어.'라는 측면에서 나타나는 요구입니다. 생리적 욕구, 안전의 욕구, 소속감의 욕구, 자아존중감의 욕구. 이 네 가지는 '내가 없는데 이걸 가져야 내가 발전하겠다'라고 생각하는 결핍요구예요. 매우 자주 나타나는 요구라고 할 수 있습니다.

셋째, "5단계인 지적 요구에서부터 최종단계인 자아실현의 요구까지는 '성장요구'입니다."

성장요구란 자신의 성장과 발전을 추구하려는 요구를 말합니다. 심리학자들에 따라서는 4단계인 자아존중감의 요구를 성장요구로 보기도 합니다. 자아존중감은 아무나 갖는 게 아니라 자신의 성장과 발전을 추구하는 과정에서 얻어질 수 있다고 보기 때문입니다. 중요한 건, 결핍요구든 성장요구든 분기점은 자아존중감이라는 사실입니다. 자아존중감이 부족하니까 이걸 채워야 되겠다라고 요구한다라고 보면 결핍요구에 해당하는 거고요. 자아존중감은 자신이 성장하고 발전하기 위해서 우리가 더 추구하고 요구하는 거다, 이렇게 보면 성장요구가 될 수도 있습니다.

아무튼 성장요구라는 건 자신의 성장과 발전을 추구할 때 나타나는 요구예요. 성장요구는 하위 단계인 결핍요구가 충분히 충족되고 실현된 다음에야 나타날 수 있는 겁니다. 그러니까 생리적인 필요, 안전에 대한 필요, 애정에 대한 필요, 사회적 인정과 자존감의 형성 이게 다 되면 그 다음부터 공부하면서 발전하고 싶어 하는 것, 아름다움을 추구하는 것, 자아실현을 추구하는 것이 가능해진다라는 것이예요.

마슬로우의 요구위계이론은 결국 "우리가 삶을 만족하게 여기고 행복하게 여기는 것은 언제냐? 우리의 성장요구가 충분히 실현될 때이

다."라는 걸 보여주고 있는 이론이에요. 먹는 것이 충족되고 안전한 것이 충족되고 사랑받는 것이 충족되지만 그것 가지고는 모자라요. 더 만족하고 더 행복하려면 자아 성장의 과정이 담보되고 실현돼야 행복할 수 있는 거예요. 그래서 자존감까지는 성장을 위한 혹은 행복을 위한 필요조건이에요. 자아존중감까지 이룬 다음에 지적으로 성장·발전하고, 아름다움을 추구하는 삶의 과정을 실천해 나가고, 자신이 되고싶은 모습, 하고싶은 일을 이루어 나갈 때 우리는 더 큰 만족과 더 큰 행복을 이룰 수 있다는 것입니다.

자, 그렇다면 마슬로우의 요구위계이론에 의거할 때 우리가 공부하는 이유는 무엇일까요? 우리가 학습이라고 하는 행동을 하는 원인은 무엇일까요? 마슬로우의 요구위계이론에 의거해서 바라본다면, 자존감의 요구 다음에 등장하는 지적 성장의 요구, 지적 요구, 지적 호기심을 충족하고자 하는 배움의 요구 이게 우리가 공부하는 이유를 설명해주는 것입니다. 즉 우리는 지금보다 좀더 나은 존재로 발전하기 위하여 나의 지적 성장을 위하여 공부하는 것이죠. 여러분들을 열심히 공부하게 만드는 심리적인 동인(動因)은 여러분들이 지적으로 더 나은 사람이 되기 위한 지적 요구인 것이죠. 정리한다면, 교육과 학습의 동인(動因)은 성장하고 싶은 마음, 성장에의 요구라고 할 수 있겠습니다.

2 동기(motive)

지금까지 행동의 첫 번째 동인(動因)으로서 요구에 대하여 공부하였습니다. 이제 행동의 두 번째 동인인 동기(動機)에 대하여 함께 살펴보겠습니다. 동기(動機 motive)라고 하는 것은 무엇일까요? 동기란

'우리가 어떤 일을 하였을 때 그 일을 하게 된 계기나 마음의 바램'을 말하는 것입니다. 한마디로 어떤 일을 하게 된 계기를 동기라고 해요. 동기는 크게 두 가지로 나뉩니다. 내가 마음속에서 스스로 불러일으킨 동기와, 바깥에서 남들이 나한테 준 동기 즉 남들에게서 부여받은 동기, 두 가지로 나눌 수가 있어요. 바깥에서 주어진 동기도 내가 마음속으로 '받아들여야' 내 행동의 원인으로서의 동기가 될 수 있습니다. 어느 쪽이든 동기라는 건 '내 마음속에서 내가 불러일으키는 행동의 계기'예요. 그런데 그 행동의 계기를 내 스스로 내 마음속에서 불러일으킬 수도 있고요, 남들이 바깥에서 가져다 줄 수도 있어요.

외적 동기

내가 한 행동의 동기가 내 마음속에서 내 스스로 불러일으킨 것이 아니라 남이 내 마음속에 불어넣어 주어서 내가 가지게 될 때 우리는 그것을 "외적 동기(outer motive)"라고 불러요. 제가 국민학교(초등학교) 때 겪었던 에피소드인데요. 어느날 저희 아버지가 "봉석이, 열심히 한번 공부해 봐. 이번에 1등하면 아버지가 자전거 사줄게."라고 공약을 거셨습니다. 저는 아버지가 1등이 되면 사준다는 상품, 자전거가 욕심이 나서 공부를 열심히 했지요. 그때가 4학년 때였는지 5학년 때였는지 가물가물하네요. 아무튼 자전거에 욕심이 팔려서 공부를 했습니다. 자전거는 내 마음 밖에 있는 외부의 사물이죠. 아버지는 '자전거를 사줄게. 공부 열심히 해봐.'라고 제 마음속에 공부를 촉구하는 마음을 불러일으켰습니다. 또한 시험점수를 잘 받았을 때면 아버지 어머니가 칭찬해 주셨는데, 그것 역시도 내 마음 밖에 있는 외부의 사태지요.

그런데 공부는 내가 했지요. 내가 공부하는 행동을 했는데, 그에 대한 동기는 모두 다 나의 외부에서 나에게 주어진 것이었습니다. 이렇게 내 마음의 바깥에서 나에게 주어진 어떤 행동의 계기, 마음속에 들어온 어떤 활동의 바램을 심리학에서는 "외재적 동기" 또는 "외적 동기"라고 불러요. 외적 동기란 어떤 행동을 하게 만드는 동인이 그 행위자의 외부에서 주어진다는 것입니다.

사실 우리가 하는 대부분의 행동은 외적 동기가 유발되어서 하는 행동들이 많습니다. 남이 시켜서 어떤 일을 하게 되는 경우가 여기에 해당이 되고요. 남이 어떤 모습을 보여주니까 '야, 내가 저거 따라해 봐야 되겠다.' 또는 남이 '야, 너 이렇게 하면은 내가 상을 줄게.' 그러면 또 행동을 하게 되지요. 그런 것들이 전부 다 외적 동기에 해당이 되겠습니다.

내적 동기

반면에 외적 동기에 반대되는 "내적 동기(inner motive)"라는 게 있습니다. '내재적 동기'라고도 부릅니다. 내적 동기라는 것은 '어떤 행동을 하게 되는 동인이 바로 그 행위자 자신의 내부에서 나온다'는 의미를 갖고 있습니다. 즉 어떤 행동을 하는데, 그 행동을 하고 싶은 마음 자체를 내가 스스로 불러일으켜서 행동하게 되었을 때, 내적 동기가 형성되었다고 이야기를 합니다.

제가 어릴 때는 저희 집에 읽을 만한 책이 없었습니다. 어느 날 아버지가 국어사전을 사주셨어요. 아, 이게 4학년 때군요. 명확하게 기억합니다. 숙제할 때 국어사전 가지고 숙제를 했었으니까요. 동아출판사에서 나온 〈콘사이스 국어사전〉이라는 것을 사 오셨는데요. 읽을 만한 책이 없던 저는 국어사전을 뒤적이면서 읽기 시작했습니다. 국어사전에서 모르는 낱말의 뜻을 찾아가면서 읽어보기 시작했습니다.

모르는 낱말의 뜻을 읽는 게 은근히 재미가 있더라고요. 나중에는 학교에서 선생님이나 친구들이 질문했을 때 대답도 하게 되고요. 또 교과서를 보거나 수업에서 선생님의 설명을 들을 때 사전을 읽었던 것과 연관지어서 낱말 뜻을 생각해내기도 했습니다.

이러다 보니까 수업시간에 궁금한 게 생기고, 그 궁금한 것에 대한 답을 스스로 찾아보려는 태도와 행동이 나타나기 시작했어요. 신기하고 재미있는 경험이었죠. 사전 뒤지면서 낱말 뜻 찾고, 그 낱말 뜻 공부한 거 가지고 책 읽고 교과서 보고, 이렇게 하는 게 재미있어진 거예요. 재미가 있으니까 자꾸 하게 되죠. 또 자꾸 하게 되다 보니까 재미가 더 있게 돼요. 이렇게 활동 자체에서 재미를 느껴서 그 활동에 더욱 더 몰두하게 될 때 심리학에서는 '내적 동기, 내재적 동기가 유발되었다'고 말합니다. 어떤 행동을 하고 싶은 마음이 스스로 불러일으켜지는 것이 내재적 동기입니다.

내적 동기는 힘이 세다

그렇다면 외재적 동기와 내재적 동기 가운데는 어떤 것이 더 효과가 클까요? 즉 외적 동기와 내적 동기 중에 어느 게 더 힘이 셀까요? 당장은 외재적 동기가 행동유발의 효과가 더 큽니다. 외재적 동기가 작동할 때는 즉각적으로 행동이 유발될 수 있어요. 그러나 길게 보면 외재적 동기보다는 내재적 동기가 더 바람직하고 효과적입니다. 외재적 동기에만 의존할 경우에는요, 행동을 불러일으키던 외적 동기의 유발요인 예컨대 상품이나 보상 이러한 것들이 더 이상 주어지지 않으면요, 행동이 점점 약해지고 사라지게 돼요. 달리 말하면, 누군가가 어떤 행동을 하게끔 촉구하면서 보상을 걸고 상품을 걸면, 우리는 그 상품을 얻기 위해서 즉각적으로 활동을 합니다. 즉각적으로 행동을 해요. 그런데 보상과 상품이 더 이상 제공되지 않는다고 하면 그러한 행동이 사라진다는 것이죠. 쉽게 말해서 보상이 있어야만 일을 하게 된다라는 겁니다.

단적인 예로, 우리가 취직이나 아르바이트를 하면요, 한 달 동안 열심히 일해서 그 보상으로 월급을 받습니다. 그 보상, 그 월급을 기대하면서 한 달 동안 열심히 일하는 거예요. 그런데 어느 날 사장님이 "얘, 손님이 너무 없어서, 이제 우리 돈이 없어. 그래서 월급을 못 줘." 이랬습니다. 그러면 이제 월급을 못 받는다고 할 때도, 우리는 출근해서 일을 열심히 할까요? 그런 사람은 거의 없겠죠. 아마 한 명도 없을 겁니다. 월급도 안 주는데 왜 내가 나가서 일을 합니까? 외재적 동기라는 건 여기서 월급에 해당해요. 월급이라는 보상이 없으면 일 안 해도 되는 거죠.

외재적 동기를 학습에 대입시켜 봅시다. 공부를 열심히 해서 높은 성적을 받으면 장학금을 줘요. 상을 줘요. 그러면 우리는 상장과 장학금을 받으려고 열심히 공부할 겁니다. 그런데 장학금을 더 이상 지급해주지 않는다고 해봐요. 상장을 주지 않는다고 해봐요. 그러면 열심히 공부할 동기, 열심히 공부할 외재적 동기가 사라지는 거죠. 공부 안 하게 된다라는 얘기입니다.

하지만 행위 그 자체에 재미와 즐거움을 느끼고, 행위 자체에 특별한 가치를 부여하게 된다면 별다른 외적 보상이 없이도 우리는 기꺼이 공부하고 기꺼이 일하게 됩니다. 무슨 얘기일까요? 공부하는 것 자체가 즐겁게 생각이 되면요, 장학금 안 줘도 상장 안 줘도 공부하게 된다는 거죠. 그런데 이렇게 한번 생각해 봅시다. 아르바이트를, 내가 하고 싶은 일, 내가 배우고 싶은 일에 관련되는 아르바이트라고 해봐요. 나는 제과제빵 이걸 배우고 싶고 그 기능을 익히고 싶어요.

그런데 빵집에서 빵 만드는 일을 하는데, 급여를 못 받는다고 해봐요. 여러분, 급여를 못 받아도 내가 빵 만들고 케익 만들고 과자 만드는 것을 배워서 맛있는 빵, 과자, 케익을 만드는 것 자체를 즐거워한다면, 당장 아르바이트비 못 받는다고 하더라도 내가 빵 만드는 거, 케익 만드는 거, 과자 만드는 거 하나하나 배우는 거니까 그게 중요한 목적이 되면 보상이나 급여를 받지 않아도 열심히 제과점에서 아르바이트를 계속할 수 있을 거예요. 뭐 적절한 예는 아니었지만, 활동 자체가 즐겁고 나의 발전에 중요한 거라면 꼭 돈 받지 않아도 기술 배우러 열심히 다닐 거라는 얘기입니다.

이것은 내적 동기라고 할 수 있어요. 어떤 활동에 몰입하고, 그 활동을 배워나갈 때 느끼는 즐거움은 강력한 내적 동기가 될 수 있죠. 이 점에서 볼 때 내적 동기가 외적 동기보다 더 오래 가고 효과도 더 큽니다. 인간이란 존재 자체가요, 본디 저 스스로 재미있고 좋아하는 일에는 보상이 없이도 몰두하는 특성을 가지고 있어요. 상품을 받지 않아도, 보상을 받지 않아도 좋아하는 일은 스스로 찾아서 몰입하게 된다는 것이예요.

인본주의 심리학에 따르면, 내적 동기를 유발해서 활동에 몰입할 때 자아정체성이 형성된다고 해요. 자기 자신에 대한 만족감이 활성화되기 때문에 긍정적인 자아정체성이 형성된다는 거죠. 내가 좋아하는 일을 할 때는 그 일 자체가 보상이 돼요. 내재적 동기는 마슬로우 요구위계이론에서의 성장의 요구, 그러니까 자아존중감의 형성부터 출발해서 지적 요구, 미적 요구, 자아실현의 요구 이러한 것들에 매우 부합되는 거예요. 내재적 동기가 있으면 자존감이 활성화되면서 성장하고 발전하려는 노력을 더 잘 할 수 있게 돼요. 또한 내적 동기가 높은 사람은 눈 앞에 닥치는 어려움도 잘 극복해 낸다는 특징도 갖고 있죠.

성취동기

내적 동기가 자신의 성장과 자아실현의 직접적인 계기가 될 때 우리는 그러한 내적 동기를 특별히 "성취동기(成就 動機 achievement motivation)"라고 부릅니다. 마슬로우의 성장요구는 지금보다 더 나은 내가 되고자 노력하는 것을 말하죠. 과거보다 더 나은 지금의 내 모습을 기뻐하고 즐거워하는 것이예요. 우리가 어떤 일을 수행해서 성공을 하게 되었을 경우, 특히 고난과 역경을 뚫고 어려움을 이겨내고 성공한 것이라고 할 경우 우리는 말할 수 없는 기쁨과 행복을 느끼게 됩니다. 그리고 나중에는 성공했을 때 느꼈던 그 환희와 희열을 생각하면서 매 순간 닥쳐오는 어려움과 난관을 참고 견디게 되죠. 어떤 일을 성공함으로써 내가 더 나은 모습이 되고자 하는 성장의 욕구와, 어떤 일을 성공했을 때 느끼게 되는 즐거움 기쁨 행복 이러한 것들은 미래의 활동의 원동력이 될 수가 있어요. 이처럼 "어려운 일을 수행할 때 포기하지 않고, 목표달성과 성공을 겨냥하고 계획하면서, 자신의 능력을 최대한 발휘하고자 노력"하는 것을 우리는 "성취 동기"라고 합니다.

달리 말하면 성취동기란 "목적한 바를 이루기 위한 의욕과 행동의 동인"이라고 할 수 있어요. 즉 '내가 꼭 이 일을 성공해내겠다.'라고 하는 나의 굳은 결심과 희망을 성취동라고 해요. 대부분의 연구는요, 성취동기가 높은 사람이 남들보다 더 부지런하고, 더 노력을 하고, 더 성공한다는 것을 보여주고 있습니다. 성취동기를 연구한 앨킨슨(Atkinson)이라는 심리학자에 따르면요, 성취동기는 "도전적이고 어려운 과제를 성취함으로써 만족을 얻으려는 개인의 심리상태"를 말해요. 즉 어려운 과제를 성취함으로써 내가 더 큰 만족을 얻으려는 욕심이 있다면 이 사람은 성취동기가 높은 사람이라는 것이죠.

성취동기가 높은 사람은요, 일이 실패할 가능성과 성공할 가능성이 반반이라고 할 때 성공할 가능성에 초점을 두고 적극적으로 과업을 수행합니다. 아니 실패할 가능성이 더 많고 성공할 가능성이 적어도, '야, 그래도 성공할 가능성이 있잖아.'라고 하면서 성공에 초점을 두고 일을 추진해요. 그리고 당연히 성공하기 위해서 끈기 있게 열심히 노력을 합니다.

3 귀인(attribution)

인간의 행동의 원인이 되는 또 하나의 심리적인 요소로서 "귀인(歸因 attribution)"이라는 것이 있습니다. 귀인이라는 것은요, "행동의 결과를 어떤 원인으로 해석해 보느냐 즉 행동의 결과의 원인을 무엇으로 여기느냐에 따른 태도가 다음행동의 원인이 된다"라는 것을 뜻하는 심리학 용어예요. 무슨 말인지 조금 헷갈리시죠? 이제부터 찬찬히 수업을 들으시면 잘 이해할 수 있게 될 거예요.

앞에서 우리는 성취동기에 대해서 공부했어요. 성취동기가 높으면 열심히 노력하고 어려움을 극복해서 성공을 더 많이, 더 잘하게 된다고 말했죠. 한마디로 성취동기가 높으면 성공을 할 수 있다라는 거예요. 그런데요, 현실에서는 제아무리 성취동기가 높은 사람이라고 해도 실패하는 경우가 꽤 발생합니다. 성취동기가 높다고 해서 반드시 성공하는 것은 아니거든요. 성취동기가 높아도 실패할 수 있는 거죠. 자, 내가 열심히 노력했는데 실패했어요. 입학시험을 위해서 열심히 공부를 했는데 그만 입학시험에 떨어졌어요. 시험 보고 취직하는 경우도 있겠죠. 열심히 공부했는데 취직시험에 떨어졌어요. 성취동기도 높은데, 노력도 남들보다 더 많이 했는데, 그만 시험에 떨어진 거예요. 실패한 거예요.

이때 우리는 열심히 노력했는데 내가 실패했다 그러면 갑자기 얼음이 됩니다. '얼음 땡' 할 때 그 얼음이 돼요. 우리의 몸과 마음은 정지상태가 됩니다. 그리고 내가 왜 실패했나 되돌아보게 되는 거죠. 심리학적으로 볼 때, 인간은요, 자신에게 벌어진 일에 대해서 스스로 납득하고 이해하기 전까지는 움직이지 않는 존재랍니다. 그러니까 실패했을 때 "왜 실패했지?"하면서 실패를 되돌아보고, 내가 왜 실패했는지 납득이 돼야, 그다음 발걸음을 옮길 수 있어요. 이러한 점을 심리학적으로 탐구한 것이 와이너(B. Weiner)의 "귀인이론(歸因 理論 attribution theory)"입니다.

우리가 어떤 일을 하면 그 일의 결과가 나와요. 그런데 그 결과가 왜 이런 결과가 됐느냐, 그 원인을 곰곰하게 따져보고 바라볼 때에 새로운 동기가 형성되고, 새로운 행동이 유발될 수 있다는 게 귀인이론이예요. 즉 어떤 결과에 대해서 내가 긍정적으로 바라보게 된다면 더 노력할 거고요, 그 행동의 결과에 대해서 부정적인 태도가 된다면 행동을 하지 않을 거라는 거예요. 그래서 행동의 '결과의 원인'을 무엇으로 되돌리느냐, 행동의 결과를 어떤 원인에 돌리느냐에 따라 그 다음 행동의 수준이 결정된다는 것이 와이너의 귀인이론입니다.

내적 귀인 대(對) 외적 귀인

귀인이론을 공부할 때는 '귀인(歸因)'을 꼭 한자어로 떠올려봐야 합니다. 안 그러면 그냥 귀인이라는 단어를 읽을 때 소리로만 읽으면 귀인을 '귀한 사람'이라고 먼저 생각하게 되거든요. '동쪽에서 귀인을 만난다.' 이럴 때 나오는 귀인이요. 귀인(歸因)이라고 하는 것은 어떤 일이 벌어졌을 때 그 '원인을[因]' 어디에다 '돌리는가[歸]' 하는 것을 말하는 심리학 용어예요. 원인을 어디에다 두느냐가 핵심이예요. 와이너에 따르면 귀인의 방향은 내적(內的) 귀인과 외적(外的) 귀인 두 가지예요.

내적 귀인은요, 어떤 행동의 결과가 나타났을 때, '그 결과가 내 탓이다'라고 생각하는 게 내적 귀인이예요. 외적 귀인은, 반대로, 그 행동의 결과는 나 때문에 벌어진 일이 아니고 '다른 요인 때문에 벌어진 거다'라고 생각하는 게 외적 귀인입니다. 간단하게 예를 하나 들어보죠. 모태솔로가 있어요. 열심히 소개팅 나갑니다. 그런데 소개팅 나갈 때마다 상대방에게 애프터 신청을 받지 못하고 차입니다. 이때 애프터 신청을 받지 못하고 소개팅 나갈 때마다 차이는 경우, 그 결과를 도대체 뭐라고 생각하면 좋을까요? 가장 쉽게 두 가지로 생각해 볼 수 있습니다.

첫 번째, '나한테 애프터 신청이 오질 않아.' 그 말은 '내가 그리 매력적인 상대가 아니었어.' 이런 의미잖아요. 거울을 보고 생각합니다. '그래, 내가 상대방에게 애프터 신청을 받을 만큼 매력적이지는 않지, 뭐. 그래, 내가 좀 보잘 것 없게 생겼고, 볼품없게 생겼잖아. 뭐, 내 탓인 거지. 내가 못생기고, 내가 좀 부족하고, 내가 능력이 없으니까 상대방이 나한테 애프터 신청을 안 하는 거야. 그러니까 내가 지금까지 계속 모태솔로지.' 이렇게 생각하는 게 내적 귀인이 되겠죠. 그 모든 게 다 '내게로, 내 속으로 귀인'되고 있잖아요. 내적 귀인이예요.

두 번째, 상대방이 나에게 애프터 신청을 하지 않는다고 한다면 원인을 나 아닌 다른 요인에서 찾아보는 겁니다. '나에게 애프터 신청을 못 한 건 그 사람이 사람을 볼 줄 모르기 때문이야.'라거나 '소개팅

한 그날, 만난 장소가 너무 후졌더랬어. 그날 날씨도 너무 안 좋았지. 그래서 그 사람이 기분이 나빴었나 봐.' 이런 식으로 생각하는 것이 외적 귀인에 해당한다고 볼 수 있을 거예요. 모든 게 다 '다른 사람, 다른 요인으로 귀인'되고 있잖아요. 이건 외적 귀인이죠.

여러분들에게 좀더 명료하게 와닿는 예를 들어볼까요? 내적 귀인은 벌어진 일에 대하여 행위자 자신에게 원인이 있다고 보는 거죠. 여러분, 시험을 봤는데 시험성적이 나쁘게 나왔어요. 왜 시험성적이 나빴을까요? 원인이 뭘까요? 내가 열심히 공부를 안 해서 그런 거지, 뭐. 즉 시험성적이 나쁘게 나왔을 경우 내가 공부를 안 해서 그런 결과가 나왔다고 생각하는 것이 내적 귀인이예요. 결과의 원인을 나에게로 돌리는 것이죠.

반대로 외적 귀인은요, 벌어진 일에 대하여 행위자 자신은 관계가 없고 환경이나 상황 때문에 그런 일이 벌어졌다고 생각하는 것을 말해요. 자, 시험성적이 나쁘게 나왔어요. 그런데 나는 열심히 공부했습니다. 나는 열심히 공부했는데 내 시험점수가 나빴다라는 것은 시험이 너무 어렵게 출제되었거나 아니면 내가 공부하지 않은 부분에서 문제가 출제되어서 그런 것이라고 생각할 수 있겠죠. 이렇게 나 때문이 아니라 '시험이 어려웠다, 내가 공부 안 한 데서 시험문제가 나왔다'라고 생각하는 거예요. 그러니까 시험을 못 본 것은, 시험점수가 나쁜 것은 내 탓이 아니야 라고 생각하는 게 외적 귀인이예요. 결과의 원인을 내가 아닌 남에게로 돌린 것이죠.

내적 귀인은 힘이 세다

그렇다면요, 내적 귀인과 외적 귀인 둘 중에 우리의 다음번의 행동에 긍정적으로 작용하는 귀인은 어떤 것일까요? 우리가 다음번에 더 열심히 공부하는 마음을 갖게 만들어주고 더 열심히 공부하는 행동을 촉발하는 것은 내적 귀인일까요? 외적 귀인일까요?

와이너에 따르면, 외적 귀인의 경우에는 대부분 우리가 통제할 수 없는 환경적인 요인에 원인을 돌리는 거잖아요. 그러니까 결과가 내가 통제할 수 없는 환경요인에 달려 있다는 얘기는 내가 더 열심히 노력한다고 해서 결과가 좋게 바뀔 수 있다는 의미는 아니겠죠. 외적 귀인을 하면 다음번에 더 열심히 공부할 이유는 크게 없는 거예요. '아무리 내가 열심히 공부해도 시험문제가 어려울 건데, 뭐. 공부해 봤자 아니겠어.'라고 생각을 하게 된다는 거죠.

반면에 내적 귀인을 했을 경우에는 '내가 열심히 공부 안 했기 때문에 시험성적이 나빴지. 그러면 내가 열심히 공부하면 점수는 분명 올라갈 거야.'라고 생각하며 다음번 시험을 위해서 더 열심히 공부하는 행동이 유발될 수가 있는 거죠. 그래서 내적 귀인을 하면 다음번에는 내가 좀더 노력해서 열심히 하면 성공할 수 있다고 여기게 되고요. 실제로 더 열심히 노력하는 행동을 수행하게 되죠. 그렇게 보면 우리는 내적 귀인을 하는 것이 학업성취 과정에는 큰 도움이 되는 것이라고 볼 수 있겠네요.

일반적으로 학업에 있어서는 내적 귀인이 외적 귀인보다 성취동기를 더 강하게 유발시킵니다. 내가 열심히 하면 성적이 오른다는 신념을 철저하게 믿고, 열심히 공부하는 거예요. 이게 성취동기잖아요. 그리고 대부분의 사태에서도 외적 귀인보다는 내적 귀인이 성취동기를 형성하는 데 더 큰 영향을 미쳐요. 다만 연애에 관해서는 그 반대라고 할 수 있습니다. 아까 소개팅 얘기 잠깐 했는데요. 소개팅에서 실패했다면 외적 귀인을 하는 게 좋아요. 내 탓이다라고 생각하기보다는 상대방이 사람 볼 줄을 몰라서 그런 거다라고 생각하시고 다음번의 연애에 임하시는 게 자존감의 형성과 확립에는 더 큰 도움이 됩니다.

4 자기효능감 대(對) 학습된 무력감

지금까지 공부한 요구, 동기, 귀인과 더불어서 인간의 행동의 유발에 연관되는 심리요인이 두 가지가 더 있어요. 하나는 행동을 강화시키는 심리요인이고요, 다른 하나는 행동을 중지시키고 소거(消去 없애버림)시키는 심리요인이예요. 전자는 '자기효능감(自己效能感)'이구요, 후자는 '학습된 무력감(無力感)'이예요. 줄여서 '효능감'과 '무력감' 이 두 가지가 행동을 유발시키거나 행동을 중지·소거시켜버리는 심리적인 요인이 돼요.

자기효능감(self efficacy)

먼저 자기효능감에 대해서 공부해 보겠습니다. 자기효능감이라는 건요, 자기 자신이 능력이 있다, 효력이 있다라고 생각하는 감정이예요. 내가 만든 물건이 효력을 갖는다는 뜻도 돼요. 우리는 성취동기가 성공의 중요한 동력이 된다는 것을 공부했지요. 성취동기가 높으면 성공을 향해서 더 열심히 노력하게 된다라는 거예요. 또한 성취동기는 외적 귀인보다는 내적 귀인을 통해서 좀더 잘 형성이 됩니다. 그런데요, 성취동기를 아주 잘 불러일으키고 아주 잘 형성시키는 심리적 장치가 하나 더 있어요.

그것은 바로 "자기효능감(self efficacy)"입니다. 이것은 '나 자신이 효능이 있다, 능력이 있다, 내가 한 일이 성과가 있다'라고 믿는 감정이예요. 효능이라는 말은 주로 우리가 약을 설명할 때 "이 약의 효능이 뭐니?" 이럴 때 쓰는 말이잖아요. 여러분, 타이레놀을 먹으면 어떤 효능이 있어요? 열이 떨어지고 두통이 사라지는 효능이 있죠. 나 자신에게 효력이 있다, 능력이 있다라고 믿는 게 자기효능감이에요. 심리학에서 특히 교육심리학에서 자기효능감이라는 것은요, "한 개인이 주어진 과제를 일정한 수준에서 잘 수행해낼 수 있다고 여기는 개인적인 신념"을 말해요. '내게 주어진 이 과제를 나는 잘 해낼 수 있어.' 라고 믿는 자신감이 자기효능감이에요.

쉽게 말하면, 자신의 능력에 대한 긍정적인 믿음인 거죠. 자기효능감은요, 근거 없이 그냥 형성되는 게 아니에요. '근자감' 곧 근거없는 자신감하고는 달라요. 자기효능감은 이전에 자신에게 부과되었던 과제들을 성공적으로 수행했던 경험이 차곡차곡 쌓였을 때 형성되고 자라나요. 자신감이라는 건 그 이전에 자신이 특정한 과제를 제대로 잘 수행해 냈을 때, 그리고 그러한 수행성공의 경험이 차곡차곡 쌓였을 때 형성이 되는 거예요.

예를 들어볼게요. 운전을 처음 하는 사람들, 초보운전자는 운전에 대한 자기효능감이 상당히 낮아요. 운전을 잘 못한다라는 거죠. 그러다가 운전에 익숙해지면 운전을 잘한다는 자신감이 형성이 되어서 운전에 대한 자기효능감이 쌓여가는 거예요. 주로 장거리 여행을 차를 몰고 한 번씩 갔다 오거나 하면 자기효능감이 많이 형성이 되죠. 그러다가 자기효능감이 또 와르르 무너지는 경우도 생겨요. 그게 언제냐면 접촉사고, 충돌사고 한 번 일으키면 운전에 대한 두려움이 생기고, 운전에 대한 자신감, 자기효능감은 또 확 사라지게 되죠.

아무튼 이 자기효능감이라는 건 행동의 수행에 긍정적으로 작용을 해요. 자기효능감이 높은 사람은 당연히 성취동기가 높고요, 성장요구도 강하고요, 주로 내적 귀인을 한다는 특징이 있어요. 자기효능감이 높을수록 학습활동에 적극적으로 참여하고요, 노력을 남들보다 더 많이 합니다. 끈기와 인내를 지속적으로 발휘하고요, 효과적으로 학습전략을 사용해서 공부합니다. 또한 공부하는 과정에서 나타나는 스트레스와 불안을 스스로 잘 통제하는 특성이 있습니다. 이 말은요, 거꾸로 학습을 열심히 적극적으로 참여하고, 노력을 많이 하고, 끈기와 인내를 발휘하고, 학습전략을 효과적으로 사용하고, 공부할 때 스트레스와 불안을 잘 통제하면서 공부해서, 성적이 점점 높아지면 자기효능감이 쑥쑥 자라난다는 얘기죠.

그렇다면 이 자기효능감은 어떻게 길러질까요? 과제 수행에 성공하면 자기효능감이 길러집니다. 즉 이전의 과제 수행에서 여러 번 성공한 경험이 자기효능감을 가져옵니다. 그렇기 때문에 교육에서는 초기의 학습 과정에서 학업성취의 성공경험을 자꾸 가져보는 게 중요합니다. 자꾸 성적이 오르고 상장을 타고 하는 경험이 누적되는 게 중요해요. 지속적으로 성공의 경험을 하게 되면 학업에 대한 자신감이 생기고요, 또한 어떻게 하면 성공할 수 있는지 하는 성공의 방법도 터득하게 됩니다.

학습된 무력감(learned helplessness)

그런데요, 만일 성공의 경험보다 실패의 경험이 훨씬 더 많이 쌓인다면 어떻게 될까요? 예컨대, 소개팅 나가서 계속 상대방에게 퇴짜만 맞는다면 연애하고 싶어질까요? '아니야. 그냥 모태솔로가 내 천성에 맞겠어.' 이렇게 생각하게 되지 않을까요? 운전을 열심히 잘 해나가다가 사고가 나면 그다음에 운전에 대해 자신감이 확 떨어진다고 그랬잖아요. 실패의 경험이 훨씬 더 많이 쌓인다면, 성공보다 실패의 경험이 더 많이 쌓인다면, 자기효능감은 형편없이 낮아지게 될 것입니다.

게다가 실패의 경험이 더욱 더 심화된다면 부정적인 자기관념이 형성될 수도 있어요. '나는 해봤자 안 돼.', '내가 해봤자 실패할 건데, 뭐.' 이런 부정적인 자아관념이 형성될 수도 있는 거죠.

이처럼 거듭되는 실패의 경험으로 자기 자신에 대하여 무력감을 굳게 내면화하고, 실의에 빠져서 아무것도 하지 않으려드는 심리상태를 심리학에서는 "학습된 무력감(learned helplessness)"이라고 불러요. '학습된 무력감'이란 용어에서 앞에 '학습됐다'라는 건 경험에서 습득됐다는 뜻이에요. 태어날 때부터 무력감을 갖고 태어나는 게 아니고, 실패의 경험이 누적되니까 그 실패의 경험에서 배워가지고 형성된 무력감이라는 뜻이에요.

학습된 무력감은 "자신의 삶을 전혀 통제할 수 없고, 무엇을 하든 실패를 면할 수 없다고 생각하는 부정적 신념"을 말합니다. 이 학습된 무력감이 상당히 고약한 게요, 일단 한번 학습된 무력감이 형성이 되면요, 이게 쉽게 잘 바뀌지가 않아요. 셀리그만(M. Seligman)이라는 심리학자가 수행한 아주 유명한 실험연구가 있습니다. 개에게 전기충격을 가하고 그에 대한 개의 반응을 살펴보는 실험이었어요. 유튜브에서 셀리그만의 전기충격실험 그러면 나오는 영상들이 많은데요. 이 실험에서 개를 우리에 가두고, 개에게 전기충격기로 전기충격을 가합니다. 상자에 집어넣어 놓고 개에게 전기 충격을 가하는 거예요. 그러다가 일정 정도 지난 다음엔 개가 쉽게 옆 칸으로 넘어가서 전기충격을 곧바로 피할 수 있도록 만든 우리에 가둬요 그리고 개에게 전기충격을 가합니다. 이 앞에서 전기충격을 지속적으로 받은 바로 그 개예요. 그 개를, 이제 쉽게 옆 칸으로 넘어가서 전기충격을 피할 수 있게 만든 우리에 집어넣고 전기충격을 가했다는 거예요. 그런데 놀라운 일이 보여졌다는 거죠.

실험대상이었던 이 개가 옆 칸으로 도망가서 전기충격을 피할 수 있는데도, 그걸 피하지 않고, 마치 피할 수 없는 충격인 양, 그냥 전기충격을 다 받아들이고 있었다는 거예요. 즉 전기충격을 피하지 않고, 전기충격을 계속 받아들였다는 거예요. 맨 처음의 실험에서는 개가 전기충격을 피하려고 몸부림쳤는데 상자 안에 가둬뒀으니까 피할 데가 없어요. 그러니까 전기충격을 계속 받게 됩니다. 그렇게 한참 지나니까 자기 자신에겐 전기충격을 피할 수 있는 능력이 없다고 생각한 거예요. 그래서 전기충격을 피할 수 있는 우리에 집어넣고 전기충격을 가했을 때에도, 즉 옆칸으로 낼롬 도망가면 전기충격을 안 받는 구조로 된 우리 속에서 전기충격을 가한 건데도, 이 개는 무력감에 빠져서 도망가는 걸 포기했다는 거죠. '배째라, 죽여라.' 그러고 전기충격을 받아들였다는 거예요.

교육장면에서도 이와 비슷한 현상이 종종 발생하죠. 아무리 노력해도 계속해서 과제해결에 실패하게 되면요, 학습자는요, 쉬운 과제가 주어져도 쉽게 포기해버리는 현상이 나타납니다. 계속해서 0점만 맞으면 그 과목은 포기하게 된다는 거예요. 여러분, '수포자'라는 단어 아시죠? 수학을 포기한 사람들이 왜 나옵니까? 아무리 공부해도 수학 성적이 안 오르니까 포기하는 거예요. '수학공부하는 시간에 다른 과목 공부해서 성적을 올려보자.' 사실 올리는 게 아니라 '수학점수에서 손실된 점수를 다른 과목에서 메꿔보자.'라고 하는 거죠. 이 경우 수포자는 수학에 대해서 학습된 무력감이 형성되었기 때문에 나타나는 현상이에요.

학습된 무력감을 깨뜨리기 위해서는 학습자에게 조금이라도 성취와 성공의 경험을 제공하도록 하는 게 중요합니다. 성공의 경험을 맛보도록 하라는 것이죠. 이것을 위해서는 학습자의 능력수준에 맞는 과제를 학습자가 해결해 보도록 하는 게 제일 중요해요. 학습자의 능력보다 높은 과제를 제시하면 실패할 수밖에 없죠. 학습자의 능력범위에 맞는 과제를 학습자가 풀 수 있도록 안내하는 거예요. 비고츠키가 말한, 근접발달영역 안에서 교사가 스캐폴딩을 적절하게 수행해 나가면서 학습지도를 해 나가는 거예요.

이렇게 해서 학습자의 능력범위 안에서 학습자가 여러 가지 과제를 성공적으로 수행해 나가는 경험을 반복해나가다 보면 어느 순간에 학습된 무력감에서 탈출하는 도약의 순간이 오게 돼요. 학습자의 능력범위 안에서 쉬운 과제를 성공적으로 수행하는 과정을 반복하다가 차츰차츰, 조금씩 조금씩, 어려운 과제를 점진적으로 성취해나가도록 하면, 학습자를 학습된 무력함에서 벗어나게 할 수가 있어요. 물론 단기간에 학습된 무력감에서 벗어나기는 힘들 수 있어요. 학습된 무력감을 형성한 과정이 5년이라면, 어쩌면 거기에서 벗어나는 데는 5년 이상의 시간이 걸릴 수도 있어요. 문제는, 참고 견디며 인내하는 것과 또 자기 자신이 나아질 수 있고 발전할 수 있다는 신념을 갖는 것이 무엇보다 중요해요. 학습된 무력감은 조금씩 자기효능감을 높여 나감으로써 해결해 나갈 수밖에 없어요.

열한 번째 강의
행동주의 학습이론

이번 열한 번째 강의는 행동주의 학습이론에 대해서 공부하겠습니다. 교육심리학에서 학습에 관한 이론으로서 가장 대표적인 것이 오늘 공부할 행동주의 학습이론과 다음 시간에 공부할 인지주의 학습이론입니다.

심리학에서 학습이란 인간의 사고와 행동이 변화하는 과정을 말합니다. 사고와 행동의 변화가 이루어질 때 심리학에서는 학습이 이루어졌다, 학습했다 이렇게 이야기를 합니다. 심리학에서 볼때 우리 인간의 모든 생각과 행동은 학습을 통해서 발생하고 형성되는 것입니다. 다만 행동주의 심리학이냐 인지주의 심리학이냐에 따라서 학습이 진행되는 심리적인 경로가 달라진다고 하겠습니다.

1 행동주의 심리학과 학습

행동주의 심리학에서는 인간의 행동이 변화하는 것을 학습이라고 봅니다. 행동주의 심리학에서는 밖으로 드러나는 외적인 행동에만 초점을 둡니다. 행동주의라는 명칭 자체가 이러한 특성을 보여주는데요. 우리의 행동, 다른 사람이 봤을 때 밖으로 드러나서 관찰할 수 있는 우리의 외적인 행동에 초점을 두는 것이 행동주의 심리학입니다. 행동주의 심리학에서는 우리가 이전에는 가지고 있지 않았던 특정한 패턴의 행동을 새롭게 기계적으로 수행하게 되었을 때 학습이 일어났다고 봅니다. 그전에는 가지고 있지 않았던 새로운 행동을 나도 모르게 습관적으로 수행하게 되면 '아, 이러한 행동은 학습을 통해서 얻어진 행동이구나.'라고 본다는 것입니다. 기계적으로 어떤 행동을 수행한다는 말은요, 행위자가 그 행동을 할 때 의식하지 않고도 능숙하게 수행한다는 의미가 되겠습니다. 그러니까 '내가 특정하게 이런 행동을 해야 되겠다.'라고 의도하지 않고도 은연중에 저절로 특정한 행동을 수행할 수 있게 될 때 우리는 '학습했다'라고 말하는 것이죠.

인간의 행동은 학습을 통해서 발생하고 습득됩니다. 그렇다면 학습은 어떻게, 어떤 과정을 통하여 이루어지는 것일까요? 행동주의 심리학은 이에 대하여 세 가지 답을 내놓습니다. 인간의 행동은요, 첫째, "고전적 조건형성"을 통하여 발생합니다. 둘째, "조작적 조건형성"을 통하여 형성됩니다. 셋째, "사회적 학습"을 통해서도 인간의 행동이 습득되죠. 그러니까 오늘은 △고전적 조건형성이론 △조작적 조건형성이론 △사회적 학습이론 이 세 가지를 공부하는 것입니다.

2 고전적 조건형성이론

먼저 "고전적 조건형성이론(classical conditioning theory)"에 대해서 공부하겠습니다. 행동주의 학습이론에서는 '조건형성(conditioning)'이란 말이 가장 중요합니다. '조건형성'의 영어 단어인 conditioning은 '조건을 만들어 주었다'는 뜻이 들어있죠. 고전적 조건형성이론은 '옛날 방식으로' 조건을 만들어주는 이론이라고 보시면 되겠습니다. '옛날 방식으로' 조건을 만들어주는 고전적 조건형성 이론을 공부할 때 여러분들이 꼭 만나게 되는 학자가 있습니다. 이반 파블로프(Ivan Pavlov)라고 하는, 소련의 생리학자입니다. 1849년에 태어나서 1936년에 돌아가셨으니까 옛날 사람이네요. 파블로프 박사님이 개 한 마리를 데리고 한 실험에서 고전적 조건형성이론이 완성됩니다.

그림 18 I. 파블로프(I. Pavlov)

파블로프의 개

파블로프가 개를 데리고 한 실험은 너무나도 유명한 실험입니다. '파블로프의 개'라는 표현이 관용어(慣用語)가 될 정도였으니까요. 이 실험의 주인공은 개입니다. 개가 하는 행동을 가지고 파블로프 박사는 전 세계적으로 가장 유명한 심리학자가 되었다는 것이죠. 어떤 실험을 했던 것인지 한번 보겠습니다. 파블로프 박사가 개를 데리고 한 실험은 "조건반사 실험"이었습니다. 유명한 실험입니다. '파블로프의 개'라고 하면 거의 고유명사처럼, 아니요, 이제는 일반명사처럼 사용이 되지요.

고전적 조건형성이론은 옛 소련의 생리학자인 파블로프 박사가 실행한 조건반사 실험에서 나왔습니다. 실험의 요지는요, '먹이를 주기 전에 종소리를 들려준 개는 나중에는 종소리만 듣고도 침을 흘리게 되었다'라는 것입니다. 그러니까 '종소리를 듣고 침을 흘리는 개'가 이 실험의 핵심골자였던 거죠. 이 실험은 크게 세 가지 단계로 진행되었습니다.

먼저 1단계입니다. 개에게 처음에 종소리를 들려줍니다. 개에게 종소리를 들려주었는데 개는 아무런 변화가 없죠. 그냥 개는 개로서의 행동을 할 뿐입니다. 그 다음에는 개에게 먹이를 보여주었습니다. 눈앞에 먹이를 보고 개는 침을 흘리는 행동의 변화를 보여줍니다. 왜! 침을 흘렸습니까? 먹고 싶어서요. 뭐를 먹고 싶어요? 먹이를 먹고 싶은 것이죠. 먹이를 보고 개는 침을 흘리는 반응을 보여주었다는 겁니다.

자, 이 실험의 중요한 단계는 다음 2단계인데요. 2단계에서 파블로프 박사는요, 종소리를 들려준 다음에 개에게 먹이를 주었습니다. 그랬더니, 개는 먹이를 보고 침을 흘렸겠죠, 먹이를 보고 침을 흘리는 행동을 보여주었습니다. 종소리를 들려준 다음에 먹이를 보여주었는데, 개는 먹이를 보고 먹고싶어서 침을 흘리게 되었어요. 두 번째 단계의 실험을 반복하고 또 반복하고 계속해서 반복했습니다.

충분한 반복 후에 실험은 3단계로 넘어가요. 3단계에는 종소리만 들려주었더니, 개가 침을 흘리는 거예요. 먹이는 보여주지 않았습니다. 개에게 오로지 종소리만 들려주었는데도 개가 침을 흘리게 됐어요. 개는 왜 침을 흘려요? 먹고 싶어서요. 뭐가? 종소리? 아니죠. 먹이를 먹고 싶어서 개는 침을 흘렸습니다. 눈에 먹이가 보이지 않는데도 개는 종소리만 듣고도 침을 흘렸어요. 이렇게 종소리만 듣고 개가 침을 흘리게 된, 이 세 번째 단계를 조건형성(conditioning)이라고 부릅니다.

처음에는 종소리를 듣고 아무런 반응을 보이지 않던 개가, 2단계의 과정을 수없이 반복한 후에는 3단계에서처럼 종소리만 듣고도 침을 흘리게 되었습니다. 2단계는 어떻게 구성되었어요? 종소리를 들려준 다음에 먹이를 보여주었더니 개가 침을 흘리게 되는 거죠. 이걸 반복했더니, 3단계에는 먹이를 치우고 종소리만 들려줬는데 개가 침을 흘리게 되었다는 거예요.

S-R모형

여러분, 종소리와 먹이는요, 개에게 가해진 '자극(stimulus)'입니다. 자극을 받고 개가 침을 흘리는 것은 자극에 대한 '반응(response)'이에요. 자극을 주니까 반응이 나오는 거예요. 이것을 '자극-반응도식'이라고 합시다. 행동주의 심리학에서는 바로 이 자극-반응도식을 행동의 본질적인 구조로 봅니다. 자극이 오니까 그에 대하여 반응을 하는 거예요. 사람이나 동물은 자극이 오니까 반응으로서의 행동을 하는 겁니다. 이것을 자극과 반응의 영어 첫 글자를 따서 "S-R모형"이라고 합니다. 우리 인간의 모든 행동은 자극-반응모형으로 이루어졌다고 할 수 있죠.

그런데요, 우리에게 주어지는 자극 중에는 거의 무의식적으로 또는 무조건적으로 반응을 일으키는 자극이 있습니다. 예를 들면, 내가 지금 배고픈 상태일 때, 아니 배가 고프지 않더라도, 먹을 것을 보면 나도 모르게 입에 침이 고이게 되지요. 파블로프의 개도 먹이를 보고 침을 흘렸습니다. 이때의 먹이를 '무조건자극(無 條件 刺戟)'이라고 합니다. 침을 흘리는 것은 '무조건반응(無條件 反應)'이라고 합니다. 무조건 자극에 대한 무조건 반응, 즉 나도 모르게 무의식적으로 특정한 자극에 대해서 반응이 저절로 나오는 것은 심리학에서는 그다지 의미가 없습니다.

그러면 어떤 행동이 의미가 있을까요? 특정한 조건 하에 주어진 자극과, 이 때문에 발생하는 조건적인 반응, 이게 심리학에서는 중요하죠. 즉 심리학에서 중요한 것은 '처음에는 아무 반응도 불러일으키지 못했는데 특정한 조건 속에서 나중에는 반응을 불러일으키게 된 자극', '특정한 조건 속에서 특정한 반응을 불러일으키는 자극'이 심리학에서는 중요해요.

자, 파블로프의 개 실험을 다시 살펴보겠습니다. 종소리는 처음에는 개에게 아무런 반응도 일으키지 못했죠. 여기서 종소리처럼 실험대상에 아무런 반응도 불러일으키지 못하는 자극을 중립적인 자극, '중립자극(中立 刺戟)'이라고 합니다. 그런데요, 종소리가 먹이와 결합하는 순간 신기한 일이 일어납니다. 종소리를 들려주고 곧바로 먹이를 주는 일을 수차례 반복하게 되면요. 어느 순간부터 먹이는 빼고 종소리만 들려줘도 개는 침을 흘리는 반응을 나타냅니다. 종소리만 들어도 개가 이제 침을 흘리게 된다는 것이죠. 왜 이런 일이 벌어졌을까요?

이러한 일이 벌어진 이유는 종소리가 '먹이라는 특정조건과 결합되어서' 제시되었기 때문입니다. 먹이라는 특정조건과 결합되어 제시된 종소리는요, 나중에 먹이를 빼고 제시되어도 개에게 침을 흘리는 반응을 이끌어냅니다. 파블로프 개 실험 3단계에서 먹이를 빼고 제시된 종소리를 '조건자극(條件 刺戟)'이라고 불러요. 왜 조건자극이라고 합니까? 앞에서 먹이라고 하는 '선행조건과 결합된' 자극이기 때문에 그

렸습니다. 먹이라고 하는 조건과 결합된 자극이라서 종소리를 '조건자극'이라고 합니다. 그리고 이러한 조건자극 때문에 일어나는 반응을 '조건반응'이라고 해요.

조건형성(條件 形成 conditioning)

실험에서는요, 종소리를 듣고 개가 침을 흘린 것이 조건반응이 되겠죠. 종소리는 조건자극이고요, 개가 침을 흘리는 것은 조건반응입니다. 이렇게 특정한 조건자극에 대하여 특정한 조건반응이 기계적으로 자동적으로 나타나는 것을 우리는 "조건형성(conditioning)"이라고 부릅니다. 조건자극에 대하여 조건반응이 일어난 것을 행동주의 심리학에서는 조건형성(conditioning)이라고 불러요. 그리고 이러한 조건형성이 이루어졌을 때 그걸 학습이라고 말하는 것이죠. 쉽게 말해서, 행동주의 심리학에서 학습이란 "특정한 자극에 대하여 특정한 행동이 습관적으로 나타나게 된 것"을 말합니다. 이 점에서 학습은 '습관형성'과 같은 말이라고 할 수 있어요. 예를 들어보죠. 책상에 앉으면 거의 자동적으로 책을 펴고 읽는다면, 책을 펴고 읽는 행동이 습관으로 형성된 거죠. 학습한 행동입니다. 이와 유사하게 책상에 앉으면 엎드려서 잠을 자는 친구들도 있죠. 이것 역시 습관적으로 형성된 행동이에요. 이 역시 학습인 거죠. 여러분, 책상에 앉으면 습관적으로 책을 펴고 있는 행동과, 책상에 앉으면 습관적으로 엎드려서 잠자는 행동 둘 중에 어떤 게 여러분들의 앞날을 밝게 만들어 줄까요? 대답 안 하셔도 아시겠죠?

조건형성에서는 "중립자극이 조건자극으로 바뀌는 과정"을 눈여겨보아야 합니다. 다음의 두 가지가 중요한데요. 첫 번째는 "중립자극이 무조건 자극보다 먼저 제시되어야 합니다." 즉 먹이를 먼저 주고 종소리를 나중에 들려주면 아무 소용이 없습니다. 종소리를 먼저 들려주고 그 다음에 먹이를 줘야 돼요. 두 번째는, "이러한 과정은 상당 기간 동안 반복되어야 합니다." 종소리 들려주고 먹이를 주는 과정을 짧게 몇 번 정도 하면 소용이 없어요. 상당 기간 동안, 즉 오랫동안 반복돼야 됩니다. 언제까지요? 습관이 될 때까지요. 종소리를 듣고도 침을 흘리는 행동이 형성되려면, 종소리를 들려준 다음에 먹이를 주는 행동이 오랫동안 지속돼야 됩니다. 그래야 종소리만 듣고도 침을 흘리는 행동이 '습관화'가 될 수 있어요. 파블로프의 개는요, 종소리를 듣고 먹이가 곧 주어진다는 것을 알아차리고서 침을 흘렸을 겁니다. 종소리를 듣고 '아, 맘마타임이다.'라고 생각해서 침을 흘렸을 거예요. 즉 종소리를 먹이주는 '신호'로 인식한 거죠. 우리 몸도 마찬가지입니다. 특정한 시그널이 주어지면 우리 몸이 자동적으로 특정한 행동을 실행할 수 있는 준비상태가 되는 거예요. 이러한 과정은 계속되는 반복의 결과라고 할 수 있습니다.

소거(消去 extinction)

그런데 고전적 조건형성이론은 한 가지 치명적인 결함이 있습니다. 어떤 결함이냐고요? 파블로프의 개가, 먹이가 없이 종소리만 계속 제시되다 보니까 나중에는 어느 순간부터 침을 흘리지 않게 되었습니다. 종소리만 듣고도 '먹이가 올 것이다'라고 기대하고 침을 흘렸던 이 멍멍이가 계속 먹이 없이 종소리만 들려주는 걸 반복적으로 수행하니까 어느 순간부터 침을 안 흘리더라는 거예요. 무슨 얘기입니까? 조건자극이 갖는 힘이 그다지 오래가지 않았기 때문이라는 것이죠. 바꿔 말하면 습득되었던 조건형성의 행동은 시간이 많이 지나면 슬그머니 사라지고 없어집니다. 이러한 현상을 심리학에서는 '소거(消去

extinction)'라고 합니다. 소거라는 건 '없애버렸다'는 뜻이에요. 그러니까 종소리를 듣고 침을 흘리던 이 개의 행동이 시간이 지나니까 사라져 버리더라는 거예요. 책상에 앉아서 습관적으로 책을 펴고 공부하던 행동이 시간이 지나니까 사라져버리더라는 거죠. 그러면 책상에 앉자마자 습관적으로 엎드려서 잠을 자는 행동. 이것도 시간이 지나면 사라져 버릴까요?

1단계에서는 종소리를 들려줬더니, 개가 아무 행동을 하지 않았죠. 먹이를 줬더니, 개는 침을 흘렸습니다. 2단계에서는 종소리를 들려준 다음에 먹이를 줬더니, 개가 먹이를 보고 침을 흘렸어요. 이걸 반복하고 반복하고 반복했더니, 드디어 3단계, 조건형성이 이루어졌죠. 종소리만 들려줘도 개가 침을 흘리게 되는 겁니다. '먹이가 곧 나온다.' 이렇게 생각한 거죠. 그런데 4단계, 시간이 많이 지나니까 종소리를 들려줘도 개는 침을 흘리지 않아요. 왜요? 눈에 먹이가 없기 때문에 그렇죠. 이것을 소거라고 합니다. 즉, 조건형성은 시간이 오래 지나면 사라져 버린다는 단점을 갖고 있어요.

이러한 고전적 조건형성이론이 우리에게 주는 시사점은 무엇입니까?

첫 번째로, 조건자극에 대하여 조건반응이 형성되는 것이 학습입니다. 우리는 바람직한 조건반응이 형성되도록 해야 한다는 것이죠.

두 번째로, 조건자극에 대하여 조건반응이 형성되려면 시간과 노력을 들여서 반복해야 됩니다. 조건반응은 한두 번 해가지고 형성되질 않아요. 시간과 노력을 들여서, 공력(功力)을 들여서 반복해야 합니다. 언제까지 반복해야 됩니까? 조건반응의 행동이 습관이 될 때까지 반복해야 됩니다.

그런데요, 학습과 관련해서 주의할 것이 있습니다. 세 번째로, 습관이 된 행동이라고 해도 지속적으로 수행하지 않으면, 주기적으로 수행하지 않으면 없어지게 됩니다. 그래서 일정한 주기를 두고 지속적으로 반복반복 해야 조건반응의 행동이 계속 유지될 수 있습니다. 그러니까, 파블로프 개 실험을 다시 예를 든다면, 종소리를 들려주고 먹이를 주는 과정을 조건형성이 된 이후에도 "가끔은 한 번씩 해줘야 된다"라는 것이죠. 개가 잊어먹을 만하면 한 번씩 종소리에 결합된 먹이가 제시되어야, 개가 잊어먹지 않고 종소리만 듣고도 침을 흘리는 행동을 오랫동안 유지할 수 있다라는 것이죠.

3 조작적 조건형성이론

아무튼, 조건형성의 행동이 시간이 지나면 사라져버리는 소거 현상은 행동주의 학습이론에서 치명적인 결함이었습니다. 그래서 소거 현상을 어떻게 해결할 것인가에 대하여 고민하다가 행동주의 심리학자들이 만들어낸 이론이 이제부터 공부할 "조작적 조건형성이론(operant conditioning theory)"입니다. 조작적 조건형성이론을 연구한 학자는 스키너(B. F. Skinner)라는 미국의 심리학자인데요, 아마 심리학 분야에서는 파블로프 박사보다 훨씬 더 유명한 사람일 겁니다. 이 분은 거의 전 세계 심리학자 중에 인지도만 놓고 보면 1, 2위를 다투는 분이라고 할 수 있어요. 사진을 보시면 손에 비둘기 들고 있죠? 네, 이분은 쥐, 비둘기, 원숭이 등 이런 동물의 행동을 관찰하고 실험해서 행동주의 심리학이론을 심화·확장시킨 분입니다. 이 스키너 박사님이 조작적 조건형성이론을 완성할 때 사용했던 실험동물은 쥐였어요. 조작적 조건형성은 고전적 조건형성이론이 가지고 있는 단점인 소거 현상을 개선하려는 요구에서 등장한 이론입니다.

그림 19 B. 스키너(B. F. Skinner)

스키너의 쥐

미국의 심리학자 스키너 박사는 쥐를 가지고 행동실험을 해서 조작적 조건형성이론을 만들어냈지요. 조작적 조건형성이론에서 핵심 개념은 '조작(操作 operant)'이라는 개념입니다. 행동주의 심리학에서 '조작'이라는 말은 기본적으로 '행동'을 가리키는 용어입니다. 그런데 그냥 행동과는 달라요. 조작에 해당하는 행동은 어떤 행동이냐면요, 우리가 처음에는 아무 의도나 목적 없이 그냥 툭 던지듯이 한번 해보는 행동이 나중에 "특정한 의도와 목적을 가지고 계획적으로 수행하는 행동"이 될 때, "의도와 목적을 가진 계획적 행동"이 될 때, 그러한 행동을 우리는 "조작적 행동(operant behavior)"이라고 불러요. 이 개념은 잘 이해하셔야 돼요. "특정한 의도와 목적을 가지고 하는 행동"이 조작적 행동이예요.

여러분, 보세요, 책상에 앉아서 책을 펴고 공부한다는 건 '내가 학습을 해야 되겠다.', '기말고사를 잘 봐야 되겠다.'라는 특정한 의도와 목적을 가지고 수행하는 행동입니다. 조작적 행동이예요. 그런데 책상에 앉자마자 좀 시간 지나니까 그냥 엎드려서 자는 거는, 여러분, 이거는 특정한 의도와 목적을 가지고 하는 행동일까요? 그렇지 않겠죠? '나는 수업 시간 내내 잠을 자서 기말고사를 망칠 거다.'라는 의도와 목적을 갖고 잠을 자는 경우는 없어요. 책상에 앉자마자 잠을 자는 행동은 조작적 행동은 아니예요. 책상에 앉자마자 책을 펴고 공부를 열심히 하겠다는 의도와 목적을 가지고 책을 읽는 행동이 조작적 행동에 해당되는 거죠.

스키너 박사가 쥐를 가지고 조작적 행동에 대한 실험을 했다고 그랬잖아요. 이제 어떻게 그 실험을 했는지 여러분들에게 소개해 드릴게요. 이른바 "스키너 상자, 스키너 박스 실험"입니다.

그림 20 스키너 상자 속의 쥐

그림을 보시면요, 투명한 유리로 만들어진 상자가 있어요. 이 상자가 그 유명한 스키너 박스입니다. 이 상자에는 특수장치가 되어 있어요. 어떤 특수장치가 되어 있느냐? △먹이가 상자 안으로 들어갈 수 있는 장치 하나와, 바닥에 작대기 꽂아 놓은 거 보이시죠, 이게 전기선이거든요, △바닥에 전기가 흐를 수 있도록 한 장치 이렇게 두 가지

장치가 설치된 상자가 스키너 상자입니다. 스키너 박사는 상자 속에 쥐를 집어넣고 쥐의 행동을 관찰하는 실험을 했습니다.

이 스키너 상자에는 두 가지 특수장치가 설치되어 있었어요. 상자 속엔 파란 색깔의 막대기 스위치가 있었고요. 빨간 색깔의 막대기 스위치가 있었습니다. 지금 이 상자에 대한 사진이 흑백사진이라서 빨간 막대기, 파란 막대기가 안 보이는데요. 어쨌든 쥐가 건드릴 수 있도록 스위치 장치가 두 개 설치됐는데, 하나는 파란 막대기, 하나는 빨간 막대기예요. 이 상자의 창문에는 먹이가 나오는 통로가 있고요, 바닥에는 전기자극판이 장치되어 있어요. 상자에 설치된 파란 막대기를 누르면요, 먹이 통로가 열려서 먹이가 상자 속으로 떨어지도록 되어 있습니다. 쥐가 제일 좋아하는 치즈 조각이 먹이 통로를 통해서 상자 안으로 굴러떨어지는 거죠. 빨간 막대기를 누르면요, 바닥의 전기자극판에 전기가 흘러서 전기자극이 가해지도록 되어 있었습니다. 파란 막대기를 누르면 먹이가 주어지고요, 빨간 막대기를 누르면 전기자극이 가해지는 거예요.

스키너 상자 속에 있는 쥐는요, 처음에는 상자 안을 이리저리 돌아다니다가 자기도 모르게 파란 막대기도 건드려 보고 빨간 막대기도 건드려 보게 됩니다. 막대기를 건드리는 것은 행동이에요. 그런데 아무 의도나 계획 없이 그냥 하는 행동인 거죠. 파란 막대기가 건드려지기도 하고 빨간 막대기가 건드려지기도 하는 거예요. 여기서 여러분, 퀴즈 하나 낼게요. 초등학교 수학 실력을 발휘해 보세요. 쥐가 파란 막대기를 건드릴 확률과 빨간 막대기를 건드릴 확률은 각각 얼마나 될까? 그렇죠? 50 대(對) 50, 5 대(對) 5입니다. 파란 막대기를 건드릴 확률, 빨간 막대기를 건드릴 확률을 관찰해보면 5 대 5, 아니 관찰할 것도 없이 파란 막대기, 빨간 막대기 둘 중에 하나니까 5 대 5

인 거죠.

강화 vs. 벌

그런데요, 시간이 지나면서 차츰 상자 속의 쥐가 빨간 막대기를 건드리는 횟수보다 파란 막대기를 건드리는 횟수가 점점 더 증가하기 시작했습니다. 빨간 막대기를 누르는 횟수는 줄어들고 현저하게 파란 막대기를 건드리는 횟수가 늘어난 거예요. 그리고 급기야는 파란 막대기만 누르게 되었습니다. 왜 그랬을까요? 스키너 상자 속 쥐가 파란 막대기를 건드리면요, 먹이가 나옵니다. 먹이가 나오니까 쥐는 당연히 파란 막대기를 더 많이 건드리게 된 거예요. 자꾸 먹이가 나오니까 파란 막대기를 누르는 횟수가 늘어나요. 이를 행동주의 심리학에서는 '강화(强化 reinforcement)'라고 해요. 반대로 빨간 막대기를 건드리면 전기충격이 흘러요. 전기충격이 흐르니까 빨간 막대기를 건드리는 행동은 줄어듭니다. 전기충격은 쥐에게 '벌(罰 punishment)'이 되지요. 벌을 받은 쥐는 마침내 빨간 막대기는 피하고 파란 막대기만 건드리는 행동을 학습해서, 파란 막대기만 눌러요.

여러분, 쥐가 파란 막대기를 누르게 된 까닭이 뭐예요? 먹이가 나오기 때문이었죠. 먹이 때문에 파란 막대기를 누르는 행동이 증가한 겁니다. 반대로 전기충격, 빨간 막대기를 건드렸을 때 나오는 전기충격은 쥐에게는 피하고 싶은 자극입니다. 벌에 해당이 되죠. 그러니까 빨간 막대기는 안 건드리게 되는 거예요. 파란 막대기를 건드리면 먹이가 나옵니다. 먹이는 쥐에게 만족감을 주죠. 먹이가 나오면 '아유, 신난다.' 이렇게 되는 거예요. 반대로 빨간 막대기를 건드리면 바닥에 전기가 흘러요. 전기자극은 쥐에게 불쾌감과 고통을 줍니다. 전기가 흐르면 '아이고, 아파라.' 이게 되는 거잖아요. 여러분, 쥐가요, 만족감은 추구하고 불쾌감과 고통은 피하는 행동을 하는 거예요, 정상적인 쥐죠. 사람도 마찬가지죠. 만족감은 추구하고 불쾌감과 고통은 피하는 게 정상입니다.

쥐가 파란 막대기를 건드리는 행동을 더 많이 하게 된 것은 막대기를 건드린 다음에 먹이가 나왔기 때문이에요. 그렇다면 이렇게도 생각할 수 있죠. 파란 막대기를 건드렸는데 먹이가 안 나온다 그러면 파란 막대기를 건드리는 행동이 그렇게 자주 나타나지는 않을 거다라는 거죠. 파란 막대기를 건드리는 행동을 더 많이 하게 된 까닭은 막대기를 건드리자 먹이가 나왔기 때문이에요. 이때의 먹이를 심리학 용어로는 '보상(報償 reward)'이라고 그럽니다. 그냥 줄여서 '상(賞)'이라고도 그래요. 먹이가 상이 되니까 파란 막대기 누르는 행동이 증가하는 거예요.

조작적 조건형성(操作的 條件 形成 operant conditioning)

이제부터가 중요합니다. 조작적 조건형성이론에서는 행동이 먼저 나오고 그 뒤에 보상이 나왔어요. 행동이 먼저 나오죠, 파란 막대기를 먼저 눌렀어요. 그랬더니 그다음에 먹이가 떨어지는 거예요. 먹이가 떨어진 다음에 파란 막대기 누르는 게 아니고, 파란 막대기 누르는 행동을 하니까 먹이가 떨어진 거예요. 이때 파란 막대기를 누르는 행동은 보상과 결합되어 나타나게 된 '의도적인 행동'이에요. 의도적인 행동이 '조작'이라고 했죠? 쥐가 상당히 영리한 동물이거든요. 얘가 시간이 지나면 아주 의도적으로 파란 막대기를 눌러서 먹이를 받아먹더라 이거예요. 그리고 의도적으로 빨간 막대기는 안 누르더라 이거예요.

이처럼 시간적으로 뒤에 나오는 보상과 결합되어서 먼저 발생하는 행동, 즉 보상이 이러이러하게 주어질 거다라고 생각해 가지고 미리 먼저 하는 행동을 스키너는 '조작적 행동(operant behavior)'이라고 부른 거예요. 그러니까 우리가 책상에 앉아서 열심히 책을 읽고 공부하는 행동은 내가 좋은 시험 성적을 받게 될 것이다 라는 보상과 결합되어서 미리 발생하는 조작적 행동인 거죠.

R-S모형

행동주의 심리학에서 볼 때 행동은 항상 특정한 자극에 대하여 나타나는 특정한 반응입니다. 스키너의 조작적 조건형성이론에서는 반응으로서의 행동이 먼저 나와요. 자극보다 반응이 먼저 나와요. 그리고 행동을 유발하는 자극은 뒤에 나오죠. 이를 도식화하면 반응이 먼저 나오고 뒤따라 자극이 나오는 도식이에요. 이를 '반응-자극도식'이라고 합니다. 그래서 스키너의 이론을 우리는 'R-S모형'이라고 부릅니다.

쥐의 경우든 사람의 경우든, 조작적 행동은 보상이 되는 자극 때문에 발생합니다. 그리고 이때 주어지는 보상이 매력적이면 매력적일수록 조작적 행동은 더욱 빈번하게 발생합니다. 이처럼 조작적 행동의 발생빈도를 높여주는 보상을 특별히 '강화' 또는 '강화물'이라고 해요. 강화에 사용되는 물건이다 그런 뜻이죠. 영어로는 reinforcement라고 합니다. 이 단어에는 force, 힘이라는 단어가 들어있죠. 힘나게 해준다, 이거예요. 공부하는데 지쳐요. 하지만 높은 점수 받아서 A 플러스 받을 거 생각하면 힘이 나지요. 힘나는 물건, 강화 또는 강화물입니다. 바로 이 강화 때문에 조작적 행동이 발생하는 거예요. 따라서 스키너의 관점에서 볼 때 학습은 강화 때문에 일어나는 겁니다.

강화(reinforcement)

강화에는 두 가지가 있습니다. 강화는 행동을 증가시키죠. 행동을 "증가시키도록" 하는 게 강화입니다. 행동의 발생빈도를 증가시키는 강화의 방식에는 두 가지가 있어요. 하나는 "정적 강화(正的强化 positive reinforcement)"라고 합니다. 다른 하나는 "부적 강화(否的强化 negative reinforcement)"라고 해요. 수학기호를 붙여서 정적 강화는 플러스, 부적 강화는 마이너스라고 생각하세요.

정적 강화란 매력적인 자극을 강화물로 '줌으로써(+)' 조작적 행동을 증가시키는 거예요. 즉 정적 강화는 좋은 걸 주는 거예요. 좋은 걸 선물로 상품으로 주는 거예요. 예를 들어 봅시다. 우리학교에서는 시험기간에 도서관에서 공부하는 학생에게 쿠키와 커피를 줍니다. 도서관에서 공부하는 학생들에게 쿠키와 커피를 준다는 거, 이거 학생들에겐 매력적인 자극 아닌가요? 그렇죠? 커피와 쿠키를 제공받을 수 있다는 건 매력적인 자극입니다. 이러면요, 어떤 현상이 일어납니까? 도서관에 와서 공부하는 학생들이 늘어요. 빈 강의실에서 공부하던 학생들이 "도서관에서 공부하면 쿠키와 커피를 준대."라는 얘기를 들으면, 커피와 쿠키를 받기 위해서라도 도서관에 가서 공부하게 된다라는 거죠. 도서관에서 공부하는 학생이 늘어납니다. 행동이 증가하는 거예요. 매력자극을 줬더니 행동이 증가했습니다. 이때 행동이 증가되도록 하기 위해서 매력자극을 '주는(+) 것' 이것을 정적 강화라고 그럽니다. 정적 강화는 '주는(+) 거'예요, 제공해 '주는(+) 거'예요.

부적 강화라는 건요, 혐오자극을 '제거해서(-)' 조작적 행동을 증가시키는 것을 말합니다. 예를 들어봅시다. 학생들이 떠드는 소리는 도서관에서는 혐오자극에 해당합니다. 왜요? 시끄러워서 공부를 못하겠잖아요. 이 경우 떠들지 못하도록 감독하는 것은 혐오자극을 '제거하는(-)' 일입니다. 떠들지 못하게 하는 것, 떠드는 학생들을 밖으로 내보내는 것, 이것은 떠든다고 하는 혐오자극을 '제거해(-) 주는 것'이잖아요, 빼주는(-) 것이잖아요. 도서관에서 학생들이 서로 떠들고 이야기하는 일이 없어지면 다시 학생들이 공부하는 행동이 증가하죠. 즉 혐오자극이 없어지면 조작적 행동은 증가합니다. 이렇게 혐오자극이 '제거되는(-) 거' 이걸 부적 강화라고 불러요.

정리하면, 매력자극을 줘서 행동을 강화하는 것과, 반대로 혐오자극을 제거해서 행동을 강화하는 것 두 가지 방법을 쓸 수 있어요. 첫 번째 것을 "정적 강화"방법, 두 번째 방법을 "부적 강화"방법 이렇게 얘기합니다.

벌(punishiment)

그런데요. 어떤 경우에는 조작적 행동을 증가시키는 것이 아니라 반대로 "감소시킬" 필요가 있습니다. 아예 조작적 행동 자체를 싹 없애버려야 하는 경우도 있어요. 예를 들면, 교수인 내 입장에서라면 수업시간에 학생들이 떠드는 행동은 감소시켜야 될 행동이겠죠. 없애버려야 할 행동일 겁니다. 도서관 열람실에서 학생들이 떠드는 것도 역시 감소시켜야 할 조작적 행동이 되겠습니다.

그러면 이 경우에는 어떻게 해야 떠드는 조작적 행위를 감소시킬 수 있을까요? 조작적 행동을 "감소시키려면" 학생들에게 '벌(punishment)'을 주면 됩니다. 벌을 주면 조작적 행동이 감소돼요. 강화와는 달리 벌은 조작적 행동의 발생빈도를 "낮추고자" 할 때 사용하는 방법입니다. 이걸 명확하게 기억하세요. 벌은 행동을 감소시킵니다. 벌을 받으면 해당 행동을 안 하게 됩니다. 행동의 발생빈도를 감소시키는 건 벌이에요.

벌의 방식에도 두 가지가 있는데요, '정적 벌(正的罰 positive punishment)'과 '부적 벌(否的罰 negative punishment)'이 그것입니다. 정적 벌은 제공해 '줌으로써(+)' 행동을 감소시키는 거고요, 부적 벌은 '제거함으로써(-)', '빼버림으로써(-)' 행동을 감소시키는 거예요. 어떤 건지 예를 통해서 이해해 보죠.

정적 벌은요, 혐오자극을 '부과해서(+)' 조작적 행동을 감소시키는 겁니다. 혐오자극을 '부과해서(+)' 조작적 행동을 감소시켜요. 수업시간에 떠드는 학생에게 교실과 화장실의 청소를 시키는 벌을 주면 어떨까요? 화장실 청소는 학생에게 혐오자극이 되겠죠. 피하고 싶은 자극입니다. 떠드는 학생들에게 부과되는 화장실 청소는 혐오자극이므로, 학생들은 혐오자극을 피하기 위해서 어떻게 해야겠어요? 당연히 떠드는 행동을 감소시키겠죠. 이렇게 혐오자극을 줘서(+) 특정한 행동을 감소시킬 때 우리는 그것을 '정적 벌'이라고 부릅니다. 혐오자극을 부과하는(+) 것은 정적 벌을 수행하는 거예요.

이에 비하여 부적 벌이라는 것은 매력적인 자극을 '제거함으로써(-)' 조작적 행동을 감소시키는 방법이에요. 매력자극을 '제거해서(-)' 조작적 행동을 감소시킵니다. 예를 들어보죠. 저는 수업에 참석해서 열심히 수업을 들은 친구들에게 수업이 끝나면 짜장면을 사줍니다. 그런데 수업시간에 떠들어서 내 수업을 방해한 학생들에겐 짜장면을 사주지 않아요. 떠든 학생들은 빼고, 수업을 열심히 잘 들은 학생들만 짜장면을 사주는 거예요. 짜장면은 매력자극이죠. 짜장면을 싫어하기는 좀 힘들어요. 이러한 매력자극을 떠드는 학생들에게는 빼앗아버리는 겁니다. 이 경우 어떤 일이 벌어질까요? 매력자극이 '박탈되면(-)' 조작적 행동은 감소하는 결과를 가져옵니다. 무슨 얘기입니까? 떠들어서 짜장면을 먹지 못한 친구들은 '다음번엔 내가 떠들지 말아야 짜장면을 먹을 수가 있다,'라고 생각하고 떠드는 행동을 줄이게 되죠. 즉 매력자극 '박탈(-)'은 "부적 벌"로서 작용합니다.

조작적 조건형성의 유의점

강화와 벌을 통하여 조작적 행동을 증가시키거나 감소시키는 조작적 조건형성이론이 교육 실제에 적용될 때는 다음과 같은 점을 주의해야 됩니다. 즉 조작적 조건형성에는 다음과 같은 약점이 두 가지가 있어요.

첫 번째, 조작적 행동을 계속 유발시키려면 끊임없이 강화와 벌이 제공되어야 합니다. 특정한 조작적 행동을, 계속해서 강화시키거나 또는 감소시키려면 강화나 벌이 계속해서 제공되어야 돼요. 강화나 벌이 중단되면 조작적 행동을 늘이려고 했던 것이나 줄이려고 했던 것이 다 소용없게 된다는 것이죠.

뿐만 아니라 두 번째로, 시간이 지날수록 강화와 벌의 효과가 떨어지게 됩니다. 나중에는 자극의 강도가 더 센 강화와 벌이 제공되어야 조작적 행동이 계속해서 유지될 수 있어요. 무슨 얘기입니까? 짜장면 하나에 반응하던 친구들이 '에이, 짜장면 그거 맨날 얻어먹으니까 이젠 질리잖아. 탕수육 정도는 사줘야 내가 수업을 열심히 잘 듣지.' 이렇게 돼버린다는 거죠. 즉 더 큰 자극이, 더 큰 강화와 벌이 제공되어야 행동이 지속될 수 있다는 점도 조작적 조건형성의 한계점이 되겠습니다.

조작적 조건형성의 시사점

조작적 조건형성이론을 교육에 적용할 때 고려해야 되는 시사점을 살펴보겠습니다.

먼저 우리가 아이들에게 어떤 행동을 가르칠 때에는 칭찬과 보상을 수반하면 효과가 있습니다. 그냥 가르치기보다는 칭찬과 보상을 아이들에게 주면 특정한 행동을 더 잘 가르칠 수가 있어요. 즉 아이들이 특정한 행동을 더 열심히 학습하게 되는 거죠. 강화를 사용하는 겁니다. 칭찬과 보상을 통해서 행동을 가르치는 게 강화방법이에요.

벌도 있죠. 벌을 줌으로써 행동을 감소시키는 거요. 그런데요, 강화를 사용하는 것이 벌을 사용하는 것보다는 교육적입니다. 교육적으로 제일 나쁜 건요, 체벌을 사용하는 거죠. 정적 강화가 부적 강화보다 효과가 좋고 바람직한 방법입니다. 부적 벌이 정적 벌보다 효과가 좋고 바람직합니다. 무슨 얘기입니까? 정적 강화방법 즉 아이에게 매력자극을 주는 것이 부적 강화방법(나쁜 것을 없애줌으로써 행동을 증가시키려는 방법)에 비하여 효과가 더 높은 거예요. 좋은 것을 제공해 주는 정적 강화방법이 제일 효과가 좋아요.

벌을 줄 때는 어떤 것이 효과적이냐? 좋은 것을 안 주는 방법, 부적 벌이 그나마 좋습니다. 아이에게 청소시킨다거나, 체벌을 가한다거나 하는 그런 혐오자극을 주는 정적 벌보다는 좋은 것을 안 주는 방법, 타임아웃을 걸고 아이에게 보상이 되는 놀이활동을 못하게 한다든가 하는 것, '네가 이러이러한 잘못을 저질렀으니까 자유놀이 시간 10분 못한다.' 이렇게 아이가 좋아하는 것을 박탈하는 부적 벌이 벌 줄 때는 효과적인 방법이에요.

자, 정리해 볼게요. 상을 줄 때는요, 아이가 좋아하는 것을 하게 해 주세요. '너 이거 하면 상으로 놀이활동 더 할 수 있어.' 상을 주는 겁니다. 혹은 아이가 좋아하는 간식을 주는 것도 좋아요. 벌을 줄 때는 아이가 좋아하는 것을 못 하게 하는 거죠. '너 이런 이런 나쁜 짓을 했으니까 그 벌로 놀이활동 10분 못한다, 게임 못한다, 네가 좋아하는 간식 오늘은 없다.' 이렇게 벌을 주는 것이 좋습니다. 물론 벌보다는 강화방법, 상 주는 방법을 사용하는 게 훨씬 더 바람직하죠.

4 사회적 학습이론(social learning theory)

행동주의 학습이론의 세 번째 이론은 "사회적 학습이론(social learning theory)"입니다. 여러분, 심리학에서 '사회적'이라는 말이 들어가면 뭘 생각하라고 그랬어요? 나와 다른 사람 간의 상호작용을 연상하라고 했죠? 사회적 학습(social learning)이란 '다른 사람과의 상호작용이 학습의 과정이다'라는 의미를 담고 있는 이론입니다. 사회적 학습이론은 미국의 심리학자 반듀라(A. Bandura)가 만든 학습이론입니다.

그림 21 A. 반듀라(A. Bandura)

반듀라의 심리학은 행동주의 심리학 가운데서도 "인지적 행동주의(cognitive behaviorism)"라고 불립니다. 행동주의는 행동주의인데, 앞에 '인지적'이라는 수식어가 붙어요. 인지주의적 특성을 가진 행동주의라는 뜻이지요. 인지적 행동주의는요, 행동주의 심리학이 오로지 행동의 외현적 측면, 겉으로 나타나는 행동만 몰두하는 데 반대하면서 등장했습니다.

인간의 행동은 겉으로 나타나는 모습도 중요하지만 그 속에 들어있는 요소, 행동의 내면적 요소 여기에도 초점을 둬서 파악해야 된다고 보는 것이죠. 즉 인지적·정서적 과정에 의해서 매개되는 행동의 내적 측면을 주목하는 것이 인지적 행동주의입니다. 예를 들면, 겉으로는 아주 씩씩하고 용감하고 세보이는 행동을 하는데, 실상은 세보이는 행동을 하는 것은 그 사람이 사실 되게 여리고 또 겁도 많은데 다른 사람에게 무시 안 당하려고 일부러 세보이게 행동하고 그러는 경우가 있잖아요. 겉으로 나타나는 행동으로는 파악이 안 될 수 있는 내면적인 부분, 특정한 행동의 '속에 들어있는' 내면적인 정서의 상태나 인지적 상태 이런 것도 고려해서 행동을 파악해야만 우리는 특정한 사람의 행동을 잘 이해할 수 있다고 보는 게 인지적 행동주의 심리학의 특징입니다.

인지적 행동주의에 입각해보면, 인간의 학습은요, 특정한 행동이 형성되는 "환경과 맥락을 파악해야" 합니다. 저 사람이 왜 저런 행동을 하지? 그러한 행동이 나타나게 되는 환경이 있고 맥락이 있어요. '특정 행동이 유발되는 심리적인 환경과 물리적인 환경, 이것을 살펴보자.', '특히 다른 사람과의 사회적 상호작용 관계 속에서 행동이 어떻게 나타나느냐에 초점을 두고 연구를 해보자.'라고 하는 게 사회적 학습이론입니다. 사회적 학습이론에 따르면, 우리 인간의 행동은요,

"특정한 사회적 맥락과 환경 속에서" 발생하고 습득되는 것입니다. 즉 인간의 행동은 자기 혼자 있을 때 새롭게 학습되는 게 아니라 다른 사람과의 상호작용 관계 속에서 특정한 행동이 학습되더라 라는 거죠. 즉 직접적인 강화나 벌이 없어도 사회환경 속에서 남들이 하는 행동을 보면 새로운 행동에 대한 학습이 일어나게 되더라 라는 겁니다. 남들이 하는 행동을 보고 내가 그걸 모방해서 새로운 행동을 하게 되더라 라는 거죠.

모델링, 대리적 조건형성, 관찰학습

이렇게 사회적 학습이론은 "다른 사람의 행동과 결과를 관찰함으로써 학습이 이루어진다"고 보고 있습니다. 남들이 하는 행동을 관찰해서 내가 새로운 행동을 배우는 거예요. 남이 하는 행동을 모방을 해서 따라하는 것 또는 반대로 남이 하는 행동을 보고 저건 하면 안 되겠다 해서 그러한 행동은 하지 않는 거죠. 이것을 "모델링(modeling)" 또는 "대리적 조건형성(代理的 條件 形成 vicarious conditioning)"이라고 합니다. 대리적 조건형성은요, 여러분. 술 먹고는 차 운전 못하니까 대리기사 부르죠. 나 대신 운전하는 사람이 대리기사잖아요. 나 대신 특정 행동을 대신 하는 사람이 '대리자(代理者)'입니다. 대리자가 하는 행동 즉 다른 사람이 하는 행동을 보고 내가 특정한 행동을 습득하는 것을 '대리적 조건형성'이라고 불러요.

모델링과 대리적 조건형성의 차이점은 다음과 같습니다. 먼저 모델링은요, 모델이 하는 행동을 보고 모방하여 행동을 학습하는 겁니다. 여기서 모델링이라는 건 특정한 행동, 특정한 동작을 의도적으로 가르치기 위하여 모델이 행동을 하나하나 수행하도록 하는 것이죠. 그리고 학습자들은 모델의 행동을 보고 그것을 모방하는 겁니다. 예를 들면, 테니스를 배운다고 해보죠. 그러면 테니스 코치가 테니스 라켓을 잡고 테니스 공을 치는 행동을 하나하나 시범을 보일 겁니다. 그 시범을 보이는 특정한 행동을 보고 따라해서 학습하게 될 때 우리는 "모델링"이라고 합니다. 이와 달리 대리적 조건형성은요, 다른 사람이 어떤 행동을 하는 것을 우연하게 봐요, 그런데 그 행동의 결과로 강화나 벌을 받는 것까지 다 보게 됩니다. 그랬을 때 우리는 다른 사람이 강화받는 행동은 내가 계속 따라 해야 되겠구나 라고 생각할 거고요. 다른 사람이 벌을 받는 모습을 봤다면 저런 행동은 하면 안 되겠다 이렇게 생각하겠죠. 다른 사람이 강화나 벌을 받는 모습을 보고 행동을 학습하는 것을 "대리적 조건형성"이라고 합니다. 다른 말로는 "대리강화"라고도 해요.

예를 들면, 횡단보도 빨간불인데 어떤 사람이 건너가요. 그걸 보면 그 옆의 사람도 따라서 건너가게 되죠. 이런 건 대리적 조건형성에 해당이 됩니다. 그런데 어떤 사람이 횡단보도 빨간불인데 건너가다가 교통경찰에게 적발이 돼요. 무단횡단에서 적발되면 벌금 딱지를 받게 되죠, 벌금을 물게 됩니다. 그래서, 어떤 사람이 무단횡단하다가 벌금 받는 걸 보게 되면 어떻게 될까요? 나도 똑같이 무단횡단을 할까요? 아니죠. 신호등을 지켜서 파란불일 때 신호등을 건너가게 됩니다. 이것처럼 어떤 사람이 벌 받는 걸 보고서 '아, 나는 그러면 안 되겠구나. 똑같이 행동하면 나도 벌 받겠구나.'라는 생각이 들어서 행동을 중지하게 되는 게 대리적 조건형성에 해당이 되겠죠.

제가 옛날에 국민학교 다닐 땐 산에 가면 북한에서 뿌린 선전삐라가 가끔씩 있었어요. 북한체제를 찬양하고 우리 대한민국을 비방하는 그런 선전지가 풍선에 실려서 남쪽으로 많이 내려왔습니다. 그래서 산에 가서 삐라를 주워오면요, 그 삐라 주워온 만큼 파출소에 가져다

주면요, 파출소에서 순경 아저씨가 연필을 준다든가 공책을 준다든가 그랬습니다. 어느 날 보니까 어떤 친구가 경찰 마크가 있거나 국군 마크가 새겨진 노트를 갖고 있는 겁니다. "너 이거 어디서 났니?" 그랬더니, "산에서 삐라 주워가지고 파출소 갖다 줬더니, 주더라." 이런 얘기를 해요. 그러면 그다음에는 제가 어떤 행동을 하겠습니까? '아, 나도 산에 가서 삐라 주워가지고 와서 이거 파출소에 갖다 주고 경찰 공책 받아야 되겠다.' 이런 생각을 하죠. 그래서 막 삐라 찾으러 다니고 그랬던 적이 있습니다. 이거는 뭐예요? 대리적 조건형성이죠. 다른 사람이 삐라 줏어와서 상 받는 거 보고, '아, 나도 상 받고 싶다.' 그래서 똑같은 행동을 실행하는 거죠. 이렇게 모델링과 대리적 조건형성은 둘 다 모델이나 또는 남들의 행동을 본다는 데에 포인트가 있는 학습입니다. 그래서 이것을 "관찰학습(observation learning)" 또는 "대리학습(vicarious learning)"이라고도 불러요.

다시 한번 말씀드리죠. 모델링은 특정한 모델이 시범을 보이는 동작을 의도적으로 하나하나 모방해서 학습을 하는 걸 말합니다. 대리적 조건형성은 다른 사람이 강화되거나 처벌받는 장면을 보고 내가 특정한 행동에 대한 학습을 하게 되는 걸 뜻합니다. 관찰학습은요, 보상이나 처벌이 지금 당장 직접적으로 나에게 주어지지 않더라도 앞으로 그러한 일, 즉 보상을 받거나 처벌을 받는 일이 내게도 충분히 일어날 거라고 생각하는 기대와 신념 때문에 관찰학습이 일어납니다. 관찰학습은 '나도 같은 행동을 하면 보상받을 거야, 저렇게 행동하면 처벌받을 텐데'라고 하는 "보상과 처벌에 대한 기대가 작용"할 때 관찰학습이 진행이 되죠. 그런데 강화나 벌에 대한 기대와 신념은 행동에 대한 요소가 아니라 "인지적인 요소, 정서적인 요소"에 해당이 되죠. 관찰학습에서는 인지적·정의적 요소가 행동의 형성에 작용을 하게 됩니다. 그래서 인지적 행동주의라고 부르는 거예요.

관찰학습은 학습자의 자기효능감 형성에 매우 효과적인 방법입니다. 학습자와 처지나 형편이 비슷한 모델이 수행하는 행동은 쉽게 모방될 수 있기 때문입니다. 이런 심리죠. '아, 재도 하는데 나라고 못 할 거 뭐 있어. 자신 있어, 나도 할 수 있겠어.'라고 하는 마음이 드는 겁니다. 그래서 유아교육이나 아동교육에서는요, 또래아동을 모델로 내세우면 효과가 매우 좋습니다. 학급의 한 아이를 모델로 세워서 특정한 기능을 수행하도록 하면 관찰학습의 효과가 높다라는 것이죠.

지금까지 행동주의 학습이론에 대해서 공부했습니다. 다음시간에는 인지주의 학습이론을 공부해 보도록 하겠습니다. 감사합니다.

열두 번째 강의
인지주의 학습이론

드디어 마지막 열두 번째 강의를 할 시간입니다. 열두 번째 강의는 인지주의 학습이론입니다. 지난 시간에 행동주의 학습이론을 공부했는데요. 인지주의 학습이론은 행동주의 학습이론과는 결이 다른 학습이론입니다. 행동주의 학습이론이 행동의 변화를 학습이라고 생각한 반면, 인지주의 학습이론에서는 정보의 습득과 사고(思考)의 변화를 학습이라고 바라보거든요. 사고(思考)가 일어나고 정보를 습득하는 과정에 대한 심리학적 설명으로써 인지주의 학습이론이 정립되었습니다.

인지주의 심리학은요, 인간의 인지 현상과 인지 과정을 탐구하는 심리학입니다. 인지주의 심리학에 따르면 인간의 행동은 사고 과정에서 나오지요. 즉 우리가 특정한 행동을 하는 것은 특정한 사고 과정의 산물입니다. 우리는 '내가 지금 이러저러한 행동을 해야 되겠다.'라고 인지적으로 사고하고 판단한 뒤에 행동을 한다는 것이죠. 인지 과정으로서 사고와 판단의 과정은요, 우리의 두뇌가 논리적 연산에 따라 정보를 처리함으로써 이루어집니다. 즉 우리의 사고 과정은 "정보처리(information processing) 과정"이라는 것입니다.

인지주의 심리학에서는 학습을 "사고 과정과 그의 결과"로 정의합니다. 인간의 사고 과정, 생각하고 판단하는 과정 자체가 학습하는 과정이고요, 사고의 결과물이 학습의 결과물인 것이죠. 그렇다면 인간의 사고 과정과 판단의 결과물은 무엇일까요? 그것은 바로 "정보와 지식"입니다. 우리는 사고와 판단을 통하여 정보를 생산해내고 지식을 창출해냅니다. 그래서 인지주의 학습이론에서는 정보와 지식을 다루는 심리적 과정을 주된 연구대상으로 삼습니다. 인지주의 심리학의 대표적인 이론은 "형태주의 심리학(Gestalt psychology)"과 "정보처리이론(theory of informaion processing)"입니다. 형태주의 심리학은 게슈탈트 심리학이라고도 부르죠. 그리고 정보처리이론은 우리가 컴퓨터에 대해서 공부할 때 배우는 바로 그 정보처리 과정을 가리킵니다.

1 형태 심리학

그러면 인지주의 학습이론의 첫 번째로서, "형태주의 심리학(Gestalt psychology)"에 대해서 먼저 공부해 보겠습니다. 일상적으로 '인지(認知 cognition)'라는 말은 '알아차렸다', '알게 되었다'라는 뜻입니다. 심리학에서는 '사물을 지각(知覺)하고 인식(認識)하여 앎의 상태를 이루는 것'을 말합니다. 비슷한 개념으로 철학에서 사용하는 '인식((認識)'이라는 단어가 있는데요, 이것도 영어로는 cognition이라고 하지요. 심리학에서는 철학에서든 인지는 지각을 통하여 형성됩니다. 지각이란 감각기관을 통하여 사물의 특성을 파악하는 것을 말해요. 그러니까 우리는 감각기관을 통해서 사물의 특성을 파악함으로써 대상에 대한 정보와 지식을 얻어내는 것이죠. 그런데요, 이렇게 감각기관을 통한 지각에서 나타나는 특성은 인지 기능의 기본적인 특성을 이루게 됩니다.

인간의 지각과 인지 과정에서 나타나는 가장 대표적인 속성은 '본다'라고 하는 특성입니다. 시각적 특성이 지각과 인지의 대표적인 특성이라는 것이죠. 특히 '앎'이라고 하는 추상적인 개념도 '본다'라는 구체적인 특성으로 표현이 됩니다. 우리말에 '알아본다'라는 표현이 있죠? '본다 + 안다'로 연결이 되는 개념입니다. 영어에서도 "I see." 라고 말하면, '알았어.', '알겠어.'라는 뜻이죠. 여기서도 본다는 의미의 단어인 see를 사용합니다. 그래서 안다라고 하는 인지 과정은, 감각기관의 특성으로 표현할 때, 시각적인 속성을 가장 대표적으로 갖게 됩니다. 이 말은 우리가 특정한 지식과 정보를 습득할 때 시각적 경험이 가장 커다란 비중을 차지한다는 것을 뜻하죠.

특히 인지주의 심리학에서 본다는 것은 "형태를 지각한다"는 것을 의미합니다. 어떤 사물을 봄으로써 사물의 정보, 사물의 대상을 파악한다는 것은 그 사물이 어떤 형태를 띠고 있느냐를 파악하고 이해한다는 뜻이 된다는 거죠. 그래서 형태지각은 앎의 상태를 이루게 되는 것을 의미합니다. 이러한 주제를 다루고 있는 심리학을 "형태주의 심리학(Gestalt psychology)"이라고 하는데요. 19세기 말, 20세기 초반에 독일에서 만들어진 심리학이었습니다. 형태주의 심리학은 인간의 심리 과정이 '본다'라는 지각 현상에서 출발하고 완결된다는 것을 밝혀낸 심리학이었죠.

형태주의 심리학에서 핵심은 '형태'입니다. 모양이라는 뜻이지요. 인지 과정은 "눈으로 보는 모양을 이해하는 것"이라는 의미를 갖고 있습니다. 그런데 형태라고 번역된 독일어 Gestalt(게슈탈트)는 '모양'이라는 뜻 말고도 '전체'라는 뜻도 가지고 있습니다. '전체로서의 형태', '전체로서의 모양'이라는 뜻입니다. 요컨대 심리학적으로 볼 때 게슈탈트란 "시각적 경험의 통일적 전체"를 말하는 것입니다. 내가 시각적으로 경험한 것을 모두 모아 놓았을 때 그것을 우리는 게슈탈트라고 부릅니다. 그래서 전체라는 의미를 담고 있는 것이죠. 형태주의의 특성을 가장 잘 나타내는 말이 있어요. “전체는 부분의 합 이상이다.”라고 하는 말입니다. 무슨 말입니까? 부분, 부분을 모아 놓았을 때 전체가 되는데요. 그 전체는 부분, 부분으로 나누었을 때보다 훨씬 더 커다란 의미를 갖는다 라는 거예요. 그냥 쉽게, 부분보다는 전체가 더 중요하다 라는 의미를 담고 있는 말입니다. 전체는 부분의 합 이상이다 라는 말은, 우리가 사물을 지각할 때 가지는 중요한 특성을 보여줍니다. 즉 우리는 사물을 볼 때 부분을 보는 게 아니라 전체적인 모양을 보는 것이죠. 이것을 한마디로 ‘형태지각(形態知覺 Gestalt perception)’이라고 합니다.

형태주의 심리학에 따르면, 인지 과정에서 전체적인 모양을 파악하는 형태지각의 핵심적인 시각적 특성은 ‘주관적 윤곽’과 ‘선택적 주의 집중’입니다.

주관적 윤곽

“주관적 윤곽(主觀的 輪廓 subjective contours)”은 우리가 사물을 볼 때 부분을 보는 게 아니라 전체적인 모양을 보는 것을 말합니다. 눈에 보이는 요소들을 개별적으로 하나하나 보는 게 아니라 전체적인 모양새를 마음속에서 그려서, 눈에 안 보이는 윤곽선을 마음 속에 그려서, 눈에 보이는 요소들보다 더 큰 ‘완성된’ 모양을 그려내는 것을 “주관적 윤곽”이라고 말합니다. 우리는 사물을 볼 때 부분부분, 하나하나를 보는 게 아니라 그 부분이 전체적으로 어떤 모양인가를 바라보는 거예요. 전체적인 모습을 생각하면서 바라보는 우리의 시각적 특성을 주관적 윤곽이라고 합니다. 글자 그대로 풀어본다면 ‘관찰자가 주관적으로 윤곽을 지각해낸다'라는 의미인데요. 윤곽이 없어도 마음속에서 윤곽을 만들어내면서 사물의 형태를 파악한다는 뜻입니다.

그림을 한번 보시죠. 그림에서 보면 까만 동그라미의 귀퉁이가 떨어져 나갔어요. 가운데 중앙점을 기준으로, 귀퉁이가 조금 떨어져 나간 까만 조그만 동그라미가 3개가 펼쳐져 있고요. 꺾쇠 모양의 도형 3개가 펼쳐져 있습니다. 그런데요, 꺾쇠 3개, 귀퉁이가 떨어진 까만 동그라미 3개가 어떤 모양을 이루고 있나요? 여러분들의 눈에는 꺾쇠와 동그라미가 펼쳐져 있는 한 가운데에 뭔가 보이지 않으세요? 그렇죠? 우리는 삼각형 두 개가 서로 엇갈려서 포개어져 있는 것을 볼 수 있습니다. 그림 자체에는 삼각형 도형이 없는데, 우리는 머리 속에서 삼각형을 '지각'하고 있어요.

그림 22 주관적 윤곽의 예

형태를 이루고 있는 부분은 귀퉁이가 빠진 동그라미 3개가 있고, 삼각 꺾쇠가 3개 있을 뿐인데, 이 부분 부분의 도형이 보여주는 전체적인 모양은 삼각형 두 개가 엇갈려 포개져 있는 그림이예요. 이렇게 도형 속에 안 보이는 부분, 그려져 있지 않은 부분을 "마음속에서 주관적으로 윤곽선을 만들면서" 대상을 인식하는 특징이 주관적 윤곽이라고 하는 현상입니다. 우리는 어떤 사물을 바라볼 때 부분부분을 보는 게 아니라. 각각의 부분이 전체적으로 어떤 형태의 윤곽을 보여주느냐를 지각하는 거에요. 즉 부분부분의 요소가 보여주는 주관적 윤곽선에 따라서 대상을 전체적으로 지각을 하는 겁니다.

선택적 주의집중, 선택적 지각

형태지각의 또 다른 특징은 "선택적 주의집중(selective attention)" 입니다. 선택적 주의집중이란, 우리가 보고듣는 모든 감각정보 중에서 우리가 정보를 받아들일 땐 항상 "선택적으로 한 가지 정보에만 주의를 기울일 수밖에 없다"는 걸 뜻하는 현상입니다. 우리는 동시에 두 가지 요소를 다 집중할 수 없어요. 우리의 뇌는 동시에 두 가지 정보에 다 귀를 기울일 수가 없어요. 한번에 한 가지 밖에 집중을 못합니다. 주의집중할 땐 한 번에 한 가지씩만 주의를 기울여서 지각하게 돼요. 이를'선택적 지각(selective perception)'이라고도 합니다.

다음 그림을 보십시오. 그림에는 악마 모습이 그려져 있거나 천사 모습이 그려져 있거나 둘 중 하나예요. 여러분, 그림에서 천사 모습 보이세요? 날개를 쫙 펼치고 있는 천사 모습이 그려져 있네요. 그런데요, 같은 그림인데 악마 모습을 볼 수도 있어요. 배트맨같이 박쥐날개가 달린 악마 모습이 그려져 있잖아요. 자, 재미있는 게요, 이 그림은요, 우리가 천사 모습을 바라보고 있을 때는 악마가 눈에 들어오나요? 안 들어옵니다. 안 보여요. 반대로 악마에 대해서 우리가 들여다보고 있을 때는 천사 모습이 눈에 안 들어와요, 안 보여요. "교수님, 저는 둘 다 동시에 보입니다." 아닙니다. 착각하는 거예요. 순간적으로 우리가 두 사물을 왔다갔다 번갈아 가면서 보는 걸 동시에 본다고 착각하는 거예요. 우리는 악마를 바라볼 땐 천사 모습 알 수가 없고요, 천사 모습 볼 때는 악마를 바라볼 수가 없어요. 선택적으로 둘 중에 한 가지에밖에 집중을 할 수 없는 것이 우리 감각, 우리 지각의 특징입니다.

그림 23 에셔(M. Escher)의 "천사와 악마"

우리가 형태를 지각할 때는요, 부분부분을 선택적으로 결합시켜 가면서, 즉 없는 부분에 대하여 "주관적 윤곽선을 그려가면서" 우리는 형태를 지각합니다. 그러면서 대상에 대해서 특정 부분은 선택적으로 뒤로 밀어내서 그 부분을 의식하지 못하고, 특정한 부분만 선택적으로 앞으로 당겨와서 바라보게 됩니다. 앞으로 당겨와서 바라본 부분은 또렷하게 의식하게 되죠.

자, 다음 그림 볼까요? 두 개의 그림이 있어요.

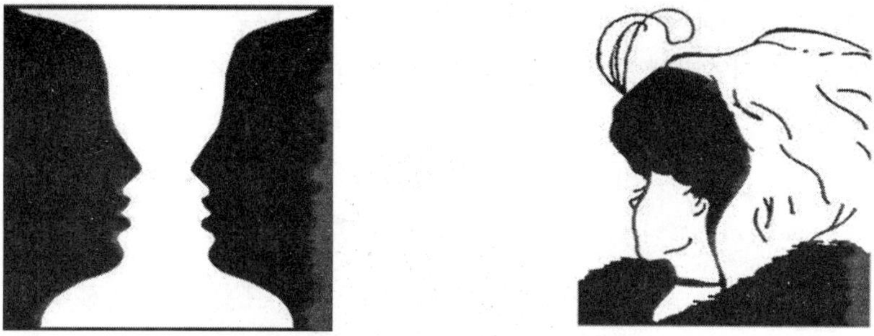

그림 24 선택적 주의집중, 선택적 지각의 예시

왼쪽의 그림을 볼 때요, 여러분, 마주보고 뽀뽀하려고 하는 두 연인이 있다고 바라보는 분 계신가요? 까만 바탕의 그림을 주목하게 되면 우리는 서로 마주보고 뽀뽀하려고 하는 두 사람을 볼 수가 있습니다. 그런데요, 이 그림을 조금만 더 들여다보고 있으면 하얀 바탕에 우리의 시각이 집중이 돼요. 그러면 술잔, 아주 멋진 술잔이 눈에 보일 거예요. 이 그림은 마주보는 두 사람으로 보이거나 아니면 가운데의 흰 부분에 집중해서 멋있는 고전틱한 술잔으로 보이는 거죠. 마주보는 두 사람으로 보거나 술잔으로 보거나 이걸 동시에 볼 수는 없어요. 둘 중에 하나를 선택적으로 바라보게 됩니다.

오른쪽 그림은 조금 더 복잡한 그림인데요. 한번 보세요. 이 그림을 보고 나이 먹은 할머니가 보이는 사람, 손 들어보세요. 이 그림을 봤는데 젊은 여인의 옆모습이 보이는 분, 손 들어 보세요. 네, 그렇습니다. 이 그림은요, 할머니로 보일 수도 있고 젊은 여인으로 보일 수도 있어요. 할머니로 보는 경우에는요, 할머니의 뭉툭한 코가 보이고요, 이 할머니 약간 주걱턱이네요, 마녀처럼 턱이 약간 주걱턱으로 튀어

나온 할머니입니다. 젊은 여인으로는 어떻게 보일까요? 이번에는요. 젊은 여인은요, 지금 고개를 얼짱 각도에서 더 돌렸어요. 목에 스카프를 둘렀습니다. 그리고 머리에 모자를 쓰고 있는 거죠. 젊은 여인이 고개를 옆으로 돌리고 있는 모습으로 보여요. 이 그림 역시 젊은 여인의 모습으로 볼 때는 할머니의 모습이 지각이 되지 않습니다. 할머니의 모습으로 파악이 되는 동안에는 젊은 여인의 모습으로 보이지 않는 거예요. 선택적 지각입니다.

선택적 지각에서 우리가 뒤로 밀어낸 부분을 '배경(背景 background)'이라고 합니다. 우리가 앞으로 당겨와서 또렷하게 주목한 부분은 '전경(前景 foreground)'이라고 합니다. 그림을 들여다보면 전경과 배경이 계속해서 역전되면서, 배경이 바탕이 되어 전경을 활성화하는 걸 볼 수 있죠. 지금까지 본 그림들은 우리가 형태를 어떻게 지각하느냐에 대한 중요한 특징들을 알려줍니다.

구성

형태주의 심리학에서 '인지'라는 인간의 내적인 정신 과정은 "요소와 부분으로 나누어진 개체에 대하여 전체적인 모양과 구조를 부여하는 체계적인 사고 과정"으로의 특징을 갖고 있습니다. 무슨 얘기냐면요, 우리의 심리적인 과정은 항상 요소요소보다는 그것을 전체적인 모양과 구조로 이해하려고 하는 성향이 크다는 것이예요. 인간이 부분이나 요소를 넘어서는 전체로서의 형태를 인지·인식하는 것은요, 우리 인간에게 "구성(構成 constitution, construction)"의 능력이 있기 때문이예요. 우리는 부분부분의 요소를 가지고 전체를 구성해내는 능력을 가지고 있습니다. 구성은 인간의 인지작용의 핵심적인 특징이라고 할 수 있습니다. 주관적 윤곽의 창출이나 선택적 지각의 형성은 모두 우리가 가지고 있는 인식의 구성적 특징을 나타내줍니다.

다시 한번 말씀드릴게요. 구성이란 부분이나 요소를 결합하여 형태를 만들어내거나 전체적인 것을 만들어내는 정신능력을 말합니다. 심리학 분야에서 인지주의 심리학이 주류가 된 1960년대 이후에는 교육학계에서 '구성주의 심리학'을 강조하고 있는데요. 그 이유는 구성이라는 것이야말로 인간의 인지적 특성을 나타내는 가장 대표적인 속성이기 때문에 그렇습니다. 또한 인간이 고등사고 기능을 발휘할 때 나타나는 것이 구성이라고 하는 특징이기 때문에 그래요.

형태 심리학이 학습에 주는 시사점

지금까지 살펴본 형태주의 심리학의 핵심개념인 '주관적 윤곽' 현상과 '선택적 주의집중' 현상이 학습에 주는 시사점은 다음과 같습니다.

먼저 첫째로, 우리는 눈으로 보는 정보를 받아들이게 되지요. 정보를 습득할 때에는 눈으로 보는 과정을 거쳐야 한다라는 얘기입니다. 따라서 우리가 정보를 습득하고 처리하려면 제일 먼저 해야 할 일은 그 정보를 눈으로 열심히 들여다보는 것입니다. 일반적으로 우리는 수업을 듣는다 라고 이야기하죠. 수업을 듣는다는 말은 수업을 눈으로 보고 듣는다 라는 말입니다. 여러분, 눈으로 보지 않는 수업은 학습이 전혀 일어나지 않는 수업이라는 얘기입니다.

두 번째로, 우리는 한 번에 한 가지만 주의집중을 할 수 있을 뿐입니다. 우리의 주의집중은 선택적 주의집중입니다. 한 번에 한 가지씩밖에 선택을 못 합니다. 이 얘기는 뭐예요? 우리가 수업시간에 수업을 듣는 행위와 동시에 다른 행위를 함께하게 되면, 수업을 듣는 것과 다른 행동을 동시에 진행하게 되면 결국 무엇이 방해받습니까? 수업 듣는 과정이 방해받습니다. 종국에는 수업 듣는 것이 아무런 효과도 없게 됩니다. 이 말은 뭘 말해요? 수업 중에 다른 행동을 하면 수업을 듣는 것이 무효로 돼버린다는 얘기입니다. 수업을 들을 때는 수업내용에 주의집중을 해야만 그 내용이 학습이 된다는 것이죠.

세 번째로, 무엇보다도 형태주의 심리학, 구성주의 심리학이 학습해 주는 가장 커다란 시사점은요, 부분보다 전체를 파악하는 데 먼저 힘써야 한다는 것입니다. 부분보다 전체를 먼저 파악해야 학습이 이루어집니다. 이것은요, 공부하는 내용의 전체적인 틀을 먼저 잡아 놓은 후에 부분부분의 요소들이 전체 틀 안에서 어디어디에 배치되는지를 알도록 하는 방법입니다. 여러분들이 학습하는 내용의 전체적인 틀, 커다란 개념이나 커다란 이론체계에 대한 걸 먼저 파악한 뒤에, 그 안에 들어있는 세부적인 내용을 파악하도록 한다는 것이죠. 전체 틀을 손쉽게 파악하려면 '개념도'를 그려보면 됩니다. 종이를 펼쳐놓고 여러분들이 학습하게 되는 내용들의 개념도를 그려보는 것이죠.

가장 상위의 핵심개념이 뭔지 적어보고, 그 개념에 의해서 도출되는 세부적인 내용들이 뭐가 있는지 그려보는 겁니다. 그러니까 가장 상위의 개념을 제시해 놓고, 계속되는 하위개념을 도출해서 그려보는 거예요. 개념도를 그리는 게 힘들면 교재의 맨 앞을 펼쳐서 목차(차례)를 보시면 돼요. 교재의 목차에는 여러분들이 공부할 내용이 대목차, 소목차 순으로 제시되어 있어요. 이것을 찬찬히 들여다보시면 전체틀을 손쉽게 알 수 있습니다. 각각의 커다란 제목과 작은 제목을 놓고, 그 속에 세부적인 내용이 무엇무엇이 들어있는지 개념도를 그려서 정보를 들여다보시면 학습에 효과적입니다.

형태주의 심리학, 구성주의 심리학에 따르면, 우리는 항상 부분보다는 전체를 우선적으로 파악하는 심리적 특성을 기본 세팅으로 갖고 있어요. 그렇기 때문에 우리는 전체적인 틀을 먼저 파악하고나서 세부적인 내용을 학습하면 학습효과가 커요. 이것은 마치 우리가 어떤 일을 할 때도 전체적인 계획을 크게 잡아놓고 세부계획을 수립해서 일을 진행하는 것과 마찬가지 원리입니다.

2 정보처리이론

인지주의 학습이론의 두 번째는 "정보처리이론(Information processing theory)"입니다. 우리가 지식을 습득하고 정보를 처리하는 과정에 대한 인지적 접근이 정보처리이론이죠. 정보처리이론은 인간의 사고 과정이 정보처리를 중심으로 진행된다고 보는 인지주의 심리학의 이론 가운데 한 가지입니다.

정보를 '처리'하는 과정

앨킨슨과 쉬프린(Atkinson & Shiffirin)이라는 심리학자에 따르면 인간의 인지적 사고 과정은 "부호화⇒저장⇒인출"이라고 하는 3단계 과정으로 진행이 됩니다. 이것은 마치 우리가 컴퓨터에 특정한 정보를 입력하기 위해서 '부호화'를 하고, 부호화된 정보를 하드디스크에 '저장'을 한 후에. 필요할 때 다시 하드디스크를 읽어서 정보를 꺼내어 '인출'하는 과정을 인지적 과정에 대입시킨 것이라고 볼 수 있겠습니다.

정보처리의 첫 단계는 '부호화(encoding)'입니다. 부호화 곧 인코딩은 정보에 부호(코드)를 넣는 것을 말합니다. 여러분, 코딩이라는 말 들어보셨죠? 정보를 특정한 형태로 바꿔 놓는 것을 코딩이라고 하는데요, 감각기관에 투입된 자극들을 우리의 두뇌가 잘 기억할 수 있도록 몇 가지의 표상상태로 변형하는 것을 말합니다. 정보를 그림으로 표현하면 시각정보가 되는 거고요. 정보를 음성 곧 소리값으로 표현하면 청각정보가 되는 것이죠. 이런 식으로 정보의 특정한 형태 곧 특정한 정보의 상태를 만들어내는 게 부호화입니다. 우리가 잘 기억할 수 있도록 정보에 형태를 부여하는 게 부호화예요.

정보처리의 두 번째 단계는 '저장(storage)'입니다. 저장이라는 것은 부호화된 정보를 어떻게 하면 중·장기적으로 잘 기억할 수 있는지를 다루는 부분입니다. 정보의 저장을 제대로 잘 해야 우리는 정보를 제대로 잘 기억할 수가 있죠.

정보처리의 세 번째 단계는 '인출(retrieval)'입니다. 인출이라는 것은 기억 속에 저장된 정보에 접근해서 그걸 끄집어내어 사용하는 걸 말합니다. 저장된 정보에 어떻게 접근하는지에 관한 것이 인출에 해당되겠습니다.

잘 부호화된 정보는 저장이 제대로 잘 될 수 있고요, 올바르게 제대로 저장된 정보는 언제든지 인출해서 꺼내어서 쓸 수가 있습니다.

정보를 '저장'하는 과정

정보처리이론에서 정보를 저장하는 과정은 "**감각기억(senory memory) ⇒ 단기기억(short term memory)** ⇒ 장기기억(long term memory)"의 3단계로 진행이 됩니다. 우리는 정보를 부호화하고 저장하여 인출해내는 과정에서 △감각기억 △단기기억 △장기기억이라는 세 가지 기억장치를 단계별로 사용하는 것이죠. 제일 먼저, 정보를 부호화할 때는 '감각기억'을 사용합니다. 정보를 저장할 땐 '단기기억'을 사용합니다. 그리고 정보를 인출해서 사용할 때는 '장기기억'을 사용합니다. 정보는 우리 머릿속에서 감각기억을 거쳐서 단기기억으로 가고, 다시 단기기억을 거쳐서 장기기억으로 가게 됩니다. 장기기억 속에 정보가 안착하면 우리는 그 정보를 나중에 꺼내서 사용할 수가 있게 됩니다.

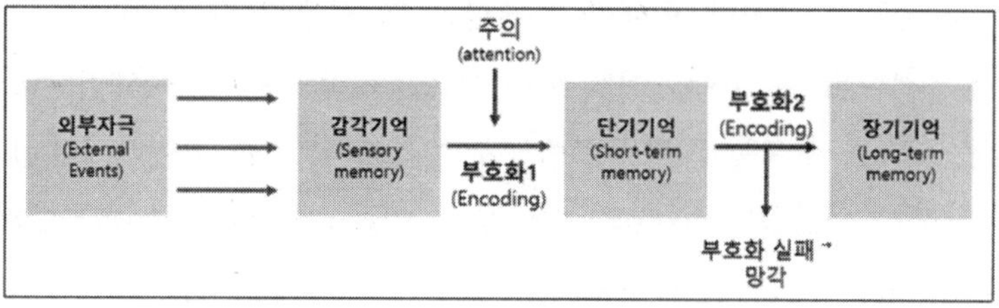

그림 25 정보처리의 단계 개념도

감각기억

우리가 정보를 처리할 때 사용하는 첫 번째 기억장치인 '감각기억'은 '작업기억(working memory)'이라고도 부릅니다. 우리의 두뇌가 정보처리라는 '작업을 할 때' 사용하는 기억장치이기 때문에 '작업기억'이라는 말을 쓰죠. 감각기억은 기억의 첫 번째 저장소예요. 다른 말로는 '감각등록기(sensory register)'라고도 해요.

우리가 무언가를 보고 듣고 만지는 과정, 즉 감각기관을 통하여 지각작용을 발휘하는 바로 그 순간이 감각기억 내지는 감각등록의 단계입니다. 우리는 매 순간 여러 가지 정보를 눈으로 보거나, 귀로 듣거나, 손으로 만지거나 합니다. 감각등록기는 이처럼 수많은 정보를 최초로 저장하는 곳입니다. 우리가 어떤 사물을 맨 처음 보았을 때 그것의 이미지는 우리의 감각등록기, 즉 감각기억 속으로 들어갑니다. 우리의 감각등록기는 모든 것들을 '지각된 형태로' 정확히 표상하여 저장하게 되죠.

그런데 문제는 이 감각등록기, 감각기억 장치가 정보를 저장하는 시간은 극도로 짧다라는 것입니다. 매우 짧은 시간 동안만 우리는 정보를 저장해서 보유하게 됩니다. 대략 1초 정도 감각기억이 작용을 하는데요. 1초가 지나면 감각기억이 사라져버리게 됩니다. 우리가 눈으로 본 물건을 의식하지 않고 지나치면, 1초 뒤면 “아까 뭐 봤지?” 기억이 안 나는 겁니다. 감각기억은 정보를 처리하는 용량은 크지만, 저장은 거의 안 된다는 단점이 있는 거죠. 1초 정도만 기억이 나타났다 사라지는 거니까요, 저장은 전혀 되지 않는 기억저장소라고 할 수 있습니다. 감각기억은요, 컴퓨터로 표현한다면, 컴퓨터에서 우리가 작업을 실컷 했는데 하드디스크에 저장하지 않으면 어떻게 돼요? 컴퓨터를 껐을 때 다 사라지죠. 바로 저장하지 않고 컴퓨터를 끄면 다 사라져버리는 기억, 그것이 감각기억입니다.

단기기억

우리는 매 순간 많은 정보를 눈으로 보거나 귀로 듣거나 합니다. 때로는 손으로 만지기도 하고요. 그러나 그 많은 감각정보 중에 극히 일부분만 두 번째 단계인 ‘단기기억(short term memory)’으로 넘어가게 됩니다. 단기기억은요, 감각기억에 비교할 때, 매우 적은 제한된 양의 정보를 수초 내지 수분간 동안만 기억할 수 있는 저장장치입니다. 무슨 얘기냐면요, 단기기억을 발휘하면 “제한된 양의 정보를 짧으면 몇 초 정도, 길면 몇 분 정도는 기억할 수 있다.”라는 것이죠.

일반적으로 실험을 해보니까요, 단기기억은요, 전화번호부에서 전화번호 찾아가지고, 전화기의 번호를 누를 수 있을 만큼의 시간, 딱 그만큼의 기억용량과 제한시간을 갖고 있었습니다. 지금이야 우리는 스마트폰을 사용해서 전화번호를 다 저장해 놓고 전화를 걸잖아요.

그런데 스마트폰이 없던 시절에는 전화번호를 들으면 그걸 메모를 해야만, 그 메모지를 보고 전화를 걸 수 있었어요. 그런데 손에 메모지가 없습니다. 그러면 어떻게 해요? 전화번호를 듣는 순간 전화번호를 반복해서 읽어보면서 전화번호를 기억해야 되는 거죠. 대부분의 나라들에서 전화번호가요, 7자리 숫자로 이루어져 있습니다. 많으면 9자리 정도 숫자로 이루어지고요, 적게는 5자리 숫자로 이루어지는 전화번호도 있을 거예요. 대략 5자리 전화번호에서 9자리 전화번호까지, 보편적으로는 7자리 전화번호를 많이 사용하는데요, 그 이유가 있어요.

단기기억 실험을 했더니, 우리는 숫자 7개는 한 십몇 초 동안은 기억하더라 이거죠. 길면 1분 정도까지도 숫자 7개는 기억을 하더라는 거예요. 그래서 전화번호를 메모하지 않고 귀로 들었을 때 그 번호를 기억했다가 전화 다이얼을 누를 수 있는 정도의 정보처리장치가 우리에게 있는데요, 이게 단기기억이었어요. 단기기억은요, 대략 1~2분 정도의 시간제한을 갖고요, 7 ± 2개의 항목을 기억을 하더라는 거죠. 평균적으로는 보통사람이 7개 숫자를 1분 정도는 기억하더라는 거예요.

그런데 이 정보를 오랫동안 기억하려면 어떻게 해야 되겠어요? 즉 정보를 저장하려면 정보를 반복해서 되새기는 작업을 해야 되겠죠. 그래서 필요한 작업이 "정보의 시연(試演 rehearsal)"과 "정보의 부호화(符號化 encoding)"입니다. 시연은 정보를 시험 삼아 몸으로 표현해보는 걸 말하고, 부호화라는 건 정보를 내가 파악할 수 있는 형태로 바꿔서 적어 놓는 걸 말해요. 숫자로 적어놓던지, 특정한 의미를 부여해서 암기를 하던지 하는 작업이 이루어져야 정보를 오랫동안 기억할 수 있어요.

시연(rehearsal)

시연(rehearsal)은 정보를 저장하기 위한 전형적인 행위입니다. 시연이라는 것은 일차적으로는 한 항목을 반복해서 암송하는 것을 말해요. 암송한다는 건 소리 내서 읽어본다는 것이죠. 소리 내서 암송하는 것이 마음속으로 암송하는 것보다 더 암기효과가 높습니다. 게다가 손글씨로 종이에다가 써가면서 소리를 내어 암송하면 암기효과가 훨씬 더 커요. 우리는 손으로 펜을 잡고 직접 쓰는 거, 필기 이거 게을리 하시면 안 됩니다. 손으로 특정 내용을 쓸 때 반드시 소리를 내어 읽어보면서 쓰면 암기효과, 암송의 효과가 더 커져요.

부호화(encoding)

시연을 성공적으로 수행하려면, 즉 내용을 잘 기억해내려면, 단순하게 반복하는 게 아니라 체계적인 부호화(encoding) 작업을 동반해서 시연하는 것이 좋습니다. 즉 손으로 써가면서 활자화하고, 그 내용에 특정한 의미를 부여해서, 머릿속으로 암송하는 작업이 병행되면 암기의 효과가 높아져요. 정보에 형태를 부여하고 의미를 부여하는 작업을 부호화(encoding)라고 한다고 했잖아요. 정보를 부호화하게 되면 우리는 정보를 잘 기억할 수 있고요, 오랫동안 저장할 수 있습니다. 그리고 그 정보를 쉽게 인출해서 꺼내어 쓸 수가 있어요. 달리 말하면, 단기기억에서 정보처리를 할 때 부호화를 가장 중요하게 잘 해내면요, 그 정보는 장기기억 속에 쉽게 저장이 되고 안착이 돼요.

정보처리에서 제일 중요한 것은 부호화입니다. 감각기관에 들어오는 다양한 자극들을 부호화해서 정보로 만드는 것이 정보처리의 핵심입니다. 무슨 얘기일까요? 수업을 들을 때 수업내용을 잘 정리해 가면서 필기하는 것이 부호화의 예인데요, 필기 곧 노트정리를 잘 하면 공부해서 정보를 머릿속에 장기기억으로 가져가기가 쉽다라는 얘기예요. 부호화할 때는 정보에 체계성을 부여하는 게 중요합니다. 정보에 체계성을 부여하는 데 있어서 우리가 고려해야 하는 것이 맥락과 패턴에 따른 의미부여예요. 이거는 구성주의와도 밀접하게 연관되는 거죠. 우리는 특정한 정보를 파악할 때 그 정보에 의미를 부여해 가면서 정보를 파악합니다.

정보에 "일정한 맥락과 패턴을 부여해서 의미화"하는 과정이 부호화예요. 우리가 노트 필기한다는 것은 부호화 작업을 하는 것이죠. 부호화는 의미 없는 자극과 신호들에 일련의 패턴을 부과하고 의미를 부여하는 행위입니다. 패턴과 의미부여, 이게 부호화의 핵심입니다. 의미의 맥락에 적절하게 부호화 작업을 하면 기억을 오래 하는 데 유리합니다. 의미를 부호화하는 과정에서 가장 흔히 사용되는 방법은 "청킹(chunking)"과 "위계화(hierarchy)"라고 하는 방법이예요. 정보를 메모·필기할 때, 관련 있는 내용만 모아서 필기하는 것, 관련 있는 내용만 모아서 묶어두는 것이 청킹이고요. 정보를 정리하고 체계화할 때 정보의 패턴과 순서에 위계를 두어서 정보를 배열해 가는 게 위계화입니다. 자, 어떤 방법인지 조금 더 상세하게 살펴보죠.

청킹

우리가 숫자나 문자를 부호화할 때는 부분 하나하나에 주의를 기울이는 것이 아니라 한데 묶을 수 있는 것은 한 덩어리로 부호화하는 것이 효과적입니다. 이걸 "청킹(chunking)"이라고 합니다. 여기서 등장하는 것이 '범주화(categorization)'예요. 같은 특성으로 한데 모일 수 있는 걸 묶어주는 겁니다. 형태주의 심리학 기억나시죠? 요소 하나하나가 아니라 그것을 전체로 묶어서 바라보는 거예요. 그게 구성주의예요. 구성주의의 원리를 정보처리에 적용한 게 청킹이라고 하는 작업입니다. 청킹이라는 것은 묶음짓는다 라는 뜻이에요. 그러면 어떤 걸 묶어요? 서로 관련 있는 내용을 묶어 놓는 거예요. 어떤 덩어리로 잘라서 묶어요? 의미가 통하는 부분만큼만 묶는 거예요. 의미 중심의 단위로 덩어리를 잘라서 묶는 거예요. 즉, 청킹이란 정보를 "의미단위로 묶어 나가는 것"을 말합니다.

청킹의 예를 한번 들어보겠습니다. 다음의 영어 문장을 보시죠.

I never met my father. He was killed in a car wreck on a rainy road three months before I was born, driving from Chicago to Arkansas to see my mother.

After that, my mother had to support us. So we lived with my grandparents while she went back to Louisiana to study nursing.

I can still see her clearly tonight through the eyes of a three-year-old, kneeling at the railroad station and weeping as she put me back on the train to Arkansas with my grandmother.

She endured that pain because she knew her sacrifice was the only way she could support me and give me a better life.

위의 글은 모두 6개 문장으로 이루어져 있어요. 6개 문장인데요, 단어는 모두 112단어가 사용되었어요. 전치사까지 포함해서 모두 112단어로 이루어진 6개의 문장입니다. 한번 읽어볼까요? 자, 무슨 말인지 잘 모르시겠죠? 112단어나 되는 여섯 개의 문장, 퍽 길기 때문입니다. 이 문장을 읽고 곧바로 무슨 뜻인지 알려면 단어 하나하나의 뜻을 떠올려 가지고 우리말로 번역해 봐야 돼요. 시간이 많이 걸리겠죠. 그런데요, 112단어의 6개 문장을 쉽게 이해하는 방법이 있습니다. 뭘까요? 바로 청킹입니다. 이 여섯 문장, 112단어로 이루어져 있는 여섯 문장을 청킹하면 우리는 그 의미를 쉽게 파악할 수 있어요.

한번 해볼까요? 112단어로 이루어진 6개의 문장을 25개의 의미 단위로 청킹을 해보았습니다. 한번 보시죠.

1) I never met my father.
2) He was killed (아버지가 살해당했네요. 아버지가 죽었어요. 그냥 죽은 게 아니고 누군가에게 죽임을 당했습니다.)
3) in a car wrreck (자동차 사고. 자동차가 꾸겨지는 사고. 교통사고라는 뜻이죠. 교통사고로 죽었어요.)
4) on a rainy road (그런데 교통사고는 어떻게 일어났을까요? 비 오는 날 도로 위에서 교통사고가 났네요. 비 오는 날 교통사고로 아버지가 죽었어요. 언제요?)
5) three months before I was born, (내가 태어나기 석 달 전에, 이 말을 하고 있는 나는 엄마 뱃속에 있을 때 태어나기 석 달 전에, 아버지를 교통사고로 여윈 누군가이죠.)
6) driving from Chicago to Arkansas (자, 아버지는 차를 타고 어디를 가고 있었어요? 시카고에서 아칸소로 운전하면서 가고 있었어요. 여러분, driving이라는 말을 쓰니까 이건 직접 운전을 하면서 간다는 뜻이죠.)
7) to see my mother. (아버지가 운전하면서 가는 목적은 뭐예요? 엄마를 보기 위해서였죠.)

지금 1번부터 7번까지 청킹된 거 보시면, 나는 아버지를 만난 적이 없어요. 아버지는 죽었어요. 교통사고로 죽었어요. 비 오는 날 교통사고가 났죠. 내가 태어나기 전 석달 전 일이예요. 시카고에서 아칸소로 운전하면서 가다가 일어난 일이에요. 운전하러 갔던 이유는 엄마를 만나기 위해서예요. 아버지가 엄마 만나러 운전하러 가다가 교통사고가 났어요.

이렇게 의미 단위로 청킹을 하니까, 이렇게 짤막짤막하게 청킹된 부분은 우리가 쉽게 의미를 파악할 수가 있어요. 계속 보시죠.

8) After that, (그 이후로, 어떤 이후입니까? 아버지가 죽은 이후로요.)
9) my mother had to support us. (엄마가 우리를 부양해야 했어요. 우리라는 말을 하는 거 보니까 말하는 분에게는 동생이나 또는 형님이나 이런 다른 형제들이 있었던 모양이죠. 엄마가 우리를 부양하기 위해서 노력해야 했어요.)
10) So we lived with my grandparents (그래서 우리는 할아버지, 할머니와 살았어요.)
11) while she went back to Louisiana (여기서 she는 엄마예요. 엄마가 루이지애나로 되돌아간 동안에 우리는 할머니, 할아버지하고 살았어요.)
12) to study nursing. (엄마는 왜 루이지애나로 되돌아갔어요? nursing을 공부하기 위해서였죠. nursing은 뭐냐면요, 간호학 공부예요. 엄마는 간호학 공부를 하기 위해서 루이지애나로 되돌아갔어요. 그 동안에 나는 내 형제와 함께 할머니, 할아버지와 함께 살았죠.)

8번부터 12번까지도 역시 짤막짤막하게 의미 단위로 청킹이 되어 있습니다.

13) I can still see her (나는 지금도 그녀를 볼 수 있어요.)
14) clearly tonight (오늘 밤에도 분명히 볼 수 있어요.)
15) through the eyes of a three-year-old, (세 살짜리 어린아이의 눈으로 오늘 밤 분명히 그 여인을 볼 수가 있어요.)
16) kneeling at the railroad station (그런데 그 여인은 지금 어떻게 하고 있어요? 기차역에서 무릎을 꿇고 있어요.)
17) and weeping (기차역에서 무릎을 꿇고 그 여인이 울고 있어요.)
18) as she put me back (그녀가 나를 도로 밀어 넣을 때요. 어디로 밀어넣어요?)
19) on the train to Arkansas (아칸소행 기차에 나를 밀어 넣을 때요. 이때 엄마는 무릎을 꿇고 있었어요. 그렇죠? 아이와 눈높이를 맞춰야 되니까, 엄마가 무릎 꿇고 아이를 다독이면서 아칸소행 기차에 태우는 겁니다.)
20) with my grandmother. (그런데 혼자 탄 건 아니에요. 할머니와 함께 가게 한 거죠. 할머니와 함께 아칸소행 기차 탈 때, 나를 차에 밀어 넣으면서 엄마는 무릎 꿇고 울고 있었다는 얘기입니다.)

역시 13번부터 20번까지 간결하게 의미 단위로 청킹했어요.

21) She endured that pain (그녀는 그 고통을 참아야 했죠. 그

렇죠? 어린 아들을 할머니 집에 떼어 보내는 거는 매우 고통스러운 일이죠.)

22) because she knew (왜 고통을 참았어요? 알고 있었기 때문에. 뭘 알아요?)

23) her sacrifice was the only way (그녀가 희생하는 것이 유일한 방법이라는 걸 알았기 때문에)

24) she could support me (그녀가 왜 희생을 해요? 그녀가 나를 지원하기 위해, 부양하기 위해서요.)

25) and give me a better life. (나에게 더 나은 삶을 가져다주기 위해서요. 자녀를 위해서 엄마가 희생하는 게 유일한 방법이었다는 거예요. 자녀와 떨어져 지내는 희생을 해야만 했다는 거예요. 그 희생이 어머니로 하여금 자녀와 떨어져 지내는 고통을 참게 한 거죠.)

지금 읽어본 이 글에 무슨 이야기가 있는 거냐면요, 주인공 화자(話者)가 자기 어릴 때를 회상하는 거예요. 아빠가 죽었기 때문에 가족들을 부양하려면 엄마가 일을 해야 되는데, 그 일을 하려면 간호사가 돼야 돼요. 엄마는 간호사 공부를 하는 동안에 아이를 키울 수가 없어요. 그래서 아이를 친정 엄마·아빠에게 맡긴 겁니다. 자, 어린 자녀를 떼어놓는 게 얼마나 마음 아프겠어요. 그런데 엄마는 그 마음 아픈 걸 참고 '내가 간호사 공부를 마치고 간호사가 돼야만 내 아이들을 계속 양육할 수 있다. 내 아이에게 좋은 미래를 열어줄 수 있다.' 라고 생각하는 거예요. 잠시 떨어져 있지만, 물론 잠시는 아니겠죠, 간호사 되는 게 미국에서도 힘든 일이었을 테니까. 몇 년간 떨어져 있어야 하는 고통 이거를 참아내면 나중에 아이를 양육하면서 이제 함께 행복하게 살고, 아이에게 밝은 미래를 열어 줄 수 있겠다 라는 거예요. 이 얘기는요, 미국에 예전에 빌 클린턴(W. J. Clinton)이라는 대통령이 있었어요. 빌 클린턴 대통령이 자기 어린 시절을 회상하면서 했던 연설의 일부분입니다.

클린턴 대통령이 유복자(遺腹子)예요. 자기가 태어나기도 전에 아버지가 돌아가신 경우 유복자라고 그래요. 아빠가 안 계시니까 엄마가 희생해서, 고생고생해서 아이들을 키운 거예요. 그리고 그 아이들 중에 아들 하나가 나중에 미국의 대통령이 된 거죠. 아무튼, 우리는 6개 문장 112개의 단어로 이루어진 긴 문장을 25개의 짧은 의미 단위로 청킹해서 살펴봤습니다. 끊어읽기를 해보니까 내용 이해가 쉽잖아요. 이렇게 청킹을 하면 정보를 잘 부호화하여 오랫동안 기억할 수가 있어요.

위계화

정보를 오랫동안 기억하는 또 하나의 좋은 방법은 정보를 "위계화(hierarchy)"하는 겁니다. 정보를 위계화한다는 것은 정보를 계열에 따라서 묶어보고 배열해 보는 방법을 말합니다. 즉 위계화란 논리적인 순서에 따라 정보를 배열해 나가는 것을 뜻해요. 정보를 위계화해서 배열하면 각각의 정보의 논리적인 상호관계, 정보체계의 논리적인 구조를 알 수가 있게 됩니다. 형태주의 심리학에 대해 공부할 때, 전체를 먼저 그려보고 세부내용을 파악하는 거라고 했던 거 기억나시죠? 정보의 논리적인 관계와 논리적인 구조를 알면 세부적인 정보를 파악해내는 게 수월해집니다. 먼저 전체 뼈대를 파악하면 부분부분을 세세히 학습하는 데 효과적이라는 얘기예요. 관계와 구조를 알면 지식의 뼈대를 알게 되는 것이고요, 지식의 뼈대를 알면 나머지는 살만 갖다가 붙이면 돼요.

정보를 위계화하는 방법으로 대표적인 것은 세 가지 정도가 있어요.

연역적 위계화(Top-down hierarchy)

첫 번째는요, 범주상 가장 큰 카테고리를 두고 이에 해당하는 하위항목들을 분류해서 넣는 방법입니다. 이것을 “연역적 위계화” 방법이라고 합니다.

에를 들어보겠습니다. 맨 위에 가장 커다란 제목, 대목차(大目次)를 써 넣으세요. 인지주의 학습이론에는 형태주의 심리학과 정보처리이론이 있다. 맨 위에 '인지주의 학습이론'이라고 큰 제목을 답니다. 인지주의 학습이론이라는 큰 표제 아래에 다시 두 개의 칸을 하위항목으로 만들고 각각 '형태주의 심리학', '정보처리이론'을 써 넣습니다. 다시 이번에는 형태주의 심리학의 주요 요소들을 또 끄집어내서, 형태주의 심리학 아래에 또 하위표제를 만들어서 써 넣습니다. 형태주의 심리학은 주관적 윤곽, 선택적 주의집중, 구성이라고 하는 현상으로 이루어진다. 그러니까 맨 아래는 '주관적 윤곽', '선택적 주의집중', '구성'을 써 넣는 겁니다.

정보처리이론은 부호화, 저장, 인출의 과정으로 이루어집니다. 다시 부호화는 청킹과 위계화의 방법을 사용할 수 있스니다. 저장은 감각기억, 단기기억, 장기기억으로 나눌 수 있습니다. 그러면 정보처리이론이라는 표제 아래에 하위항목을 세 개 만들고, 각각 부호화, 저장, 인출을 써 넣으면 됩니다. 부호화의 아래에 다시 두 칸을 만들고 청킹과 위계화를 넣으면 계열 한줄은 완성됩니다. 부호화 옆 칸의 저장도 같은 방식으로 작업하면 되죠. 이렇게 정보 요소의 위계적 배열을 완성해 놓으면 우리는 전체와 부분을 쉽게 파악할 수가 있게 됩니다. 위에서 밑으로 내려가는 방식이라서 "Top-down heirarchy"라고도 부르는 방식입니다.

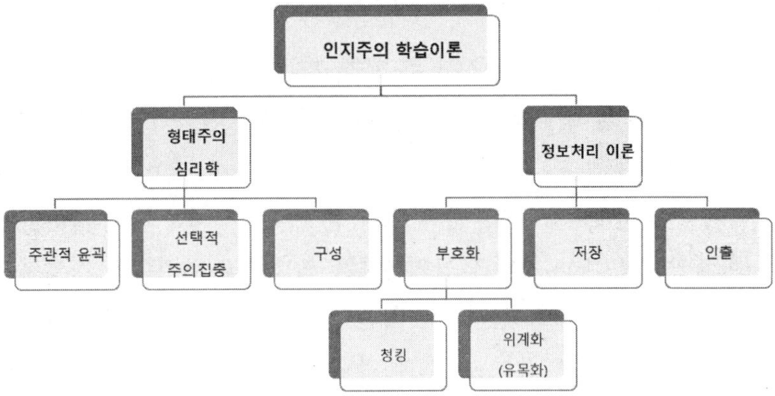

그림 26 연역적 위계화 개념도

귀납적 위계화(Bottom-up hierarchy)

두 번째로요, 사실·개념·원리를 귀납적으로 제시하는 방법도 생각해 볼 수 있어요. 귀납적 위계화라고 하죠. 귀납적 위계화는 연역적 위계화의 반대예요. 여러 개의 하위개념을 먼저 쭉 열거합니다. 그 다음에 서로 관련 있는 개념을 한데 묶어서, 좀 더 넓은 상위개념을 도출해냅니다. 이 과정을 반복하면 맨 꼭대기에는 최상위의 개념이 등장하겠죠. 귀납적 위계화는 다른 말로는 "유목화(類目化 categorization, classification)"라고도 해요. 항목들을 생각해낸 다음에 관련 있는 것들끼리 모아서 집합을 만드는 거예요. 그리고 그 집합에 이름을 붙이는 방식이죠. 이것은 아래에서 위로 올라가는 방식이잖아요. 그래서 "Bottom-up hierarchy"라고도 합니다. 아이디어 회의 같은 거

할 땐 귀납적 위계화를 사용하면 좋습니다.

계열적 위계화(sequential hierarchy)

세 번째는 꼬리에 꼬리를 무는 방식으로 내용의 논리적·시간적 순서에 따라 정보를 연결지어 나가는 것입니다. 이것을 특히 "순서도(順序圖 flow chart)" 방식이라고 부르는데요, 이것은 앞에서 다룬 내용이 그 다음에도 연결이 되고, 수행의 조작 과정에 따라 한 단계 한 단계 활동이 진행되는 체계일 때 사용하면 효과가 큰 방식입니다. 내용과 활동의 각각의 단계를 플로 챠트에 써 놓고, 순서대로 짚어나가는 것입니다. 학습한 내용을 암기하고자 할 때 이 방법을 쓰면 참 좋습니다. 관건은 "꼬리에 꼬리를 무는" 내용적 '연관성'을 잘 설정하는데 있습니다.

장기기억

기억의 세 번째 단계는 "장기기억(long term memory)"의 단계입니다. 장기기억을 '영구기억(permanent memory)'이라고도 합니다. 오랫동안 영원토록 잊혀지지 않는 기억이 되기 때문에 그렇습니다. 장기기억은 기억의 세 번째 저장소입니다. 기억의 세 번째 저장소인 장기기억은 거의 무제한의 기억용량을 가지고 있습니다. 그리고 시간적으로도 영구적인 기억입니다. 시간의 제한이 없는 기억이에요. 장기기억은 매우 장기간 동안, 무제한의 정보를 저장할 수가 있어요. 장기기억은 잊어먹지 않는 내용을 언제든지 인출할 수 있다는 특징을 갖습니다. 문제는 잊어먹지 않도록 하려면 정보를 장기기억 속으로 가져갈 때 부호화를 잘 해야 한다는 것입니다.

장기기억 저장소에 정보가 얼마나 잘 부호화되어 있느냐 하는 것은 정보가 얼마나 잘 학습되어 있느냐 하는 것과 같은 말이 됩니다. 정보를 제대로 부호화해야 해당 정보를 장기기억 속에 안착시킬 수가 있게 되는 겁니다. 이 과정이 학습을 잘 하는 과정이 되는 거구요. 장기기억을 잘하는 방법, 즉 부호화의 질을 높이는 방법을 한번 얘기해 보죠.

장기기억을 노린 학습전략

장기기억의 질을 높이려면 첫 번째로, 공부하는 데 투입되는 시간은 오로지 공부하는 활동에만 사용되도록 하는 것이 좋습니다. 이는 형태주의 심리학에서 말하는 선택적 주의집중을 제데로 하셔야 된다는 얘기예요. 우리가 1시간을 공부한다고 했을 때는 실제로 1시간 전부를 학습활동에 전량 이용한 것이 아니죠. 사실 쓸모없이 낭비한 시간이 많았을 거예요. 그런데 장기기억의 질을 높이려면 1시간 공부하는 동안에는 실제로 공부하는 활동에 집중할 수 있어야 돼요. 우리에게 필요한 건 집중력이에요. 문제는 어떻게 하면 집중력을 높일 수 있느냐 하는 거죠. 좋은 방법이 하나 있는데요. 집중력을 높이는 가장 좋은 방법은 집중에 방해가 되는 요소는 치우는 겁니다.

둘째로, 정보를 부호화하는 과정은 되도록이면 시험을 보는 방식이나 시험을 보는 틀에 맞추어서 즉 시험의 출제유형에 맞추어서 실행하는 것이 좋습니다. 정보를 부호화할 때 시험유형이 어떠냐에 따라 부호화하는 형식이 달라질 수 있어요. 그걸 이용해 보라는 거예요.

예컨대 만약에 시험이 주관식 서술형 시험이라면 정보를 부호할 때는 내용서술의 논리적인 순서와 구조를 파악하는 데 맞추는 것이 좋습니다. 그러니까 큰 제목을 갖고 그 제목 안에 소제목이 어떻게 도출되는지, 각각의 소제목 안에 어떤 내용이 논리적으로 순서에 맞게 전개되는지를 파악하는 것이 주관식 서술형 시험문제를 대비해서 공부할 때의 중요한 전략이예요.

반면에 시험이 객관식 선택형이라면 세부항목들의 유사점과 차이점을 비교하고 구별하는 데 초점을 맞추는 것이 좋습니다. 객관식 선택형 시험이면 대부분 '~에 해당하는 것은?' 또는 '~에 해당하지 않는 것은?'이라는 질문을 하죠. 내용을 비교해서 차별적으로 찾아내는 문제가 많이 나오거든요. 시험 출제유형에 맞게 정보의 부호화에 힘쓰는 것이 좋겠다라는 겁니다.

세 번째로, 지금 현재 학습하고 있는 정보를 자신이 알고 있는 다른 정보들과 연관시켜가면서 가능한 한 많은 정보를 정교화해보는 연습을 하는 겁니다. 이것을 "정교화 시연"이라고 하는데요. 정교화 시연이란 새로 받아들이는 정보를 기존에 자신이 알고 있는 다양한 관련정보들과 결합시켜서 이해하여, 완전히 자신의 내용으로 만드는 과정을 말합니다. 즉 새로 학습하고 있는 내용을 기존에 알고 있는 정보내용과 연관시키면서 "자신의 말로 풀어서 설명해 나가는 과정"이 정보화 시연이예요. 자신의 말로 풀어서 말이 되게 재구성하는 과정이게 기본적인 정교화 시연인데요.

이것을 하는 방법은요, 정보를 자기가 알고 있는 수준에서 계속 풀어서 적어보는 겁니다. 다 썼으면 적은 내용을 들여다보고 틀린 건 고치면서 조금 더 완성도 있게, 말이 되게, 논리적으로 내용이 충실하게, 정교하게 정보를 발전시켜 나가는 겁니다. 이게 정교화 시연이예요. 이 정교화 시연을 충실하게 해냈을 때 학습이 가장 효과적으로, 제대로 이루어질 수가 있습니다.

정보처리이론에 학습에 주는 시사점

자, 지금까지 살펴본 정보처리이론에 입각한 학습의 과정을 정리해 보겠습니다.

여러분, 공부하실 때는요, 절대로 학습내용을 눈으로 쓱 한번 보는 것만 해서는 안 됩니다. 눈으로만 봐 가지고는 정보가 장기기억으로 안착될 수가 없어요. 장기기억 속으로 정보를 안착시키려면, 즉 우리의 두뇌 속에 정보를 집어넣으려면, 학습내용을 구조화하고 부호화하는 작업을 반드시 하셔야 됩니다. 어떤 작업을 하는 겁니까? 여러분들이 내용을 이해한 만큼 그것을 문장으로 적어보는 겁니다. 마치 시험답안을 쓰듯이, 주관식 시험이라고 가정하고 시험답안을 쓰듯이 적어보는 겁니다.

이때 절대로 책이나 노트를 보면 안 되고요. 머릿속에서 생각해서 적어 나가야 됩니다. 그다음에 써놓은 답을 보면서 잘못된 부분을 고치고, 빠진 내용을 채워 넣고, 각 문장을 논리적인 순서에 맞추어서 재배열하는 작업을 하셔야 해요. 이것을 반복해야 됩니다. 언제까지 해요? 정교화가 충분히 이루어질 때까지 해야 합니다. 이렇게 공부해서 기억한 정보는 장기기억이 되고요, 시험 볼 때나 시험 보고 나서나 우리의 머릿속에 '기억'으로 남아있게 되는 것이지요.

마지막으로 오늘 배운 인지주의 학습이론의 요지를 정리해보도록 하겠습니다.

부분보다 전체를 먼저 파악해야 학습이 이루어집니다. 이것은요, 공부하는 내용의 전체적인 틀을 먼저 잡아놓은 후에 부분부분의 요소들이 전체틀 안에서 어디어디에 배치되는지를 알아나가는 공부법입니다. 즉 여러분들이 학습하는 내용의 전체적인 틀, 커다란 개념이나 커다란 이론체계에 대한 걸 먼저 파악한 뒤에, 그 안에 들어있는 세부적인 내용을 파악하도록 한다는 것이예요.

공부하실 때는요, 절대로 학습 내용을 눈으로 쓱 한번 보는 것만 해서는 안 됩니다. 눈으로만 봐 가지고는 정보가 장기 기억으로 안착될 수가 없어요. 장기 기억 속으로 정보를 안착시키려면 즉 우리의 머릿속에 두뇌 속에 정보를 집어넣으려면 학습내용을 구조화하고 부호화하는 작업을 하셔야 됩니다. 여러분들이 공부를 해서 이해한 내용을 노트에 문장으로 적어보아야 합니다. 시험답안을 쓰듯이 적어나가는 겁니다. 책이나 노트를 참조하지 않고 순전히 머릿속에서 공부한 걸 생각해내서 적어나가야 됩니다. 그런 후에 자신이 쓴 걸 보면서 잘못된 부분을 고치고, 빠진 내용을 채워 넣고, 각 문장을 논리적인 순서에 맞추어서 재배열하는 작업을 하셔야 해요. 이것을 충분히 숙달될 때까지 반복해야 됩니다.

이것으로 교육심리 열두 번째 강의를 마치겠습니다. 교육심리 강의도 다 끝났습니다. 끝까지 열심히 공부해주신 여러분들게 진심으로 감사 드립니다.

저자 소개

김 봉 석

성균관대학교 일반대학원 교육학과 졸업

교육학박사(교육심리·교육과정 전공)

용인예술과학대학교 유아교육과 교수

교육심리 강의

2025년 12월 15일 초판 인쇄
2025년 12월 22일 초판 발행

저 자 김봉석
발행자 오동석

발행처 강현출판사
주 소 경기도 의정부시 가능로 156.201호
전 화 010.5712.9630
등 록 2007년 5월 21일(제307-2007-29호)
E-mail oods1205@hanmail.net

ISBN 978-89-94320-02-1 93370